超世界史

走進歷史現場，
記住每一個轉變關鍵！

祝田秀全監修　Freehand繪製　李惠芬翻譯

推薦序

（順序依姓名筆畫排列）

《超世界史：走進歷史現場，記住每一個轉變關鍵》除了用豐富流暢的文字來書寫歷史場景與事件外，更搭配生動活潑的漫畫來引導讀者輕鬆地了解世界史的梗概，愉快地走進世界歷史的長廊，進行一場有趣的歷史旅行。

本書最大的特色是藉由系統化、層次化地編排，讓文字與圖說相互輔證，讓讀者在閱讀時輕鬆又清楚地進行史觀的思辨與整合。另外，出版社更別出心裁地在不同頁次，妥適地穿插「看地圖了解世界史」、「偉人特寫」、「親近世界史」、「世界史祕辛」等議題視窗，讓讀者在閱讀時能隨時參照，無須翻查其他資料。最後，透過多元的表述形式，在每一主題中適時附上「當時的台灣」的史說，讓台灣歷史能與世界歷史作時代的接軌，不僅貼近讀者熟習的歷史情境，也能輕鬆地聯想不同時空的史料。

推薦《超世界史》這本好書，和你一起探尋教科書不曾提及的歷史，在圖像中找到學習歷史的驚喜與樂趣，也在歷史中找到充滿智慧與奇奧的世界。

——宋怡慧

新北市立丹鳳高中圖書館主任，
教育部閱讀磐石獎閱讀推手獎得主

不知道是不是因為華人世界近代總是在戰亂與顛沛流離中，不想去記憶那麼令人傷痛的過往，所以形成了台灣整體而言是個欠缺歷史意識的社會氛圍，連帶著我們的孩子對歷史沒有感覺，這是非常可惜的，除了無法從過去歷史學得面對未來的智慧外，不知過去，也就不容易找到讓自己安身立命的篤定感。這本生動活潑的歷史書，可以帶領孩子走進歷史現場重建歷史感，找到每個人在綿延人類發展中的位置。

——李偉文

親子教養作家，
荒野保護協會榮譽理事長

對於曾經是高中歷史教師的我而言，在校讀這本書時，最令我關注的自然是：它對中學歷史課程中世界史的教導與學習，有什麼助益？謹就三個角度，請讀者一起查照、驗證。

1. 列舉歷史大事，聚焦世界發展關鍵→教&學重點→歷史圖像

本書聚焦1＋77件歷史大事（HISTORIC EVENTs），分為上古、中世紀（前、後）、近代、現代等五章，鋪陳古今歷史發展。其綱舉目張，不僅符合課綱章節安排，也凸顯了世界史的學習重點，這些歷史大事更為讀者編織起「條理連貫、且富有意義的歷史大圖像」（coherent and meaningful big pictures）。

2. 以世界史架構涵融、連結台灣史、中國史→三合一教科書→超越「課綱」

本書「真的」是世界史。在1＋77件歷史大事中，15件屬中國史，按時序分布各章，與各段時空連結，讓讀者從世界史的架構，盱衡其文化質量的流變。本書更加上「當時的台灣」旁白，逐頁對照、解說，從史前原住民至2000年止，廣泛又深入，富「從台灣觀見東亞以及世界」的意趣。本書篇幅約二百餘頁，便以漫畫／文字／圖解涵融、連結了三種（共四冊）的教科書內容，是一項新的嘗試；也是超越所謂「課綱」之爭，建構世界觀的嘗試。

3. 漫畫→影像＋概念圖解→看見歷史→境況化→脈絡化歷史

全面性地理解歷史，對中學生而言並不容易；本書中各種「看圖解、地圖了解世界史」，正可供讀者利用「空間性組織」（spatial organization）聯結不同概念間的關係，促進對內容的記憶和理解。特別是每章最後的「簡明圖解：世界的動向」，都是大架構／大圖像的概念構圖，尤其值得多多利用。

——黃德宗 前北一女歷史科教師，
曾任教育部歷史學科中心專任助理

序言

所謂的歷史，是什麼呢？

我會這麼回答：所謂的歷史，是從「為什麼？」與「為了什麼？」這些疑問詞中，闡明出來的未來景象。「為什麼？」這個問法是用來詢問原因或理由。畢竟，即使將年號或登場人物背下來，也無法了解事件的本質究竟是什麼；正因如此，為了了解事件的本質，就必須以「為什麼？」來究明問題原因。換言之，我們應該關心的是歷史發生的原因和理由。

就讓我們來看看美國獨立革命的例子吧。當時身為英國殖民地的美國，為了反抗英國的強權政治而引發了獨立戰爭。然而，實際上這不只是美國的問題，歐洲各國也都同仇敵愾。由於當時歐洲各國在外交上聯手對抗英國，也因此更加有利於美國的獨立。

話再說回來，學習歷史又是「為了什麼」呢？那是為了獲取能夠洞悉未來政治或社會狀況的材料。事實上，以「為什麼？」的探求心來理解歷史本質，這件事本身就會導致對未來的思考。

「漫畫」正是能夠成為這種世界史學習方式的助力。因為漫畫不僅能傳達出登場人物的動作與身姿，也能提供給讀者關於當時歷史的情境。本書以「文字」刺激思考，以「漫畫」提高想像力；像這樣文字與漫畫的相互結合，相信讀者肯定會備感趣味，不禁覺得世界史「實在太精彩了！」。

祝田秀全

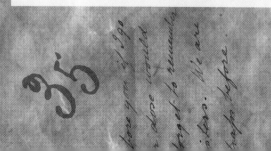

第一章 古代的世界

文明的誕生與發展

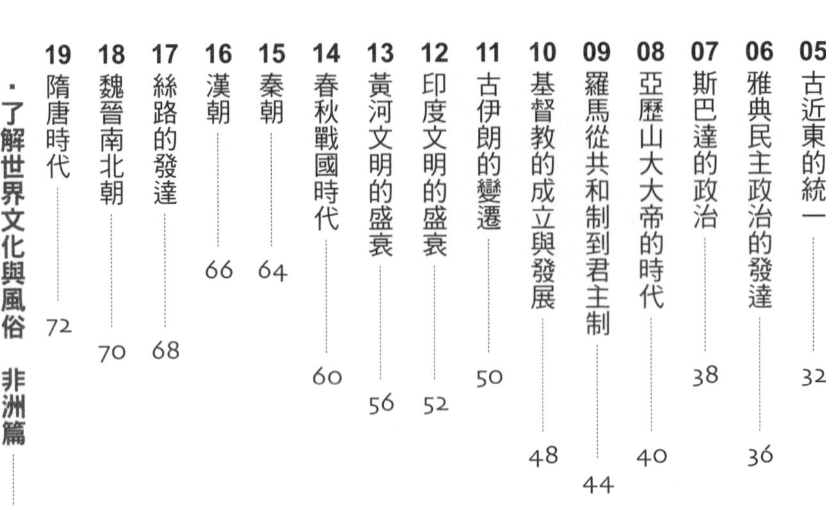

第二章 中世紀的世界（前半期） 各國的盛衰

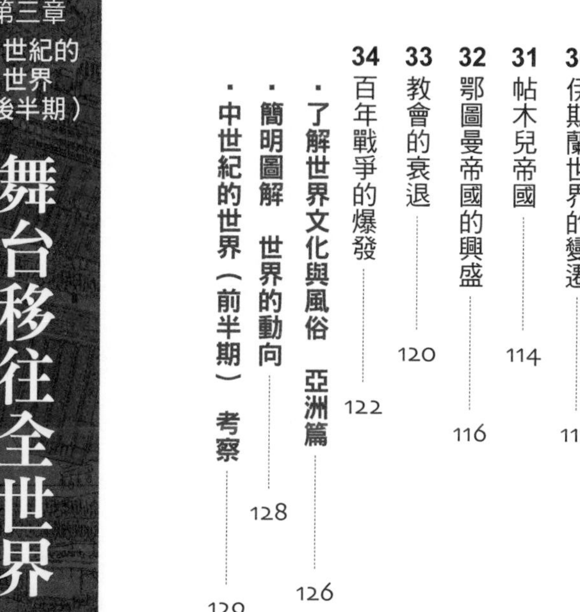

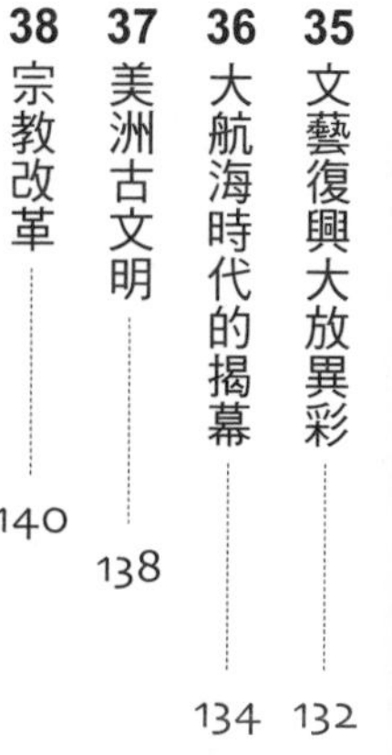

第三章 中世紀的世界（後半期） 舞台移往全世界

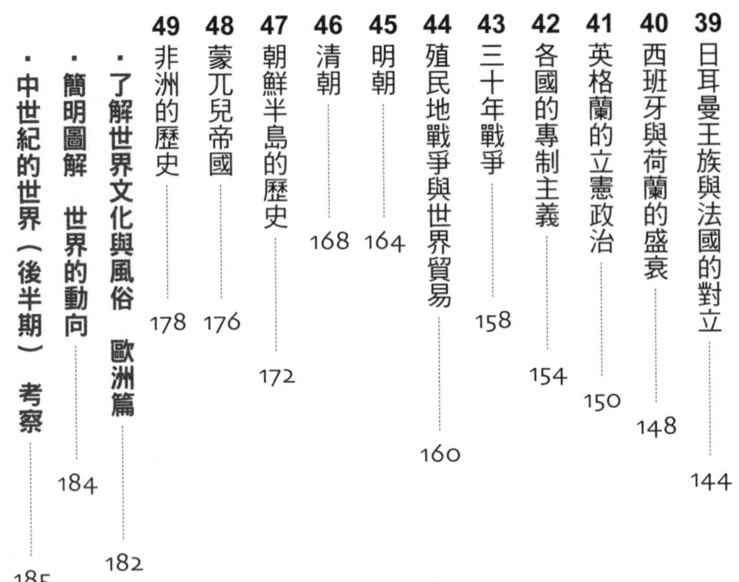

第四章 近代的世界

列強的崛起

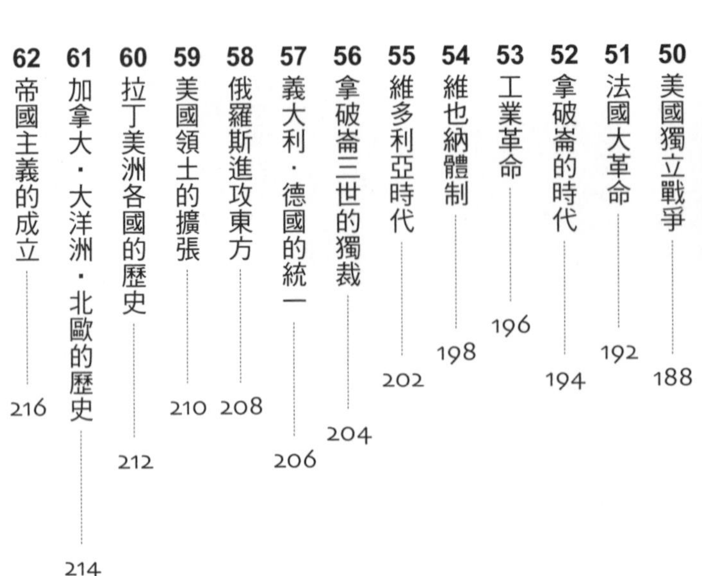

目錄

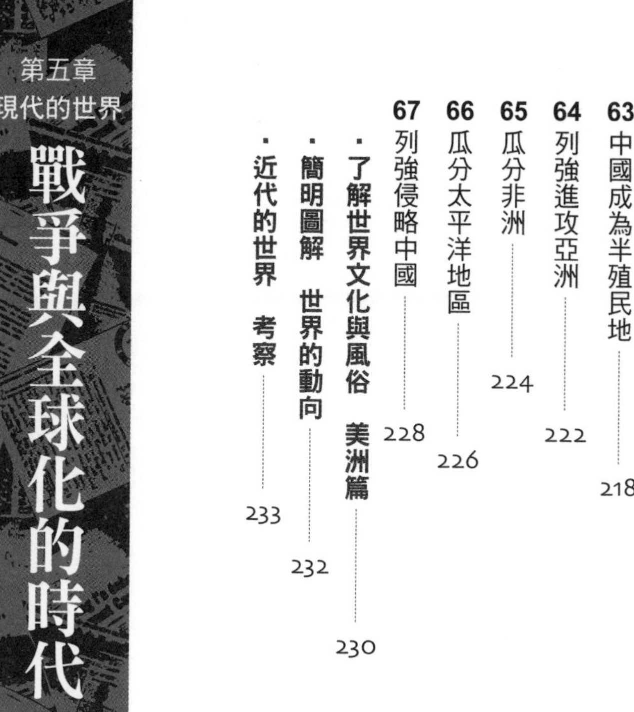

第五章
現代的世界
戰爭與全球化的時代

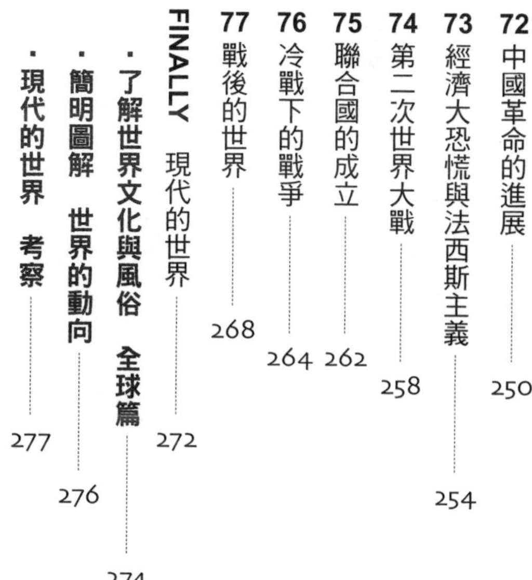

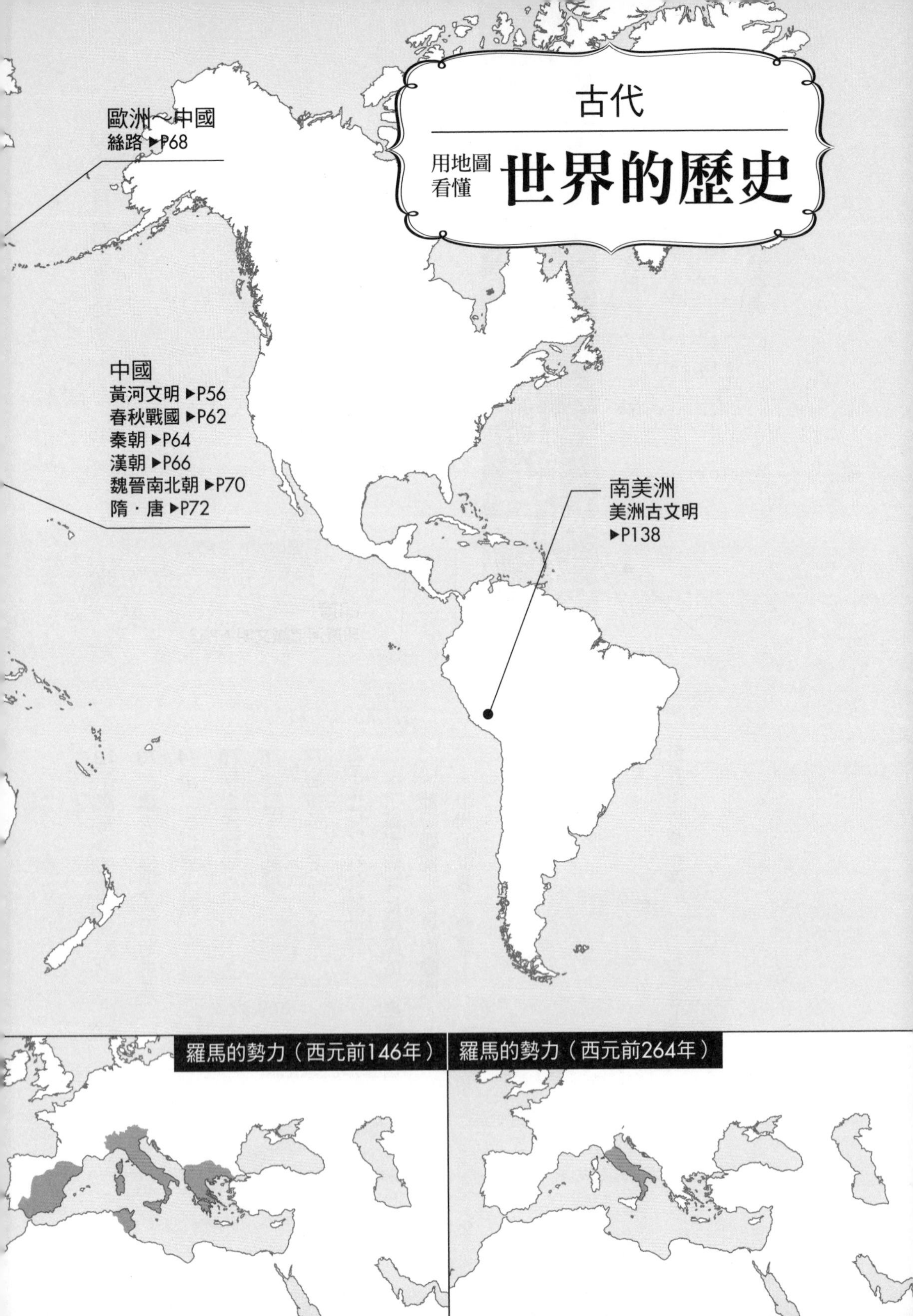
古代
用地圖
看懂
世界的歷史
歐洲～中國
絲路 ▶P68
中國
黃河文明 ▶P56
春秋戰國 ▶P62
秦朝 ▶P64
漢朝 ▶P66
魏晉南北朝 ▶P70
隋．唐 ▶P72
南美洲
美洲古文明
▶P138
羅馬的勢力（西元前146年）
羅馬的勢力（西元前264年）

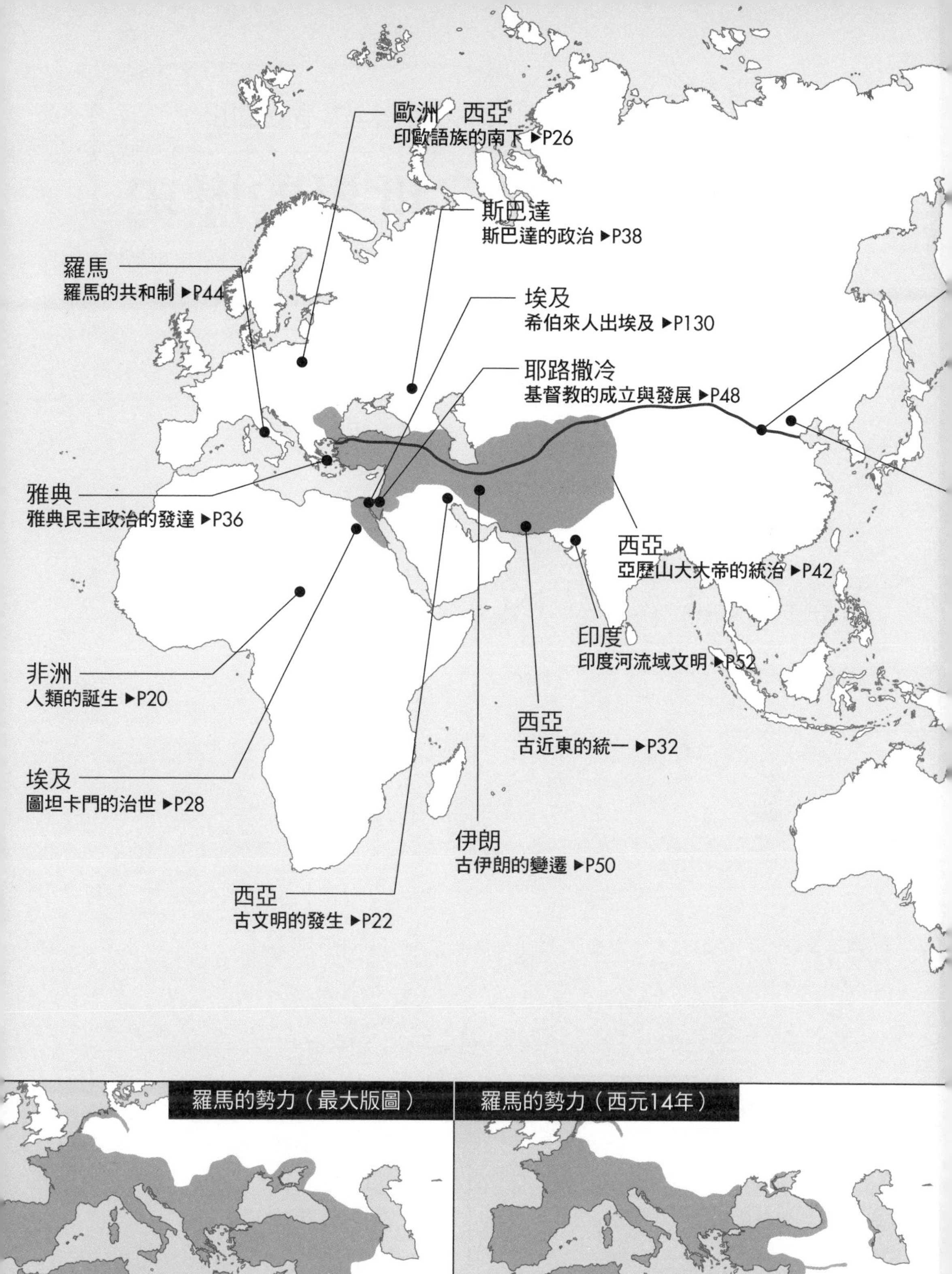
歐洲．西亞
印歐語族的南下 ▶P26
斯巴達
斯巴達的政治 ▶P38
羅馬
羅馬的共和制 ▶P44
埃及
希伯來人出埃及 ▶P130
耶路撒冷
基督教的成立與發展 ▶P48
雅典
雅典民主政治的發達 ▶P36
西亞
亞歷山大大帝的統治 ▶P42
印度
印度河流域文明 ▶P52
非洲
人類的誕生 ▶P20
西亞
古近東的統一 ▶P32
埃及
圖坦卡門的治世 ▶P28
伊朗
古伊朗的變遷 ▶P50
西亞
古文明的發生 ▶P22
羅馬的勢力（最大版圖）
羅馬的勢力（西元14年）

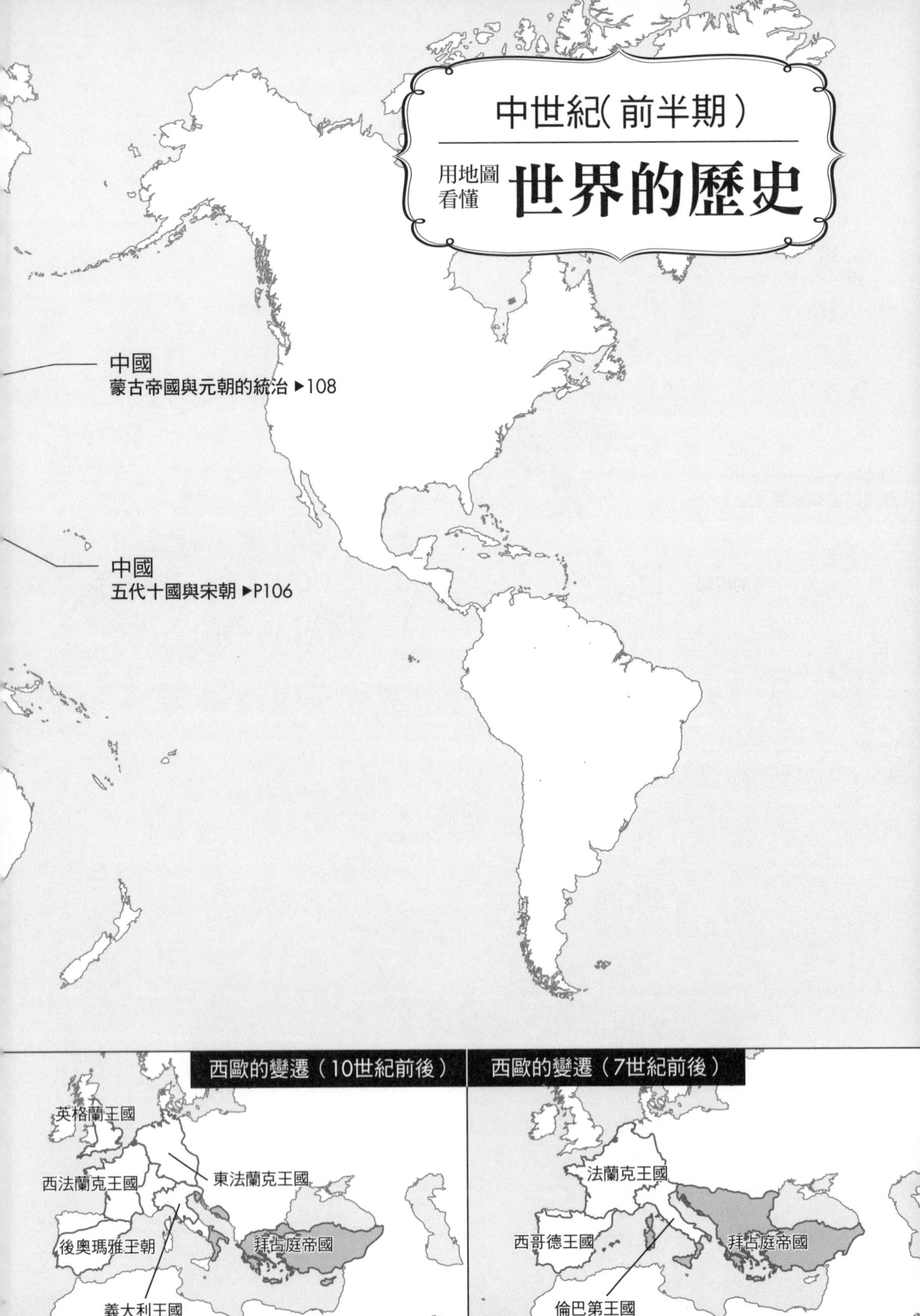
中世紀（前半期）
用地圖看懂
世界的歷史
中國
蒙古帝國與元朝的統治 ▶108
中國
五代十國與宋朝 ▶P106
西歐的變遷（10世紀前後）
英格蘭王國
東法蘭克王國
西法蘭克王國
後奧瑪雅王朝
拜占庭帝國
義大利王國
西歐的變遷（7世紀前後）
法蘭克王國
西哥德王國
拜占庭帝國
倫巴第王國

北歐
維京人的活動 ▶P88
歐洲
封建社會的開始
▶P90
歐洲
日耳曼民族的大遷徙 ▶P82
東歐
斯拉夫民族的擴張 ▶P100
歐洲
百年戰爭的爆發
▶P122
東歐
拜占庭帝國的繁榮 ▶P98
鄂圖曼帝國的興盛 ▶P116
歐洲
法蘭克王國的崛起
▶P84
西亞
帖木兒帝國 ▶P114
歐洲
羅馬天主教廷 ▶P94
教廷的衰退 ▶P120
西亞
伊斯蘭世界的變遷 ▶P112
耶路撒冷
十字軍東征 ▶P102

西歐的變遷（15世紀前後）

英格蘭王國
神聖羅馬
帝國
教皇國
法蘭西王國
拿坡里王國
亞拉岡王國
鄂圖曼帝國
卡斯提爾王國
西西里王國
葡萄牙王國

西歐的變遷（12世紀前後）

英格蘭王國
神聖羅馬
帝國
法蘭西王國
匈牙利王國
拜占庭帝國
卡斯提爾王國
葡萄牙王國

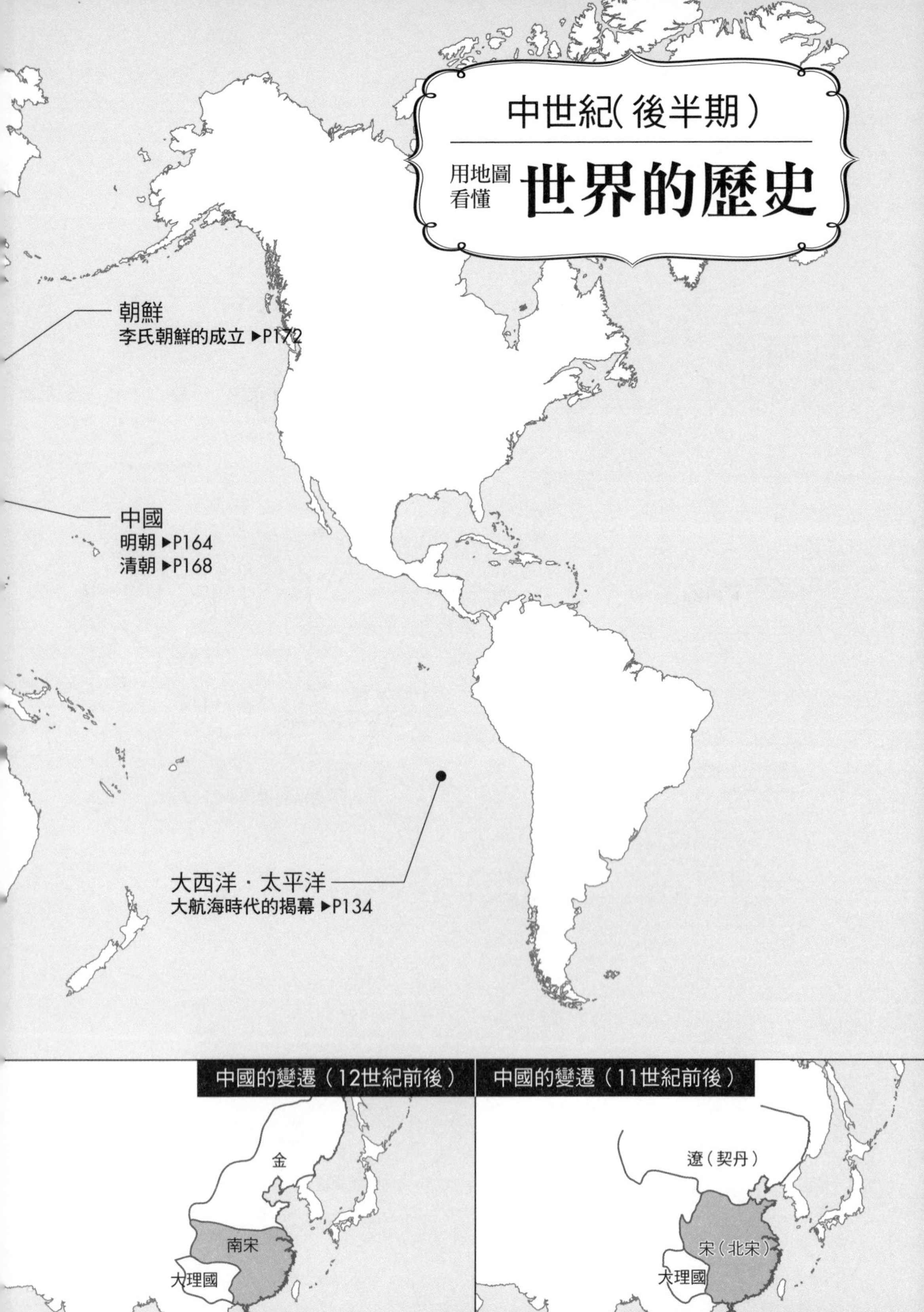

中世紀(後半期)
用地圖看懂
世界的歷史
朝鮮
李氏朝鮮的成立 ▶P172
中國
明朝 ▶P164
清朝 ▶P168
大西洋・太平洋
大航海時代的揭幕 ▶P134
中國的變遷（12世紀前後）
金
南宋
大理國
中國的變遷（11世紀前後）
遼（契丹）
宋（北宋）
大理國

荷蘭
殖民地戰爭與
世界貿易 ▶P160
神聖羅馬帝國
三十年戰爭 ▶P158
歐洲
宗教改革 ▶P140
英國
從專制主義到
立憲政治 ▶P150
印度
蒙兀兒帝國
▶P176
西班牙
西班牙的興隆
▶P148
歐洲
各國的專制主義
▶P154
歐洲
日耳曼與法國
兩大貴族的對立 ▶ P144
義大利
文藝復興大放異彩
▶P132
非洲
奴隸貿易 ▶P178
中國的變遷（14世紀以後）
明
清
中國的變遷（13世紀前後）
元

近、現代

用地圖看懂 世界的歷史

中國
中國的半殖民化 ▶P218
中國革命 ▶P250
美國
美國領土的擴張 ▶P210
聯合國的成立 ▶P262
美國
獨立戰爭 ▶P188
南美洲
拉丁美洲各國的
歷史 ▶P212
中國
列強侵略中國
▶P228
太平洋
太平洋各地區的瓜分
▶P226

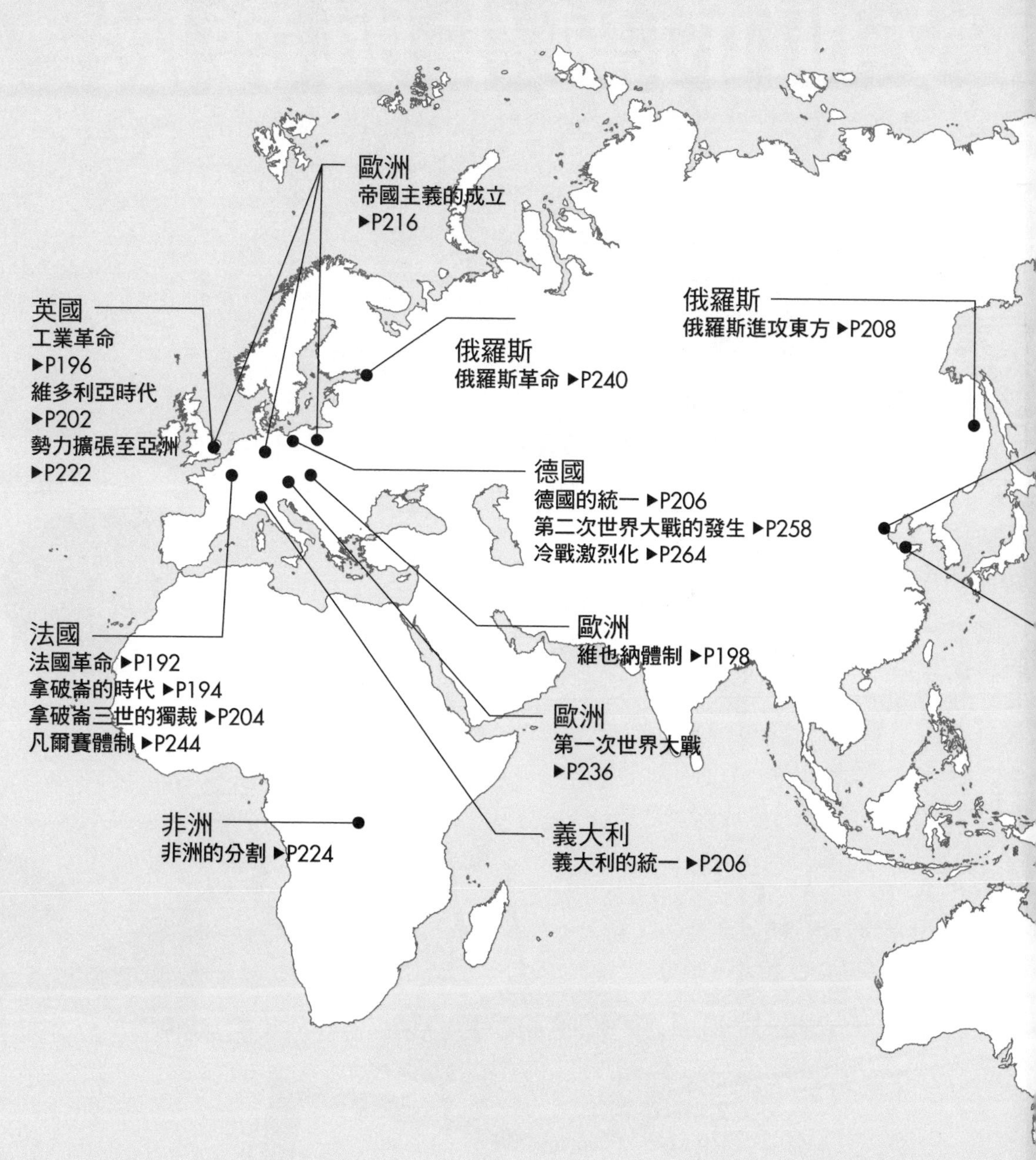

歐洲
帝國主義的成立
▶P216
英國
工業革命
▶P196
維多利亞時代
▶P202
勢力擴張至亞洲
▶P222
俄羅斯
俄羅斯革命 ▶P240
俄羅斯
俄羅斯進攻東方 ▶P208
德國
德國的統一 ▶P206
第二次世界大戰的發生 ▶P258
冷戰激烈化 ▶P264
法國
法國革命 ▶P192
拿破崙的時代 ▶P194
拿破崙三世的獨裁 ▶P204
凡爾賽體制 ▶P244
歐洲
維也納體制 ▶P198
歐洲
第一次世界大戰
▶P236
非洲
非洲的分割 ▶P224
義大利
義大利的統一 ▶P206

古代的世界

第一章
文明的誕生與發展

人類大約是在幾百萬年前現身非洲，在地球上登場。
之後，人類開始往北大陸遷徙，分布於遼闊的世界。
他們定居在肥沃的土地附近，發展農業生活後，
再逐漸聚集成團體，形成國家，
不間斷地建構出如今穩定的文明基石。
現在就一起來追尋「世界史」的曙光吧。

咚
ドド
咚
咚 ド
西元前1334年
圖坦卡門即位
▸P28
西元前141年
絲路開通
▸P68
虧我花了
好幾年才到達！

西元前334年
活躍的亞歷山大
大帝▶P40
喀！
西元前525年
古近東的統一
▶P32
只好回去了～
哦
哦
哦

INTRODUCTION

人類的誕生

數百萬年前，非洲土地上誕生了人類的祖先「猿人」。
猿人是靠雙腳直立行走，採食果實維生。
咔
♡

約五〇～一〇〇萬年前，猿人自非洲擴展至世界各地，並進化成直立人。

這個好像很好吃。
燙！
開始使用火和語言。
約二〇萬年前左右，再進化成早期智人。

使用精緻的石器狩獵或支解動物，主要生活在洞窟中。
哦哦哦～～
最後約在三萬年前人類進化完成——身為晚期智人的現代人於焉誕生。

PLACE
非洲及其他

AGE
450萬～4萬年前

KEY WORD
直立行走
智人（Homo sapiens）

BC BC1400 BC1200 BC1000 BC800 BC600 BC400 BC300 BC200 BC100 0 200 400 600 800 1000 1200 1400 1600 1800 2000

人類誕生之地為非洲大陸

人類歷史從數百萬年前、非洲大陸出現以雙腳直立行走的動物開始。二十世紀在非洲發現約二百～四百萬年前的猿人化石「南猿」（Australopithecus）後，研究者們便認定「人類誕生之地是非洲」。研究者認為，猿人已能直立行走，並懂得使用打製石器（譯註：指以敲打的方式製成的石器）。目前被視為最古老的人類，是二〇〇一年在非洲查德（Chad）所挖掘到的、約七百萬年前的猿人化石「圖邁」（Toumaï）。

據說，這種猿人歷經漫長年月，進化為使用火和語言的「直立人」（Homo erectus，如爪哇人和北京人），再到懂得埋葬死者的「早期智人」（archaic Homo sapiens，如尼安德塔人，Homo neanderthalensis），最後，終於進化成與我們現代人（Homo sapiens sapiens）腦容量與體格相同的「晚期智人」（Homo sapiens，如克羅馬儂人，Cro-Magnon）。然而，在近年的研究中，認為現代人的祖先是一名生長於非洲大陸的「早期智人」女性，即「非洲單地起源說」（譯註：現代人類的早期演化歷程主要有兩種理論，單地起源說是指所有人類自同一地發源），這說法獲得多數研究者認同。

偉人特寫

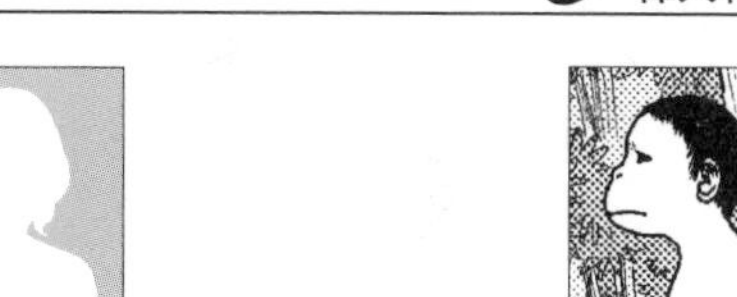

露西（Lucy）（約三一八萬年前）

一九七四年於衣索比亞挖掘出的人類化石「阿法南猿」（Australopithecus afarensis）的成人女性。發現到的骨骼共占全身的百分之四十，這對人類誕生的歷史研究而言是極寶貴的資料。露西被發現時，因調查隊員常聽披頭四樂團的《露西在天空戴著鑽石》（Lucy in the Sky with Diamonds）這首歌，而被取名為「露西」。

夏娃（Eve）（約二十萬年前）

過去在非洲的早期智人女性，被視為是全人類共同的祖先。她的名字是取自《舊約聖經》裡出現的第一位女性「夏娃」。

親近世界史

「夏娃」是全人類的母親嗎？

以往研究者認為，人類是從非洲擴展至世界各地，再於各地進化成直立人或早期智人，此即「多地連續演化說」。但當研究者從現今世界各地的人類細胞取出粒線體DNA（mtDNA）並加以分析後，卻發現所有的DNA都指向夏娃，研究者因而認為在夏娃以前遷移至其他大陸的猿人或直立人已全數滅絕，進而支持「非洲單地起源說」。並且，在進一步調查從尼安德塔人化石中抽取出的DNA後，結果得知尼安德塔人約在六十萬年前已與晚期智人的DNA有所分歧，他們並非現代人直接的祖先，這發現更成為非洲單地起源說最好的證據。

當時的日本 **日本列島的形成／約五百萬年前** 因地形變化，原本湖泊的部分成了大海，這正是日本海。至於日本人祖先如何來到日本，則有「與大陸板塊相連時，獵捕獵物而來」、「乘船而來」等各種說法。

當時的台灣 **台灣島的形成／四、五百萬年前** 七千多萬年前，歐亞大陸板塊和太平洋板塊碰撞，形成台灣島的雛型。此後在六千多萬年的漫長歲月裡，這塊陸地時而隆起、時而深埋海底，直到約四、五百萬年前才和菲律賓板塊碰撞，形成台灣島的輪廓；至二百萬年前，菲律賓板塊又再被擠壓上升，才形成海岸山脈。

HISTORIC EVENT

01 古文明的發生

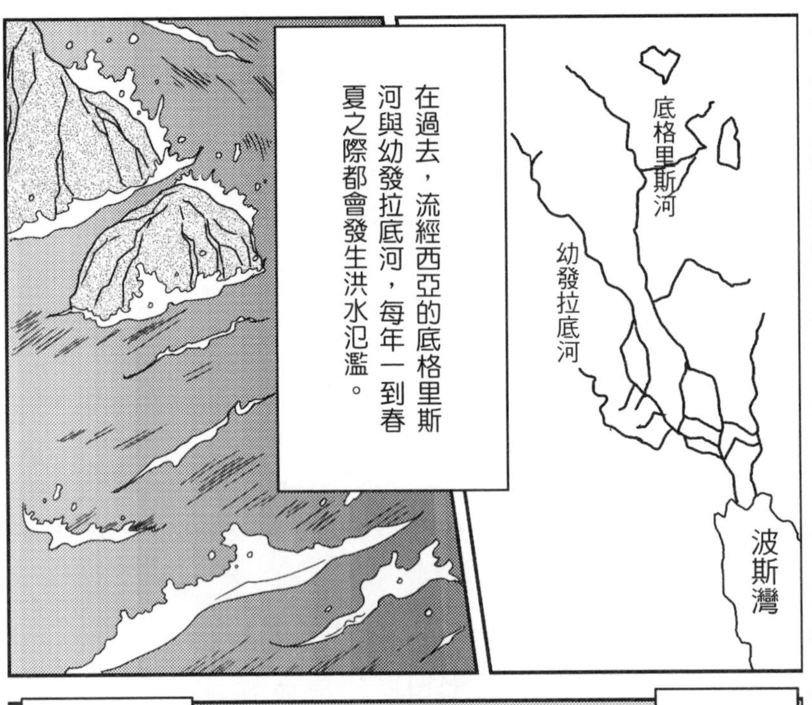
在過去，流經西亞的底格里斯河與幼發拉底河，每年一到春夏之際都會發生洪水氾濫。
底格里斯河
幼發拉底河
波斯灣

兩河流域間因此形成肥沃的土地。
這也促使了此地區文明的發展。

沙！
ザクッ
利用這塊土地的是蘇美人。
今年小麥也要大豐收哦！
嗯！大麥跟豌豆也是哦！
撒種
ハラ

PLACE
西亞

AGE
西元前4000年前後

KEY WORD
氏族社會
城邦國家

他們利用河川的定期氾濫，發展出灌溉技術，開始過起農耕生活，從而獲得大量的農作物。
在農業能力的背景之下，以血緣關係相互結合，形成「氏族社會」。

這樣的氏族社會又透過彼此征服、或彼此合作，統合成一個個的城邦國家。

喝！

嚇！

ガギン

揮刀

你這廢物，不屑殺你！

廢物……

へな

終於，這些城邦國家形成了世界最古老的文明，也就是古美索不達米亞文明。

「農耕」起於何時何地？

約一萬年前，地球調整成跟現在一樣的氣候與環境；而在西元前九〇〇〇年前後，人類展開了最初的農耕生活。實行農耕後，和之前以狩獵為主的生活相比，糧食量獲得提升，人們也群聚生活，並與有血緣關係的人形成聚落。在西元前四〇〇〇年前後，農耕技術更擴展至美索不達米亞南部降雨量稀少的廣大平原地區，這是因為流經當地的底格里斯河與幼發拉底河，在春夏之際時都會發生大規模的洪水氾濫。而洪水氾濫為當地運來肥沃的土壤，形成肥沃的耕地，該區因而稱為「肥沃月彎」。此時，人們更改變原本仰賴自然下雨、靠雨水滋養作物的農耕方式，開鑿了運河，開始採用「灌溉農業」，有規畫地引水來栽培農作物。由於灌溉農法需要更多的勞動力，聚落逐漸形成「氏族社會」，而幾個氏族社會又統合在一起成為「部族」；最終因為同一個文化，而發展成城邦國家。

從兩河流域開始，同樣施行大規模灌溉農業的尼羅河、印度河與黃河等各個流域，分別發展出美索不達米亞文明、埃及文明、印度文明、黃河文明等四大文明，亦即一般所說的「世界四大古文明」。

偉人特寫

基爾迦曼（Gilgamesh）（西元前二六〇〇年前後？）

美索不達米亞文明初期，蘇美人所建立的城邦國家之一——烏魯克（Uruk）的國王。雖然他是因為出現在神話或古美索不達米亞文學《基爾迦曼史詩》中，以被神格化的國王而為人所知，但其實基爾迦曼是真實存在的人物。

漢摩拉比（西元前一八一〇前後～西元前一七五〇前後）

於美索不達米亞文明中期，將城邦國家之一的巴比倫定為首都、統一美索不達米亞全地，建立起古巴比倫王國，成為巴比倫第一王朝的國王。由他所制定的《漢摩拉比法典》，因奉行「以眼還眼、以牙還牙」的復仇原則而聞名。

世界史祕辛

「挪亞方舟」是在美索不達米亞？

神為了毀滅墮落的人類而引發大洪水，對神忠心耿耿的挪亞及其家族，與大批動物乘坐方舟逃難……。《舊約聖經》中「挪亞方舟」的故事周所眾知，但事實上這個故事有個原始的版本資料。研究者在解讀從巴比倫遺跡中挖掘出的泥板文書《基爾迦曼史詩》時，發現其中第十一章描述了與挪亞方舟的傳說如出一轍的大洪水故事。其後，在美索不達米亞城邦之一的烏魯克遺跡中，發現了大洪水實際發生過的痕跡，證明了大洪水的傳說並非天馬行空。

當時的日本

繩文時代的開始／約16500年前　約在一萬年前，日本列島與大陸板塊完全分離，形成島國。此時正值繩文時代，人們進行狩獵和漁獵來確保糧食，聚集成聚落住在窖屋（譯註：Pit-dwelling，又稱地下住屋）裡，並製作繩文式陶器（譯註：「繩文式」是指陶器上有明顯的繩狀浮雕）。

訂定一年＝十二個月的蘇美人

以肥沃月彎地區為基點，於西元前三千年左右建構出史上第一個城市文明——「美索不達米亞文明」的是蘇美人（Sumerian）。美索不達米亞文明是由大約二十個被城牆環繞的城邦國家群所形成，他們在各個國家中組成軍隊、官僚組織，並制定法律以進行國家的運作。在城邦國家的中心，還建造了象徵國王威嚴的「高塔神殿」（Ziggurat），將神殿設置在高塔的最上層，國王以神官長的身分統治著城邦國家。

此外，蘇美人除了使用將文字刻印在泥板上的「楔形文字」，也採用了根據月亮圓缺計算出的「陰曆」，將七天訂為一星期，十二個月訂為一年；從這些事蹟中，可以確知蘇美人擁有高度的文化。

看地圖了解世界史

肥沃月彎地帶

「肥沃月彎」指的是從波斯灣到兩河流域、連接地中海東岸敘利亞一帶的新月狀地區。最古老的農耕文化從這個地區發跡，農耕提升了糧食生產，人口也隨之劇增，最終發展成四大古文明之一的「美索不達米亞文明」。「肥沃月彎」雖然主要是指美索不達米亞文明的發源地，但廣義的「肥沃月彎」也包含了發展出埃及文明的非洲大陸尼羅河流域一帶。

黑海
裡海
幼發拉底河
底格里斯河
地中海
肥沃月彎地帶
美索不達米亞文明由此發展
紅海
尼羅河

當時的台灣

長濱文化／舊石器時代 長濱文化是迄今於台灣所發現最早的史前文化，也是舊石器時代的代表，最早或可推溯到5萬年前，約在5千多年前逐漸消失。當時人們以狩獵、採食維生，且已知用火；使用的工具主要是以敲擊製成的石器和骨器，尚未發展出磨製石器和製造陶器的技術。

咚咚咚！咚咚咚！

HISTORIC EVENT

02 印歐語族的南下

到了西元前二千年，印歐語族自南俄往東方進攻。

嚇！

呼！

他們以機動力優良的戰車做為武器，一一擊退當地的原住民，在各地建立征服的國家。
快滾吧！
哇～～

這些國家中，居於安那托利亞高原上的西臺王國，約在西元前十六世紀攻下了古巴比倫王國，顯露出卓越的成長。

PLACE
西亞

AGE
西元前2000年前後

KEY WORD
東方

眾多民族入侵美索不達米亞

正當西亞發展出美索不達米亞文明時，居住於南俄的則是印歐語族。之所以稱為「語族」，是因為從語言學上來看，他們是從同一個祖先衍生與發展出來的群體。印歐語族在西元前二〇〇〇年初，開始入侵美索不達米亞。

其中，西臺人（Hitties）入侵了安那托利亞高原（Anatolia，現今的土耳其），與當地的原住民一起建立西臺王國。西臺王國因為使用了由馬拉動的戰車與鐵製的武器，擁有強大的軍事能力，在西元前十六世紀消滅了古巴比倫王國。之後，為了爭奪北敘利亞的霸權，又與埃及的新王國（參見P29）爆發卡迭石戰爭（Battle of Kadesh）。這場戰役使兩方都傷亡慘重，也因此成為史上第一場締結和平條約的戰爭。

西臺王國滅亡後，西臺人原本獨占的製鐵技術流傳至美索不達米亞各地，接著更出現群雄割據的狀況。除西臺人之外，印歐語族之一的卡賽人（Kassites）、及建立米坦尼王國（Mitanni）的胡里人（Hurrians）也陸續嶄露頭角。

偉人特寫

卡賽人（西元前二〇〇〇年前後）

約西元前二〇〇〇年半前後，入侵美索不達米亞的民族。建立了卡賽王國，即巴比倫第三王朝，也統治美索不達米亞南部長達四百年左右。

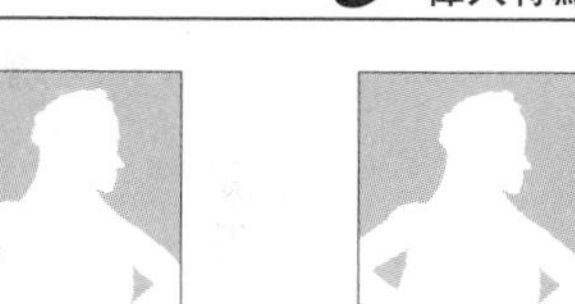

胡里人（西元前十五世紀前後）

西元前十五世紀至西元前十四世紀半，以米坦尼王國為中心的民族，其勢力從美索不達米亞北部擴大到地中海沿岸的北敘利亞。除了米坦尼王國外，胡里人也建立了許多小國。這時期的美索不達米亞，因眾多民族間征戰與消亡的情形接連不斷，情勢相當混亂。

親近世界史

鐵起源何處？

在漢摩拉比王（參見P24）統治之下國勢強盛的古巴比倫王國，也不敵西臺王國的戰車與鐵製武器而滅亡。不過，「鐵」究竟起源於何處呢？研究者在現今伊拉克南部城邦國家烏魯克（Uruk）的遺跡中發現了鐵片，因而得知美索不達米亞在西元前三三〇〇年至西元前三〇〇〇年前後曾使用過鐵。然而，若說到「鐵」在歷史上所達成的重大任務，那當然是指西臺王國在安那托利亞高原一帶使用了以「鐵」製成的武器一事。只不過，鐵的材質雖然適合做為武器，但當時的製鐵技術尚未成熟，所以當時最強的武器應該是青銅（銅與錫的合金）製的武器。

當時的日本

繩文式陶器／繩文時代 從繩文時代遺址中出土的陶器（繩文式陶器）是在西元前三千年前後所製成的，形狀與機能豐富多樣。除此之外還製成耳飾、勾玉（譯註：又稱曲玉，是日本、朝鮮古代的一種首飾，呈月牙狀）、管狀玉飾等首飾。

當時的
台灣

大坌坑文化／新石器時代早期 約距今6千年前左右，台灣進入新石器時代，以大坌坑文化為早期代表。當時人類以漁獵、採集為生，能以磨製方式製作石器，並開始燒製陶器，陶器頸部以下多有粗繩紋飾，因而通稱為「粗繩紋陶」。

HISTORIC EVENT

03

圖坦卡門的治世

西元前一三三四年，圖坦卡門於埃及即位後，便進行一連串的改革。
雖然前朝才剛遷都到阿馬爾奈，但我們現在要回到底比斯去。
從今以後，也要捨棄前朝所奉行的阿頓信仰，回到傳統的阿蒙信仰。
圖坦卡門

然而，圖坦卡門即位不過九年便逝世。
關於其死因有許多臆測，正確原因目前仍不得而知。

二十世紀時，考古學者在埃及的帝王谷發現圖坦卡門的墳墓。
難以置信啊……

霍華德・卡特
幾乎沒有被盜掘過……！
古埃及法老王的墓大多被盜掘過，但圖坦卡門之墓卻歷經長達三千年以上的歲月而幾乎維持原封不動，是極為特殊的例子。
也因此，之前沒沒無名的圖坦卡門頓時變得家喻戶曉。

PLACE
埃及

AGE
西元前1300年前後

KEY WORD
阿蒙信仰

埃及是「尼羅河所賜」

寫下世界最早歷史書《歷史》的希臘歷史學家希羅多德曾說：「埃及是尼羅河的贈禮。」正如他所說，埃及文明也是因尼羅河氾濫形成肥沃的耕地、以及隨之開始的灌溉農業所形成的。在尼羅河流域中建立了被稱做「諾摩斯」（Nomos，譯註：稱為法律，亦稱為州）的城邦國家，並在西元前三千年左右形成被稱為「古埃及」的統一國家，由稱為「法老王」（Pharoah）的君主統治著，國力壯盛。

古埃及歷經三〇〇〇年、二十六個王朝的交替，其中特別繁榮的時期可大致分為古王國、中王國與新王國三個時期。以孟斐斯（Memphis）為首都的古王國建造了做為法老王陵寢的巨型金字塔，以象徵絕對的權力；中王國時，首都遷移至底比斯（Thebes）。而著名的少年法老王圖坦卡門（Tutankhamun）所治理的朝代是在新王國初期（第十八王朝），雖然他父親阿肯那頓（Akhenaten）曾進行宗教改革，但他即位後又將首都重新遷回底比斯，並恢復傳統太陽神「阿蒙・拉」（Amun-Ra）的信仰。不過，掌握政治實權的其實是他父親王妃的父親（譯註：為朝中大臣阿伊，在圖坦卡門之後也就任為法老）。

偉人特寫

曼尼斯王（Menes）（生卒年不詳）
曼尼斯王統一尼羅河上游流域二十二個、與下游流域二十個諾摩斯，建立起古埃及王國，成為第一代法老王。法老王的意思是「偉大的領導者」，是被神格化太陽神「拉」（Ra）之子的存在。

拉美西斯二世（Remes II）（西元前一三〇二年前後至西元前一二一二年前後）
古埃及新王國中期（第十九王朝）的法老王。他入侵美索不達米亞，在卡迭石戰役中（參見P27）與西臺王國進行多回激戰。於一八八一年所發現的拉美西斯二世木乃伊，其毛髮與指甲的保存狀態仍然良好，彷彿只是沉睡一般。

世界史祕辛

法老王為何要製作成木乃伊？

古埃及人極度渴望永恆，相信死亡時靈魂「卡」（KA，埃及語的「永恆」之意）會離開肉體，但一定會再度回到肉體裡，使人死而復活。所以，製作木乃伊是為了保存肉體直到人復活為止。此外，本文中所提到的歷史學家希羅多德也曾詳細寫下木乃伊的製作方法，雖然只留下殘本紀錄，但大致製作方法如下：①用鐵鉤自死者的鼻孔中掏出腦髓。②剖開側腹取出內臟，用油與香料清洗乾淨，再塞入藥和香料後縫合。③用蘇打粉浸泡七十天。④用乾淨的布包裹起來。⑤納棺後封印起來，安置於墳墓中。

當時的日本 **稻作的開始①／繩文時期後期** 以往認為日本開始施行稻作是在彌生時代（西元前3世紀～），但最近的研究認為，大約在3500年前開始即有稻作的說法較具說服力。此外，這時期也開始製作泥偶。

當時的台灣 **農業發展／新石器時代** 台灣最早的農業也在新石器時代早期出現，顯示此時人類已經開始定居生活。以做為原始農業開端的大坌坑文化為例，此時人們主要種植的是芋頭等根莖類作物，同時也採集野生植物的種子和植物纖維。

西元前十三世紀前後，民族領袖摩西受到神的啟示，帶領遭到當時政權壓迫的希伯來人逃出埃及。
呼呼……
水……給我水……
然而，這條路卻危機重重。
大家快走吧！
摩西

海浪聲
此外，法老王所派出的埃及大軍也沿著紅海岸邊追了上來。
ザバ
混帳！該怎麼辦……
覺悟吧，你們逃不掉的！
然而就在這個時候，
看我的！

紅海啊，
分開吧！
快逃吧！
ワァァ
哇！
於是摩西與希伯來人得以安然無恙地逃出埃及。

HISTORIC EVENT

04

希伯來人出埃及

PLACE
埃及

AGE
西元前1200年前後

KEY WORD
摩西
法老王

BC / BC1400 / BC1200 / BC1000 / BC800 / BC600 / BC400 / BC300 / BC200 / BC100 / 0 / 200 / 400 / 600 / 800 / 1000 / 1200 / 1400 / 1600 / 1800 / 2000

《舊約聖經》是希伯來人的歷史書

西元前十三世紀末前後，地中海東岸出現了稱做「海民」的民族。雖然不清楚海民是怎樣的一群人，但美索不達米亞平原與埃及等地繁榮的國家卻因海民的入侵而步入衰敗。取而代之地，是身為閃語族（Semities）的阿拉伯人、腓尼基人與希伯來人這三個民族的崛起。這時，隨著原住民迦南人定居在現今巴勒斯坦的，是美索不達米亞的遊牧民族希伯來人，而其中一部分的人則移民至埃及。然而，希伯來人因埃及新王國的強權政治而受苦，成為法老王的奴隸，於是摩西率領希伯來人逃出埃及。《舊約聖經》中〈出埃及記〉所描寫的正是當時的情形。

至於定居於迦南（現今的巴勒斯坦）的希伯來人，在當地建立了希伯來王國，但王國最終分裂成北部的以色列與南部的猶太兩個王國。在《舊約聖經》描寫的希伯來人歷史中，有關巴勒斯坦當地的問題如今也依舊存在。

偉人特寫

摩西（西元前十三世紀前後）

希伯來人的領袖。儘管他向法老王懇求解放成為奴隸的希伯來人，並讓他們離開埃及，法老王卻斷然拒絕。神因此在埃及降下十災，法老王才不情願地同意希伯來人離開。之後，希伯來人歷經了四十年的曠野之旅，才終於抵達巴勒斯坦。

大衛（西元前一〇四〇年至西元前九六一年）

於《舊約聖經》〈撒姆耳記上、下〉與〈列王記〉中登場的希伯來王國第二代國王。他因年紀輕輕便打倒巨人戰士葛利亞的故事，以及米開朗基羅所製作的《大衛像》而遠近馳名。

親近世界史

持續三〇〇〇年以上的巴勒斯坦問題

迦南（現今的巴勒斯坦）被稱為「應許之地」，那是因為在《舊約聖經》中，神應許要將迦南賜給希伯來人而得名。於迦南建立的希伯來王國在前十世紀時南北分裂。之後新巴比倫王國消滅了南部的猶太王國，猶太人民被擄往其首都巴比倫當奴隸，史稱「巴比倫之囚」事件。之後，猶太人民被釋放，並創立了猶太教。事隔多時，到了二十世紀，猶太人（希伯來人）終於實現夙願，建立起自己的國家以色列。然而，由於以色列是在列強國家以強硬手段協助下而建國的，因此與不認同此事的阿拉伯各國爆發了諸多的紛爭，至今仍延續未止。

當時的日本　**稻作開始②／繩文時代後期**　近年的調查發現，當時的稻作與現在的完成度幾乎相同。因此專家認為，稻作技術的流傳並不是透過大陸板塊間的交流，而是帶著稻作技術的龐大集團移至日本所致。

當時的台灣　**稻作開始／新石器時代中期～晚期**　相對於大坌坑文化的早期農業，到了距今4500年前左右的新石器中期，當時的繩紋紅陶文化已發展出穀類農業，島上各地遺址的出土物中包含了印有稻穀印痕的陶片和大量農具，可推想當時農業的發展。

HISTORIC EVENT

05

古近東的統一

從印度河到地中海之間的區域以往人們稱為「東方」，自古以來發展出了各種文明。
最初統一古近東的是亞述帝國。
西元前七二一年，亞述軍隊在薩爾恭二世的帶領下殲滅了以色列。
進攻！不要害怕！
哦哦哦！
然後在西元前六七一年前後征服埃及，統一東方。
但是，這一榮景不過五十年，亞述就被新巴比倫與米底亞人的聯軍所滅。
東方世界暫時瓦解。

PLACE
中東～非洲

AGE
西元前720年前後

KEY WORD
東方
亞歷山大大帝

接著統一古近東的是波斯阿契美尼德王朝。
我正是波斯阿契美尼德王朝的國王，居魯士二世！
おおおお
哦哦哦哦
西元前五二五年消滅了埃及，實現統一大業。
但是在西元前三三〇年，由大流士三世率領的波斯大軍卻敗給了進行東征的馬其頓亞歷山大大帝。
死吧！
嗚哇！
阿契美尼德王朝也隨之滅亡。
擊中！

史上第一個帝國「亞述帝國」

儘管今日我們稱東洋為「東方」，但「東方」原本指的是美索不達米亞文明與埃及文明；這是由於從古羅馬人的角度看來，這兩個文明正位於東方的緣故。在世界史上，則可將美索不達米亞及埃及兩個文明圈稱為「古近東」（參見P35的地圖）。

統一古近東、建立世界史上第一個帝國「亞述帝國」（Assyrian Empire）的是閃語族的亞述人（Assyrian）。亞述人在西元前九世紀前後，開始支配肥沃的肥沃月彎（參見P24）上的其他民族與國家，到西元前七世紀時也征服了埃及。在國王亞述巴尼拔（Ashurbanipal）的治理下，亞述帝國邁向全盛時期，他從所支配的各個領土收集大量的泥板，在首都尼尼微城（Nineveh）建造保存這些泥板文書的皇家圖書館，這正是現今圖書館的起源。然而，由於亞述帝國施行的專制政策過於殘暴，使得反抗與叛亂相繼不絕；這樣的統治體制終於在西元前六一二年解體，亞述帝國也分裂成埃及、利底亞（Lydia）、新巴比倫與米底亞（Media）四個王國。

偉人特寫

亞述巴尼拔（？～西元前六二七）
亞述帝國的國王。他建造皇家圖書館，保存了大量的資料，對古近東的研究有很大的貢獻。

居魯士二世（西元前五五九前後～西元前五二九）
波斯（現今的伊朗）人，阿契美尼德王朝的第一代國王。現今的伊朗人讚譽他為「伊朗的建國之父」。

大流士一世（西元前五五八～西元前四八六）
波斯阿契美尼德王朝的國王。這位因強大的權力與勢力而自豪的偉大君主，仍無法戰勝病魔，在波希戰爭中逝世。

親近世界史

波希戰爭是馬拉松運動的開始

西元前四九〇年的第一次波希戰爭中，希臘軍隊在馬拉松一地迎擊波斯大軍，展開馬拉松戰役。由平民所組成的希臘重裝步兵，成功擊退了大流士一世率領的波斯軍。當時，一名年輕的希臘士兵為傳達捷報，從馬拉松一路跑到雅典，就在傳達了「我們戰勝了！」後，便氣絕身亡。儘管這個故事可能是後人杜撰的，但為了讚譽這位年輕的士兵，近代在希臘雅典主辦的第一次奧林匹克運動會中，便舉行了從馬拉松跑至雅典的競賽。這正是今日馬拉松運動的發端。

當時的日本　**大規模的寒冷化／繩文時代後期～晚期**　這時期日本的氣候趨於寒冷化，而海平面下降也使得漁場範圍縮減，貝塚（貝類等堆積的遺址，古代人類的垃圾場）的數量也減少。

BC
BC1400
BC1200
BC1000
BC800
BC600
BC400
BC300
BC200
BC100
0
200
400
600
800
1000
1200
1400
1600
1800
2000

東方最後的大帝國「波斯」

再度統一古近東的並非這四個王國的任何一個，而是在米底亞統治下的亞利安人。身為亞利安人的居魯士二世（Cyrus II）展開了建設波斯帝國（Persian Empire）的運動，先是打倒米底亞王國，接著也征服了利底亞與新巴比倫，最後建立了波斯阿契美尼德王朝（Achaemenid Empire）。之後，埃及也被納入阿契美尼德王朝也將埃及納入管轄，掌握了東至印度河、西至愛琴海沿岸廣大的領土，擴張成比亞述帝國還要大的版圖。

以身為波斯阿契美尼德王朝最大勢力而感到自豪的國王是大流士一世（Darius I）。他在首都蘇薩（Susa）的東南方建造國都波斯波利斯（Persepolis），並確立「總督制」（Satrap）的中央集權體制。此外，他也修築名為「御道」的交通網路，對當地的基礎建設有卓越的貢獻。然而，當大流士一世的統治勢力觸及希臘文化圈後，波斯與希臘間便爆發了波希戰爭（The Persian War）。戰爭歷經五十年，波斯最終戰敗，之後國勢一路衰退。

看地圖了解世界史

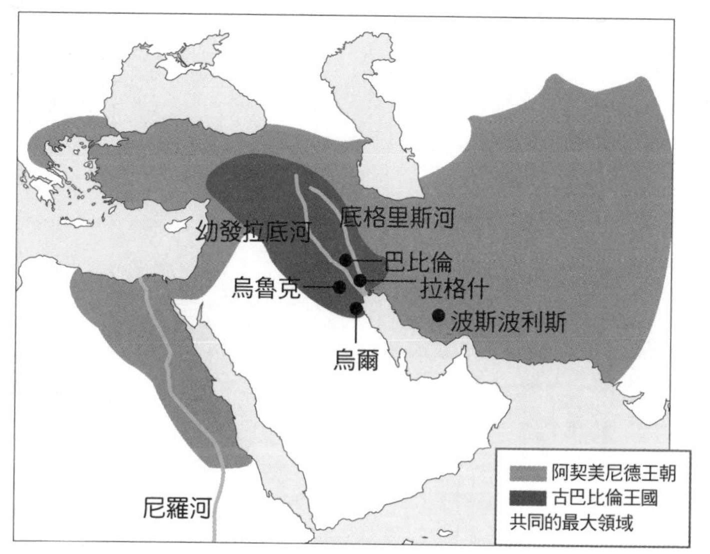
底格里斯河
幼發拉底河
巴比倫
烏魯克
拉格什
波斯波利斯
烏爾
尼羅河
阿契美尼德王朝
古巴比倫王國
共同的最大領域

古近東的世界

美索不達米亞文明與埃及文明的文化圈可統稱為古近東。由於波斯阿契美尼德王朝與馬其頓（參見P42）建造了領土廣達印度河流域的龐大帝國，因此現今伊朗附近的地區也包含在古近東的範圍內。

當時的台灣

圓山文化／新石器時代中期～晚期 從距今4500到2000多年前出現在台北盆地（當時為湖泊）的圓山文化遺址中，發現了驚人的貝塚，也因此得知當時人們除了以農業為生，也會就近撈捕湖中魚貝食用。

HISTORIC EVENT

06 雅典民主政治的發達

PLACE
地中海地區

AGE
西元前700年前後

KEY WORD
貨幣經濟
市民

西元前七世紀前後，在雅典是由貴族們獨占了政治的實權。

快點搬！

別……別打了……

咻！

另一方面，受到這時期發展的貨幣經濟的影響，負債的市民一個個淪為奴隸。

但就在西元前五〇〇年時，爆發了波希戰爭，情況隨之一夕改變。

進攻！

狄米斯托克利

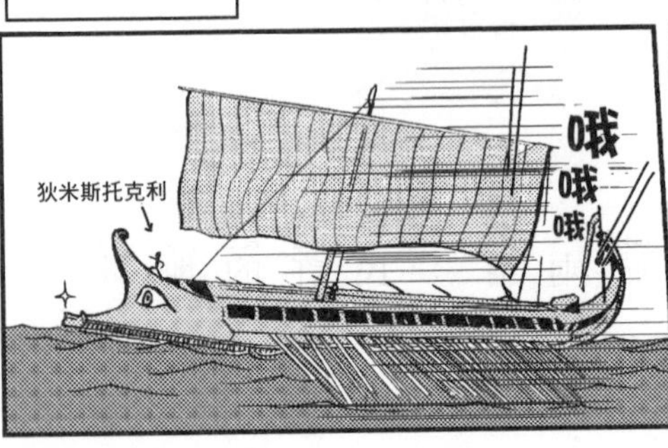
哦
哦
哦
狄米斯托克利

哇～～
咚！

在這場戰爭中，以雅典市民為中心的軍船團，將據說人數多達數十萬的波斯大軍逐一擊破！雅典因而在波希戰爭中大獲全勝。

十八歲以上的男子全都擁有參政權！
照這情勢看來可望成真！

哦哦哦哦！！

雅典市民的存在意義因而變大，並靠自己的力量贏得民主政治！！

軍團與改革促成民主的誕生

波斯阿契美尼德王朝（參見P35）是在西元前六世紀末邁向全盛時期；同時，在地中海東北方的愛琴海地區曾經繁榮興盛的「愛琴文明」逐漸衰退，取而代之的是由希臘人所建設、被稱為「希臘城邦」（Polis）的許多城邦國家。在希臘城邦，貴族握有權力且支配著平民與奴隸。因人口增加造成農耕的「份地」（譯註：Kleros，古希臘文的本義為「抽簽」，其引申義為「抽簽獲得的份地」）不足，進而向海外建立殖民城市，兩個城市之間便開始進行貿易活動。其中最繁榮的希臘城邦正是靠貿易累積財富的雅典。

雅典在西元前六世紀初，因梭倫（Solon）的改革，組織重裝步兵、且在軍事方面擔任重要任務的富裕階層的平民們也開始參與政治。當希臘與波斯阿契美尼德王朝之間發生波希戰爭時，整個希臘以雅典為中心團結起來，贏得了這場戰役。這時，因掌舵軍船而立下戰功的無產階級平民們發言的力道也有所增強，進而促使希臘城邦內十八歲以上的男子都擁有了參政權。

偉人特寫

謝爾曼（Heinrich Schliemann）（一八二二～一八九〇）

德國的考古學家。挖掘出特洛伊城及邁錫尼衛城的遺址，證明了之前認為是虛構的愛琴文明是真的歷史。

梭倫（西元前六四〇前後～西元前五六〇前後）

雅典的政治家。當時在雅典，因無法償還借款而被沒收做為擔保的「份地」，就此淪落成奴隸的市民很多。於是梭倫進行了兩項改革：①將債務一筆勾消，並解放負債為奴的市民；②依據市民的財產，保障其相對應的參政權（譯註：雅典市民重新分為四個等級，各有不同的兵役、稅率、及公職權）。這兩項改革削弱了貴族的既得權利，讓市民擁有權力，實現民主政治。

世界史祕辛

「特洛伊的木馬」是什麼？

跟電腦病毒「木馬病毒」的名稱一樣，「特洛伊的木馬」是在愛琴文明時代的特洛伊戰爭中所使用的武器。無法攻下特洛伊的希臘邁錫尼軍心生一計，在海岸邊放置了巨大的木馬後便率兵離去；特洛伊的士兵便將木馬視為戰利品帶回城內。但原來木馬中躲藏著希臘士兵，到了晚上，士兵自木馬內部偷溜出來，打開城門讓邁錫尼軍進城，順利攻下特洛伊。這個故事收錄在《伊里亞德》的史詩中，長久以來一直被視為是傳說，但因謝爾曼所發現的遺址，終於被人們認同是實際發生過的歷史。

當時的
日本

祭祀文化的發展／繩文時代晚期 因氣候變動，狩獵與漁獵受到嚴重毀壞性的打擊，人口銳減；但在另一方面，稻作生活逐漸穩定。此外，這時代製作出了上色的陶器或泥偶，祭神的文化也固定下來。

當時的
台灣

卑南文化／新石器時代晚期 台灣新石器時代晚期的代表，是位於台東卑南山麓的卑南文化遺址，出土了許多石板棺及精美的陪葬品。這不僅是目前台灣所發現最大的史前聚落，也是環太平洋與東南亞地區內規模最大的石板棺墓葬群遺址。

HISTORIC EVENT

07

斯巴達的政治

西元前十世紀前後，伯羅奔尼撒半島南部的拉科尼亞。
跟我們走！
多利安一族入侵拉科尼亞，征服原住民而建立了斯巴達。

在斯巴達，僅兩千人左右的市民支配著多達五萬人的奴僕。

市民
參政權 有
軍事上的義務 有
斯巴達
庇里阿西人註①
半自由民
無 參政權
希洛人註②
奴隸

嘿喝！

呃！

男子從七歲起負起團體生活的義務，培養戰鬥的能力。

聽好！

我們不需要弱者！

身為斯巴達人一定要很強！

伯羅奔尼撒戰爭

我等勝利了！

斯巴達最強！

わあああ
哇啊啊！

徹底奉行軍事教育的結果，使斯巴達成為希臘最強的陸軍國家！

PLACE
地中海地區

AGE
西元前450年前後

KEY WORD
希臘城邦
雅典
斯巴達

譯註①：Perioeci，意為「邊區居民」，即古希臘斯巴達境內的依附居民。
譯註②：Helots，斯巴達的國有奴隸。

BC BC1400 BC1200 BC1000 BC800 BC600 BC400 BC300 BC200 BC100 0 200 400 600 800 1000 1200 1400 1600 1800 2000

反抗「帝國」雅典的斯巴達

於波希戰爭（The Persian War）中獲勝的雅典，在西元前四七七年為了防備波斯的報復，而與其他城邦結盟，成為盟主。這個同盟在愛琴海的提洛島（Delos）上，由各個希臘城邦所推派的代表舉行會議，因而稱為「提洛同盟」（Delian League）。提洛島上設有金庫，共同管理各城邦納貢的同盟資金；但之後這個金庫被移至雅典，同盟逐漸徒具形式。

另一方面，對於雅典的崛起，也有許多希臘城邦產生危機意識。其中的代表便是由多利安（Dorians）人在征服了伯羅奔尼撒半島（Peloponnese）的原住民後所建立的斯巴達（Sparta）。正如今日所使用的「斯巴達教育」一詞，斯巴達為防叛亂而強化國防，進行激烈的體罰與嚴苛的肉體訓練，因此擁有了軍力強大的軍隊。斯巴達在西元前四三一年，組成了與提洛同盟相抗衡的「伯羅奔尼撒同盟」（Peloponnesian League）。各希臘城邦也因此分成雅典與斯巴達兩大勢力，而爆發伯羅奔尼撒戰爭（The Peloponnesian War）。由於戰期拉長而導致農地荒廢，希臘城邦的社會自此面臨衰退。

偉人特寫

伯里克里斯（Pericles）（西元前四九五？～西元前四二九）

雅典的軍司令官。他推動了市民（限十八歲以上的男子）的平等，將所有的公務開放給全市民；而由市民所組成的市民大會做為雅典的最高機關，更完成了雅典的民主政治。儘管如此，伯里克里斯擊退政敵，每年續任將軍一職，實際上仍是實行著他個人的獨裁政治。

克里昂（Cleon）（？～西元前四二二）

雅典的政治家。當伯里克里斯在伯羅奔尼撒戰爭期間病逝後，改由克里昂掌握了雅典的實權。舌燦蓮花的他聚集了民眾的人氣，拉長伯羅奔尼撒戰爭的時間。

世界史祕辛

侵吞公款打造的神殿

希臘著名的觀光勝地帕德嫩神殿（譯註：Parthenon，是古希臘雅典娜女神的神廟，興建於西元前五世紀，是現存至今最重要的古希臘建築物）是伯里克里斯為向市民誇耀自身的威嚴所建造的，然而建造神殿的費用是他從提洛同盟的資金中挪用而來。這座神殿的建造不僅凸顯出提洛同盟形同虛設的問題，也說明了雅典擁有可與帝國匹敵的勢力。

當時的日本　**人口減少／繩文時代後期～晚期**　大規模的氣候變化也對人們產生影響。據推斷，日本人口在繩文時代前期時約有16萬人，到中期約27萬人；但後期又變回16萬人，晚期更減少到約9萬人（譯註：研究者認為可能是受氣候變冷的影響）。

當時的台灣　**生活方式的發展／新石器時代晚期**　從海濱、平原、丘陵到高山等不同的遺址可知，台灣於新石器時代晚期展現出繽紛多樣的面貌。此時人們已形成定居的聚落，發展成部落社會，有農耕及畜牧，石器製作日益精進，除了製陶外，也開始有紡織、編織等工藝。

HISTORIC EVENT

08 亞歷山大大帝的時代

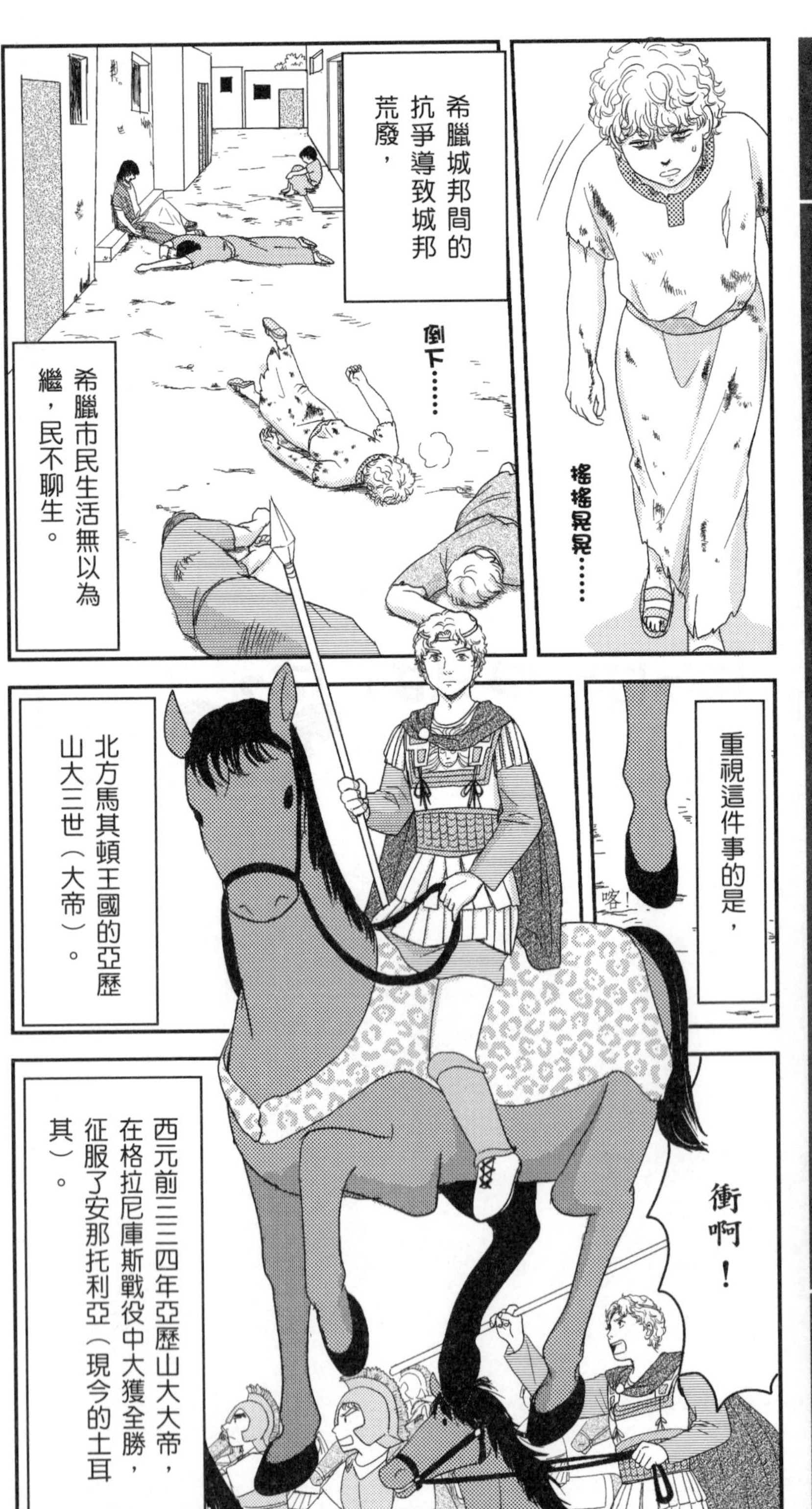
希臘城邦間的抗爭導致城邦荒廢，
搖搖晃晃……
倒下……
希臘市民生活無以為繼，民不聊生。
重視這件事的是，
喀！
北方馬其頓王國的亞歷山大三世（大帝）。
衝啊！
西元前三三四年亞歷山大大帝，在格拉尼庫斯戰役中大獲全勝，征服了安那托利亞（現今的土耳其）。

PLACE
地中海地區

AGE
西元前334年前後

KEY WORD
東征
文化融和政策

之後又征服了埃及的亞歷山大大帝，繼續在西元前三三三年伊蘇斯之戰中擊敗波斯軍。

跟我上！
亞歷山大大帝以大帝之姿君臨天下。

然而，在即將遠征阿拉伯前的某一夜——
哈哈哈哈
はっはっ はっはっ はっ
喧嘩
喧嘩

呃……
在晚宴上忽然身體不適，年僅三十二歲的他隨後驟然逝世。
大帝！
撲通！

由大帝所開創的龐大帝國

鎮壓了因羅奔尼撒戰爭衰退的希臘的，是位於北方的馬其頓王國。西元前三三四年，亞歷山大三（Alexander Ⅲ）世率領馬其頓與希臘的聯軍，展開東征之途。他的遠征是項宏偉的計畫，目的是要在東方，亦即在古近東（參見P34）建立新的希臘城邦，企圖復興希臘人世界。西元前三三三年，在伊蘇斯之戰中（Battle of Issus）擊敗波斯阿契美尼德王朝。接著，更在三年後消滅波斯，建立起無人能與之匹敵的龐大帝國。

亞歷山大三世在朝東方進攻時，同時實施「文化融和政策」。他將所征服的各地冠上自己的名字，建立約七十座的亞歷山大城市，並讓希臘人移居此地。並且，又讓馬其頓軍的一萬名士兵與波斯女性通婚，他自己也和波斯國王的女兒結婚。由於亞歷山大三世的東征，使得希臘文化廣傳至東方；結果使東西方的文化產生融和，被稱為「希臘化文化」（Hellenic Culture）的新文化，在這個時代盛放。

偉人特寫

亞歷山大三世（西元前三三六～西元前三二三）

一般所說的「亞歷山大大帝」指的就是他。他二十二歲時開始東征，以勢如破竹的氣勢持續遠征。然而，就在即將遠征阿拉伯之前卻染上瘧疾，年僅三十二歲的他於是英年早逝。

亞里斯多德（Aristotle）（西元前三八四～西元前三二二）

與他的老師柏拉圖（Plato）、以及柏拉圖的老師蘇格拉底（Socrates）並稱為希臘的三大哲學家；他在自然研究的領域上有多方的成就，被稱為「萬學之祖」，對後世學問的發展影響甚巨。他也擔任過亞歷山大大帝的家庭教師。

親近世界史

裸奔的阿基米德

若要指出希臘化文化時代中最具代表性的一名科學家，非阿基米德莫屬。他發現了槓桿原理並說出最為人知的名言：「給我一個支點，我可以舉起整個地球。」此外，他也發現了圓周率（π）的計算等，在科學領域上留下無以數計的輝煌成績。據說還有這麼一段傳聞：阿基米德在入浴時看到從浴盆溢出來的水而想到浮力原理，因為太過興奮，竟忘了穿衣服就到處跑來跑去。阿基米德既是偉大的科學家，也是兵器的發明家。結果，在羅馬與迦太基的第二次布匿克戰爭中，他便因發明的兵器成為羅馬軍的眼中釘，而遭到殺害。

當時的
日本

龜岡遺址／繩文時代晚期　位於青森縣津輕市，繩文時代晚期的代表遺址之一。除了發現形狀特別而被懷疑是模仿外星人模樣的遮光器泥偶（譯註：雙眼類似戴太陽眼鏡的泥偶），還有陶器、石器及木製品等大量的資料出土。

BC
BC1400
BC1200
BC1000
BC800
BC600
BC400
BC300
BC200
BC100
0
200
400
600
800
1000
1200
1400
1600
1800
2000

因東征而產生的希臘化文化

希臘化文化成為「思考文化」的基礎，使希臘培育出「合理地解釋自然界」、「萬物的根源為何」之類的哲學性思考。希臘化文化產生了許多追求真理的著名學者，在自然與科學領域的學問上有卓越的發展。譬如歐幾里德（Euclid）將當代所研究出的平面幾何學集大成，加以體系化成歐幾里德幾何學。阿基米德（Archimedes）則發現了數學、物理學的各項原理。

這些學問的據點是在埃及的亞歷山大城（Alexandria）。擁有五十萬冊藏書的皇家研究所（繆斯神廟，Mouseion）設置於此，有利於進行自然科學及人文科學的研究，也因此，使得做為現今「博物館」（museum）一詞語源的繆斯神廟，出現了許多優秀的科學家與歷史學家。如擔任繆斯神廟館長的埃拉托色尼（Erotosthenes），其最為人所知的貢獻即是計算出地球的圓周長度。

看地圖了解世界史

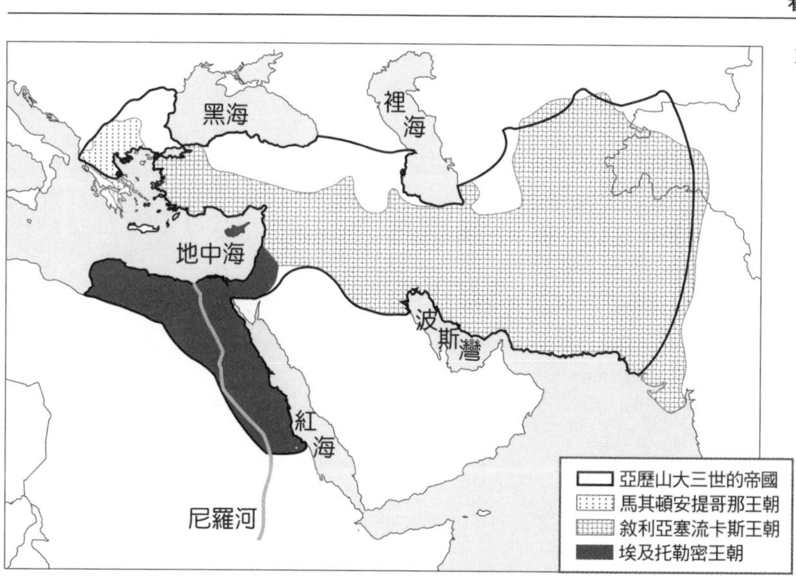
黑海
裡海
地中海
波斯灣
紅海
尼羅河
亞歷山大三世的帝國
馬其頓安提哥那王朝
敘利亞塞流卡斯王朝
埃及托勒密王朝

亞歷山大帝國的分裂

亞歷山大大帝三世所奪下的廣闊領土，在其死後引發了爭奪土地的繼承者戰爭。亞歷山大大帝在其任內所建立的大帝國，也分裂成三者，分別是埃及托勒密王朝、馬其頓安提哥那王朝與敘利亞塞流卡斯王朝。

當時的台灣

卑南文化的墓葬／新石器時代晚期 在卑南文化中，墓葬通常埋在聚落內隨地上建築方向分布成帶狀，應具有特殊意義；墓葬內並有豐富精美的陪葬玉器、陶器，顯示當時人們對死者的崇敬及喪葬儀禮的完整。但墓葬中也發現被獵頭的無頭葬，顯示當時社會已有小規模的戰爭行為。

HISTORIC EVENT

09

羅馬從共和制到君主制

採共和政權的羅馬於西元前五〇九年成立。
所謂的「共和政權」，是指依市民的決議來進行政治運作的政體。

約在西元前三世紀初期，將勢力擴展到整個義大利半島的羅馬，為了爭奪地中海的霸權，而與迦太基發生布匿克戰爭。

進攻！把西西里攻下來！

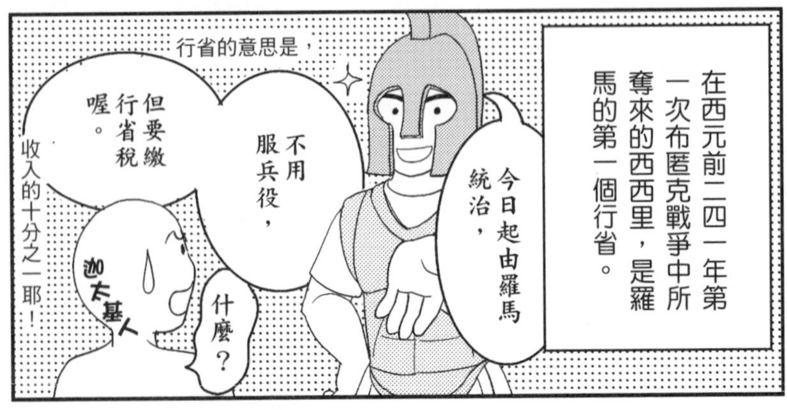
在西元前二四一年第一次布匿克戰爭中所奪來的西西里，是羅馬的第一個行省。
今日起由羅馬統治，
不用服兵役，
行省的意思是，
但要繳行省稅喔。
什麼？
迦太基人
收入的十分之一耶！

PLACE
地中海地區

AGE
西元前3世紀末～

KEY WORD
印歐語族
行省

在西元前二〇二年第二次布匿克戰爭中，羅馬又擊敗了漢尼拔・巴卡率領的迦太基軍。
迦太基札馬之戰
是大象……怎麼辦？
哇啊！
先殺死大象再說吧！
從遠處用長矛……用長矛攻擊！
只能死馬當活馬醫了！
是！

接著羅馬又在第三次的布匿克戰爭中，殲滅迦太基，完全掌握地中海的霸權。
哇！
倒下！
成功了！
呼～

不過，歷經長期的征戰，羅馬社會也衍生出許多問題。
我是自己人啦。
此後經過長達一百年的內亂，最後共和制解體，進入君主制的時代。

建立倫敦與巴黎的羅馬人

西元前三世紀末，取代馬其頓，君臨地中海地區、打造起龐大帝國的，是身為印歐語系分支之一的拉丁人，他們在義大利半島中部建立了城邦國家「羅馬」（Rome）。羅馬在西元前二七二年統一了義大利半島，為了確保做為穀倉地帶的西西里島，而與統治著該島的迦太基（現今的突尼西亞）開戰，即「第一次布匿克戰爭」（The Punic War），最後獲得勝利，奪得第一個海外領土「行省」（provincia，譯註：指的是古羅馬領土以外征伐獲得的領土）。布匿克戰爭共進行了三次，迦太基在西元前一四六年終於滅亡。獲得西地中海地區的羅馬意猶未盡，在西元前一世紀後半，又將埃及、馬其頓、安那托利亞（現今的土耳其）、敘利亞等地中海沿岸區域一一奪下，歸為自己的行省。

羅馬人移居到這些行省，建立起新的城市。如英國倫敦、法國巴黎、以及奧地利的維也納等歐洲城市，都是由當時羅馬人所建立的。

偉人特寫

漢尼拔・巴卡（Hannibal Barca）（西元前二四七～西元前一八三前後）

迦太基的將軍。雖是超過二千年以前的人物，但他的戰術至今仍成為各國軍隊的參考，以「戰略家」的身份獲得高度評價。

凱撒（西元前一〇〇～西元前四四）

家喻戶曉的「凱撒大帝」，也留下了如「孤注一擲」、「連你也有份嗎，布魯圖？」（譯註①）等諸多名言。

克麗奧佩脫拉（西元前六九～西元前三〇）

古埃及托勒密王朝的女法老王，因絕世姿容而被稱為「埃及豔后」，據說她以美貌籠絡凱撒與安東尼。

親近世界史

古羅也有TPP問題

當羅馬正逐步擴大行省的領地時，另一方面，農民們的生計卻也隨之出現困頓；這是因為，他們所生產的穀物無法與從行省進口的便宜穀物對抗。這跟近年蔚為話題的「跨太平洋夥伴協定」（TPP）的問題非常類似。並且，當時在羅馬也相繼出現跟那些農民處境相似，被稱做無產市民的沒落市民。他們發出了不滿的聲音：「給我們麵包（食糧）和馬戲團（娛樂）。」（譯註②）對於貴族們而言，若得不到擁有市民權的平民的支持，便無法當選行省長官，於是他們給予平民麵包和馬戲團，公然進行賄選。

譯註①：原文為：「Et tu, Brute?」行刺凱撒的布魯圖是他的得力助手。凱撒死前留下的這句話，常用在西方文學中關於背叛的概括描寫。莎士比亞也在戲劇中保留原文。

譯註②：為「Panem et Circenses」的直譯。意指當國家的百姓放棄了自己的政治責任，也就等於放棄了他們的力量以換取豐衣足食和娛樂。

BC
BC1400
BC1200
BC1000
BC800
BC600
BC400
BC300
BC200
BC100
0
200
400
600
800
1000
1200
1400
1600
1800
2000

因獨裁而展開的「羅馬和平」

羅馬的政治不是君王統治的體制，而是共和政制。然而在西元前六十年，大富豪克拉蘇、將軍龐培與凱撒三人開始了第一次的「三頭政治」。凱撒雖然打倒了對立的龐培成為獨裁者，但又被視之為眼中釘的共和派加以暗殺；之後，凱撒的部下安東尼、雷比達與凱撒的養子屋大維再度結成第二次三頭政治。

然而，在亞克興（Actium）一役中，安東尼儘管與埃及托勒密王朝的女王克麗奧佩脫拉七世（Cleopatra）聯手，卻仍被屋大維所攻破，使得埃及淪為羅馬的行省，屋大維也從元老院獲予「奧古斯都」（Augustus，尊崇者之意）的稱號並成為皇帝。至此，共和政權正式告終，羅馬成為皇權專政的國家。往後，史稱「羅馬和平」（Pax Romana）的繁榮、安定盛世大約持續了二百年之久。

看地圖了解世界史

羅馬的最大領域

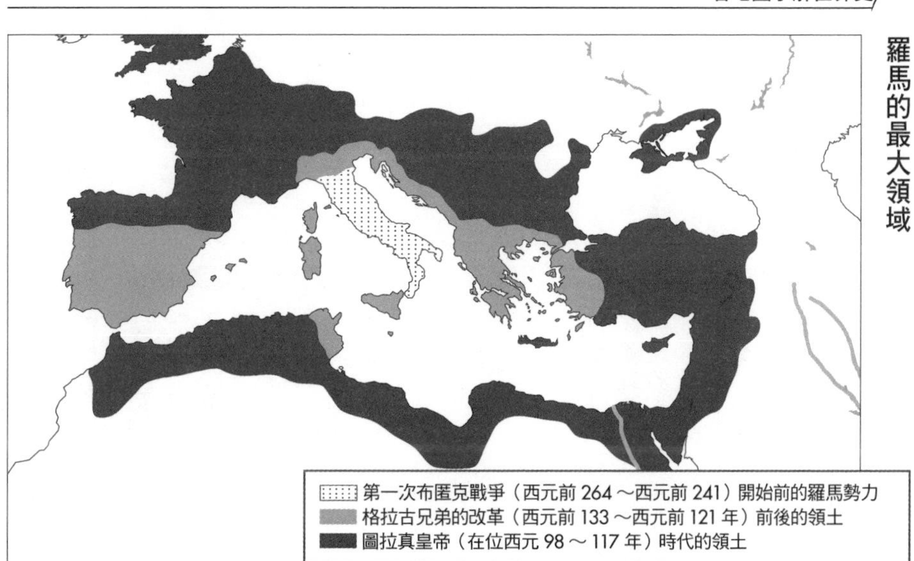
第一次布匿克戰爭（西元前 264 ～西元前 241）開始前的羅馬勢力
格拉古兄弟的改革（西元前 133 ～西元前 121 年）前後的領土
圖拉真皇帝（在位西元 98 ～ 117 年）時代的領土

當時的
日本

彌生時代的開始／西元前三世紀前後　「彌生時代」是因在東京本鄉彌生町的向丘貝塚中初次發現了彌生式陶器（譯註：彌生式陶器一般呈紅褐或紅褐色）而得名。彌生式陶器比起繩文式陶器顯得裝飾較少，其主要特徵是分別依用途製作成貯藏用、炊煮用的陶器。

當時的
台灣

植物園文化／新石器時代晚期　在現今台北市植物園一帶發現的植物園文化，有許多種類的石器，如石鋤、石鑿、石鏃與槍頭等，尤其以打製與磨製的大型石斧最具特色，從出土的大型農具可推知當時過著農耕生活。使用的陶器較軟，以表面帶有方格狀紋飾為特色。

HISTORIC EVENT

10 基督教的成立與發展

西元三十年前後，在猶太教盛行的巴勒斯坦，出現了一位主張民眾要更加熱愛神的男人。
耶穌
各位，最重要的是對神的信仰要更強烈！
沒錯！正因為我們不知神的教誨，才能進入神的國度！

他的主張與「知道神的教誨的人才能得救」的猶太教教義相對立。

耶穌因此被釘在十字架上。

然而，相信耶穌將會復活的民眾們熱情並未冷卻。
耶穌是我們的救世主。
我要繼承耶穌的遺志。
於是使徒彼得以耶穌為基督（救世主），成立耶穌基督教團，基督教也逐漸發展成為世界宗教。

PLACE
巴勒斯坦

AGE
西元30年前後

KEY WORD
猶太教
重稅
米蘭詔令

BC / BC1400 / BC1200 / BC1000 / BC800 / BC600 / BC400 / BC300 / BC200 / BC100 / 0 / 200 / 400 / 600 / 800 / 1000 / 1200 / 1400 / 1600 / 1800 / 2000

廣傳於羅馬的基督教

在羅馬帝國的時代（參見P46、47），行省之一的巴勒斯坦所信奉的宗教是「猶太教」（參見P31）。但猶太教的祭司及法利賽人（Pharisees，猶太教的支派）對神的教誨流於重視形式化的遵循，並且以支配者階層的身分協助羅馬帝國的統治，對民眾受重稅之苦的心聲充耳不聞。另一方面，誕生於木工家的耶穌向民眾進行傳講，指出比起知道神的教誨，擁有對神的強烈信仰才是更重要的。這說法獲得民眾的支持，耶穌也因此被視為蠱惑民眾的危險人物而遭處死刑。

耶穌受刑後，耶穌的使徒彼得視耶穌為基督（救世主）而成立了基督教。雖然起初基督教徒屢屢受到迫害，但其教義卻超越了身分和民族，傳揚至羅馬。因此羅馬帝國的皇帝也停止鎮壓，並發布承認基督教的「米蘭詔令」（Edit of Milan）；之後基督教更在三九二年取得羅馬帝國國教的地位。

偉人特寫

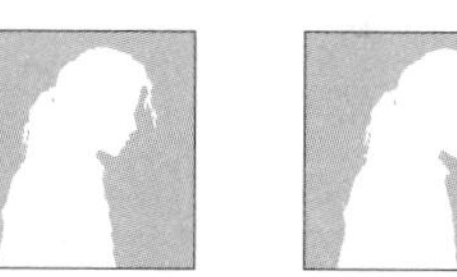

耶穌‧基督（西元前四年前後～三〇年前後）
基督教中與神同一的存在。根據《新約聖經》所述，耶穌在各各他被釘上十字架，行刑後三天，又復活現身。

彼得（Petros）（？～六四）
耶穌的最初的使徒（門徒）之一。他同樣受到鎮壓，被身為羅馬皇帝的暴君尼祿處死。他也是初代的羅馬教宗。

保羅（Paulos）（？～六五？）
耶穌死後成為基督教的信徒。當初曾迫害基督教，但最後歸信耶穌。一生致力於傳道、宣教，最後不幸在羅馬殉教。

世界史祕辛

基督死於日本？

關於耶穌基督還有以下這段故事。根據在日本茨城縣磯原町（現在的北茨城市）所發現的《竹內文書》這本古文書所記載，被處刑的其實是耶穌的弟弟，活了下來的耶穌其實潛逃到青森縣的八戶，並在戶來村（現在的三戶郡新鄉村）歸化於日本。他的日本名是「十來太郎大天空」，在此地生了三個小孩，過著幸福的晚年生活。也有一說指出，當地的地名以及「盂蘭盆會舞」的歌詞和耶穌所說的希伯來文很類似。由於這說法太過荒唐而未被學術界所支持，但在當地，聽說為了提昇觀光的PR值（譯註：評量的標準），還建造了耶穌兄弟的墳墓。

當時的
日本

金屬器具的使用／彌生時代 當時以鐵器製成工具、農具或武器，而青銅器除了製成銅劍或銅矛之類的武器之外，也製成被認為是使用於農耕禮儀上的銅鐸（譯註：是日本彌生時代特有祭祀禮器，由青銅鑄成）等的祭祀禮器。金屬器具隨著稻作普及於民生生活，這是彌生時代的一大特徵。

當時的
台灣

十三行文化／金屬器時代 約2千年前左右，製作鐵器的技術傳入台灣，台灣就此進入金屬器時代，又稱鐵器時代。以台北八里的十三行文化為代表，當時他們已有自行煉鐵的技術，並居住於木造干欄式建築內，以種稻維生。

HISTORIC EVENT

11 古伊朗的變遷

西元前六世紀前後，波斯阿契美尼德王朝建立了從印度橫跨到埃及、歐洲的龐大帝國，並制定許多制度。
波斯國王
監察官
總督
行省
行省
行省
行省
將全國分成二十個行省，交由總督來管理吧！
同時，也要確立起派監察官來監督總督的管理體制！
大流士一世
因中央集權體制的制度完善，阿契美尼德王朝迎來全盛時期。

波斯士兵
到了三世紀，波斯薩珊王朝統治了伊朗，擴增勢力到足以攻破西方羅馬帝國及東方貴霜王朝。

同時，薩珊王朝時更將祆教定為國教，編纂《阿維斯陀》。

PLACE
印度河至
地中海沿岸地區

AGE
西元前6世紀～

KEY WORD
古近東
希臘化文化
祆教

波斯人的大帝國復興！

波斯阿契美尼德王朝建立了從印度河到地中海沿岸地區的龐大帝國，而亞歷山大大帝則因東征而建立了可與之匹敵的帝國，也實現了東西方之間民族與文化的融合；因此就世界史而言，目前的伊朗附近也被分類為古近東（參見P34）的文化圈。

亞歷山大帝國分裂成三個王朝（參見P43），其中之一的敘利亞塞流卡斯王朝（Seleucid Empire）繼承了先前帝國中的亞洲領土。但其統治力道衰滅，於是域內各民族相繼獨立，譬如在西元前三世紀半左右，希臘人在阿姆河（Amu Darya）上游建立大夏（Bactria），伊朗遊牧民族在裡海東南方建立安息帝國（Parthian Empire）等。

但在西元二二六年安息帝國被滅，建立了波斯薩珊王朝（Sassanid Empire），波斯人的大帝國再度復興。相較於安息帝國受到希臘化文化很大的影響，波斯薩珊王朝則是復興了伊朗的傳統文化。伊朗的民族宗教「祆教」（Zoroaster）被訂定為國教，使希臘的神與伊朗的神可一同被祭拜。

偉人特寫

阿爾薩克斯王（Arsakes）（在位期間西元前二四八前後～西元前二一一前後）
確切的身世背景不明，據說是遊牧民族的族長。趁著政情不穩定之際，建立起安息帝國，成為初代國王。

阿爾達希爾一世（Ardashir I）（在位期間二二六～二四一）
波斯薩珊王朝的建國始祖。建國後將首都定在泰西封，使伊朗傳統的祆教成為國教，致力於國家的安定。

霍斯勞一世（Khusrau I）（在位期間五三一～五七九）
波斯薩珊王朝後期的國王。對其他入侵的民族加以反擊，積極進行遠征及農業開發，來增強國力。

親近世界史

波斯的復興始於宗教

儘管波斯阿契美尼德王朝被亞歷山大三世所消滅，但波斯人卻成功地再次復興波斯帝國，分別建立起安息帝國和波斯薩珊王朝，且兩帝國的成立都與宗教有很大的關係。安息帝國的國教是「太陽神教」（Mithraism），祭拜的是伊朗神話中的米特拉神（Mithra）。太陽神教也擴張至與波斯敵對關係的羅馬帝國內，甚至還透過貿易傳到中國及日本。也有一說指出，當太陽神教傳到中國時與佛教相互融合，而密特拉成為了彌勒菩薩。此外，波斯薩珊王朝則是將波斯阿契美尼德王朝所信仰的祆教定為國教，其目標在於復興大帝國的榮景。

當時的日本 **吉野里遺址／彌生時代中期** 代表彌生時代的遺址之一，就是位於佐賀縣的吉野里遺址。在這約五十公頃面積的廣大遺址中，發現了大規模的環壕聚落（周圍挖溝渠的聚落）。

當時的台灣 **農耕生活／金屬器時代** 在金屬器時代中，雖然有些人仍以狩獵維生，但大多數人們是過著以種稻米等穀類作物為主、根莖作物為輔的農耕生活。除了鐵器外，也開始出現銅飾、金飾及玻璃裝飾品。

西元前二三〇〇年前後，位於現今巴基斯坦、即印度北西部的印度河流域，發展出印度文明。
印度文明的都市裡有城塞與街道，其井然有序的規畫，是同時代的任何一個文明中所未見的。

HISTORIC EVENT

12

印度文明的盛衰

構築印度文明的達羅毗荼人，生活在以優越的技術砌成的磚瓦屋裡。

咕嚕咕嚕
果然還是乾淨的水好喝呢。

PLACE
印度

AGE
西元前2300年前後～

KEY WORD
印度文明
沐浴

我吃完了，要去玩囉！
喂！香蕉吃完了，就趕快丟掉果皮啊！不然會弄髒啦！
好～
咻
上、下水道及垃圾槽等設備完善，很注重衛生。

街上也建立了沐浴場，後人認為當時人們是在此處向神禱告。
嗯～～

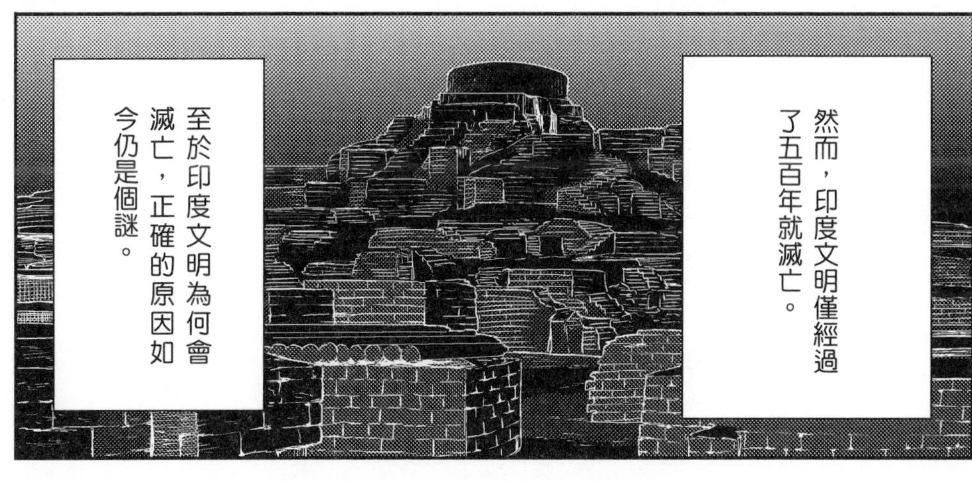
然而，印度文明僅經過了五百年就滅亡。
至於印度文明為何會滅亡，正確的原因如今仍是個謎。

充滿謎團的印度文明

位於現今巴基斯坦的印度河流域，是四大文明之一印度文明的發源地。如今認為，當地人們利用當地獨特的熱帶氣候，自古以來進行著農業與畜牧的工作，並在西元前二三〇〇年前後建立獨自的城市文明。從摩亨佐·達羅（Mohendjo-Daro）及哈拉帕（Haruppa）等當時古村莊的舊址中，發現了由磚瓦砌成、經過規畫的城市痕跡。這些遺跡中出土了與美索不達米亞文明相似的彩色陶器，因此可知，印度文明是受到美索不達米亞文明的影響而發展出來的文明。

不過，西元前一八〇〇年前後這個文明便滅亡了。較有力的說法是因為大自然的破壞或沙漠化，但正確原因仍懸而未解。

佛教廣傳的原因為何？

之後，支配該地的是在西元前一五〇〇年前後，入侵印度北西部的亞利安人（Aryans）。在西元前一〇〇〇年前後，他們遷移至恆河，使用鐵製農具進行生產，形成農耕定居社會。所謂「四大種姓」（Varna）的身分制度也在這個過程中紮穩根基；目前仍深植在印度

偉人特寫

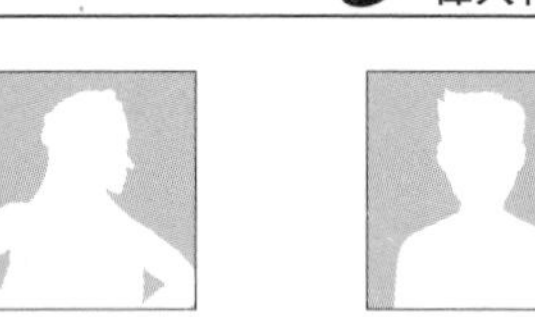

悉達多·喬達摩（西元前五六三前後～西元前四八三前後）

人稱佛陀，又稱為釋迦。雖然是釋迦族出身的王子，但二十九歲時便出家，三十五歲時成道，開悟成佛。

旃陀羅笈多（Chandragupta）（生卒年不詳）

支配恆河流域並打倒摩揭陀國，再將印度河流域的希臘勢力一舉掃除，從而建立起孔雀王朝。

阿育王（Ashoka）（西元前三〇四～西元前二三二）

孔雀王朝第三代國王，締造王朝的全盛時期。因後悔屠殺十萬人，而歸依佛教。

親近世界史

在印度發現「零」

印度的笈多王朝有許多對後世科學帶來極大影響的發現與發明，尤其在數學及天文學領域更是特別突出。其中之一正是印度的數學，今日全球所使用的阿拉伯數字，就是從印度數學發展而來的。更不容忽視的是，印度在西元前二世紀就已經發現了「零」的概念。由於這劃時代的發現，使得無論多大的數據都能簡易地表示出來，計算也因此變得簡單。此外，以梵文史詩《摩訶婆羅多》、《羅摩耶那》等為代表的印度古典文學，其發展最盛的時期也是笈多王朝。

當時的
日本

埋葬死者／繩文～彌生時代 隨著時代變遷，埋葬死者的方法也有所改變。繩文時代的埋葬法稱為「屈肢葬」，是將遺體擺成彎曲狀態並加以埋葬。另一方面，在彌生時代，遺體以伸直狀態被埋葬的「伸展葬」則占了大多數。

BC　BC1400　BC1200　BC1000　BC800　BC600　BC400　BC300　BC200　BC100　0　200　400　600　800　1000　1200　1400　1600　1800　2000

社會裡的「世襲階級制度」（Caste system in India），便是以四大種姓制度為根源。而這個時代便稱為「吠陀時代」（Vedic Era）。

當吠陀時代一結束，便出現了批判四大種姓制度的宗教。其中之一就是由悉達多・喬達摩、即佛陀所創立的佛教，他不僅否定必須犧牲動物的祭祀供品以及難懂的祭拜儀式，也否定將「婆羅門」視為社會頂端階層的四大種姓制度。佛教獲得了武士階層的「剎帝利」及商人階層的「吠舍」的支持，最後，終於發展成世界三大宗教之一。廣傳於剎帝利階層的佛教，也因此成為印度國家統一的原動力，並於西元前三一七年在印度建立起最初的統一國家——孔雀王朝。不過，之後印度便進入了貴霜王朝、百乘王朝、笈多王朝、布捨菩地王朝等諸多王朝不斷興衰交替的漫長時代。

用圖解了解世界史

什麼是「四大種姓制度」與「世襲階級制度」？

「四大種姓制度」是「種類」的意思，其概念是將人自一出生便分成婆羅門（祭司）、剎帝利（武士）、吠舍（農人、牧人、商人）、首陀羅（奴僕）四種身分，共同構成金字塔型的社會結構，彼此間存在著上下關係。不同於「四大種姓制度」，在印度還有另一種「世襲階級」（Caste）體系，可透過特定信仰或職業而相結合，或限制與其他群體的人共餐或結婚來謀求團結。世襲階級體系也取法於四大種姓制度，主張人自出生便存在有上下關係。而今日印度的「世襲階級制度」正是融合了四大種姓制度和世襲階級體系的各種主張後而形成的。

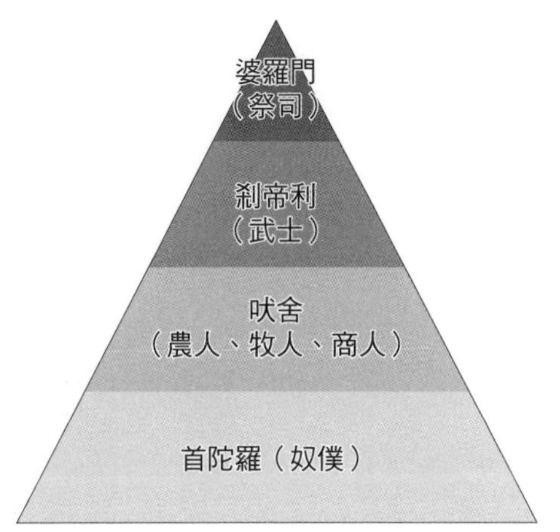
婆羅門
（祭司）
剎帝利
（武士）
吠舍
（農人、牧人、商人）
首陀羅（奴僕）

當時的台灣

埋葬死者／新石器時代中、晚期～金屬器時代　這段期間各文化的埋葬方式始終保持多元，新石器中期後如北部圓山文化有直肢葬和甕棺葬；南部牛稠子文化採直肢葬，或加上石板棺；南部大湖文化成人以俯身直肢葬為主，嬰兒採甕棺葬。金屬器時代，北部十三行文化以側身屈肢葬為主；中部番仔園文化採俯身直肢葬；東部靜浦文化早期採長方形石板棺直肢葬，晚期改為坐姿屈肢葬。可見當時島上人民有多元的信仰。

HISTORIC EVENT 13

黃河文明的盛衰

PLACE
中國

AGE
西元前2000年前後～

KEY WORD
邑
甲骨文

在最後的冰河時期，大量黃土乘著強烈的偏西風從蒙古內地戈壁沙漠吹來，堆積在黃河流域。
當地因此形成飽含黃河豐富水分的肥沃耕地，成為黃河文明發展的源頭。

人們以種植穀子或小米之類的旱田作物維生，
並使用三足陶器來烹煮收成的農作物。
今天的看起來也很好吃呢～

西元前二〇〇〇年左右，黃河中、下流域廣泛形成了名為「邑」的聚落，邑跟邑之間也開始起紛爭。

結果，在西元前一六〇〇年前後誕生了，

中國史上最早的王朝——「殷」。

照這個裂紋看來……今年也是豐收之年啊！
殷朝以占卜做為決定政策的判斷，實行「政教合一」的神權政治。
殷朝的昌隆盛世，一直持續到被周武王滅亡為止。

因發現中藥材而被證實存在的王朝

根據中國前漢時代（西元前二〇六年～西元八年）歷史家司馬遷所著的《史記》，古代有被稱為「三皇」（教授結網獵漁的伏羲氏、教授農耕的神農氏、及教授鑽木取火技術的燧人氏）的時代，以及被稱為「五帝」（五位聖明帝王）的時代，之後則出現了夏朝和殷朝。長久以來，人們都認為這兩個王朝不過只是傳說，並未真實存在過。

但在一八九九年，名叫王懿榮的漢學家在購買號稱可治百病的中藥「龍骨」時，注意到龍骨上有某種像是文字的刻痕。研究結果發現，龍骨上的文字正是中國最古老的文字甲骨文，並因此得知龍骨出土地點的「殷墟」（河南省安陽市）是殷朝首都的遺址，進而確認了：原本被視做僅存在於傳說裡的殷朝其實是真實存在的。

封建制度的始祖

於黃河中、下游流域形成的四大文明之一「黃河文明」，在西元前五〇〇〇～西元前四〇〇〇年左右主要實行著農耕生活；到了西元前二〇〇〇年左右，則形成

偉人特寫

司馬遷（西元前一四五前後～八六前後）

古代中國的歷史家，其著作《史記》提到古代中國的夏朝與殷朝。《史記》也因提到「四面楚歌」、「酒池肉林」、「刎頸之交」等成語的典故，而廣為人知。

呂尚（西元前十一世紀前後）

周朝的軍師，也稱太公望。由於他喜歡釣魚，所以據傳聞，他是在渭水釣魚時被周文王所招納的，即所謂的「願者上鉤」。因此，喜歡釣魚的人在日文中也可以被稱做「太公望」。

世界史祕辛

夏朝的存在也獲得證實了？

被視為中國最古老的朝代是在殷朝之前的夏朝（參見本文），一般認為夏朝的創始者是由舜（五帝之一，中國神話中的傳說人物）推派治理黃河的禹，而夏朝最後是被殷朝所滅。以往夏朝也被認為只是個幻影，與殷朝同樣並不存在；不過，根據最近的挖掘調查，河南省偃師市的二里頭遺址被認為有可能是夏朝的都城。目前研究者們正針對二里頭遺址是否真為夏朝遺址進行各項研究，大家都希望能成功發現中國最早的朝代！

當時的日本

泥偶的製作／繩文時代　「泥偶」是可用來了解繩文時代人們信仰的線索。在東日本為中心的地方發現了煉土後燒成的人偶，因為其中有許多是懷孕的女性或抱著孩子的女性造型，所以一般認為這些是為了祈求豐收而製作的泥偶。

名為「邑」的大規模聚落。一般認為這些「邑」被統合起來，於西元前一六〇〇年成立了「殷朝」。在殷朝，人們會先在龜殼或牛骨的表面刻上甲骨文，再根據火烤後所出現的龜裂狀況來占卜作物的豐歉、或戰爭的動向等，施行著「政教合一」的政治模式。並且，根據最近的研究，可以相信在長江流域也存在著和黃河文明同時代的文明。因此，原本以「黃河文明」一詞來稱呼的中國最古老的文明，如今則改稱為「中國文明」或「河江文明」。

接續在殷朝之後成立的王朝是周朝，周朝起初是從屬在殷朝之下，但在西元前十一世紀左右殲滅殷朝，統治華北（即中國北部）。就如周王冊命有功的王族或功臣為「諸侯」、並分封領地一般，周王及諸侯正是透過這種給予家臣地位或領地的方式進行統治管理。這種分封領地的統治方式稱做「封建」，此制度之後也被引進日本的武家社會中。

BC
BC1400
BC1200
BC1000
BC800
BC600
BC400
BC300
BC200
BC100
0
200
400
600
800
1000
1200
1400
1600
1800
2000

看地圖了解世界史

不是傳說的「殷朝」

在黃河文明發生地的黃河流域內，自西元前二〇〇〇年起隨著農耕的發展，逐漸興起了名為「邑」的大規模聚落。這些「邑」統合起來，在西元前一六〇〇年成立「殷朝」。根據在河南省的殷墟所挖掘出的當時遺址，進而證實殷朝的確是存在過的。

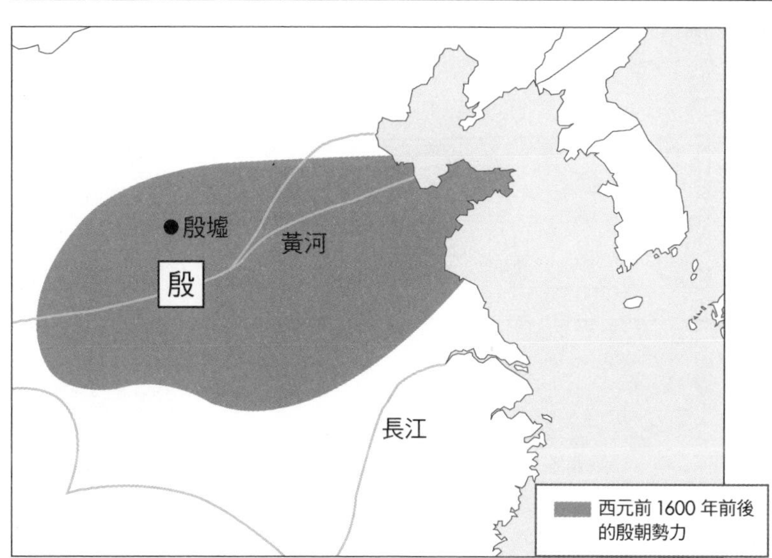
殷墟
黃河
殷
長江
西元前 1600 年前後的殷朝勢力

當時的台灣

陶器的發展／新石器時代中期～晚期 新石器中期散布台灣各處的繩紋紅陶文化，特徵是陶器表面的細繩紋，遺址包括中部牛罵頭文化、南部牛稠子文化等，其中牛罵頭晚期已有黑陶。新石器晚期除了紅陶外，更出現黑陶與彩陶，如北部芝山岩文化、中部營埔文化、南部大湖文化，尤以營埔黑陶發展出豐富繁美的紋飾種類。

HISTORIC EVENT

14

春秋戰國時代

於西元前一〇五〇年前後滅掉殷朝而建立起的周朝，在西元前七七〇年面臨了巨大的危機。
報告！
第十二代周幽王

敵軍再過不久便要攻入鎬京※！
請立即撤退！

只好如此了……

※現今的西安附近

犬戎從西北方入侵，奪下周朝的首都鎬京。
犬戎
鎬京
從此之後，周朝的權勢一落千丈，
進入了往後長達五百五十年的春秋戰國時代。

PLACE
中國

AGE
西元前770～221年

KEY WORD
邑
戰國七雄

其間，各國諸侯日以繼夜地進行征戰，最後，誕生出史稱「戰國七雄」的七個國家。

燕 王噲

趙 武靈王

齊 桓公*

魏 文侯

秦 襄公**

韓 宣惠王

楚 莊王*

西元前二二一年，秦國一統天下。

隨著春秋戰國時代的結束，中國最早的統一王朝也就此誕生。

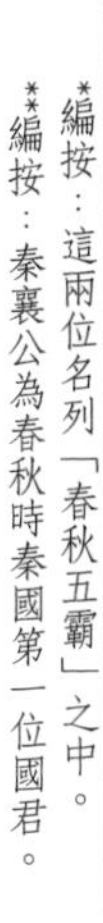
*編按：這兩位名列「春秋五霸」之中。
**編按：秦襄公為春秋時秦國第一位國君。

中國進入激戰時代

周朝支配華北（即中國北部）約有二五〇年的時間。然而，隨著時代更迭，以封建為基礎的管理體制逐漸崩盤，到西元前八世紀時其首都鎬京（現今的陝西省西安市）又被其他民族攻下；別無他法的周朝只好遷都至東部的洛邑（現今的河南省洛陽市）。因此，也可將遷都前的周朝稱為「西周」，遷都後的周朝稱為「東周」，加以區別。也由於周朝遷都的關係，中國此後進入了群雄割據長達五五〇年之久的「春秋戰國時代」。

前半期的春秋時代（西元前七七〇～西元前四〇三年）被形容是霸者的時代，諸侯之中能力超群並且被稱為「霸者」的那群人，取代了喪失實權的周王，掌握著權力。在這局勢中，齊、晉、楚、吳、越、秦、宋等國紛紛崛起。在霸者中，尤其以齊桓公、楚莊王、吳王夫差、越王勾踐等人特別傑出，人稱「春秋五霸」（也有其他入選的版本，如晉文公、秦穆公等）。但不久後，晉國被握有實際掌權的卿大夫瓜分成魏、韓、趙三國。之後約一八〇年左右則屬於戰國時代，由秦、楚、齊、燕、韓、趙、魏等「戰國七雄」爭奪著霸權。

偉人特寫

夫差（？～西元前四七三）

春秋時代吳國的君王，其身為前任君王的父親被越國勾踐所殺。夫差為了記住父親生前「別忘了勾踐是殺父仇人」的遺言，每晚睡在不舒服的木柴上，誓言為父報仇。

勾踐（？～西元前四六五）

越國的君王。因受到夫差的反擊而不得不與吳國交好，但夫差卻像對待僕人一樣地使喚勾踐。勾踐為了不忘這恥辱，每晚舔舐苦膽、發誓復仇。夫差與勾踐間的這段插曲，成了「臥薪嘗膽」的成語故事。

親近世界史

那位偉大的老師也參與過戰爭！

在中國的春秋戰國時代中，出現了許多主張各種政策與思想的思想家，擁有同樣想法的人聚集在一起，成為思想家的集團，史稱「諸子百家」。戰國七雄為了戰勝其他國家，競相聘請他們成為自己的策士。在諸子百家中，當然也有儒教的開山祖師「孔子」。被視做是孔子言行錄的《論語》在日本也享有盛名，書中充滿著許多像是「溫故而知新，可以為師矣」（學習歷史等的過去的知識，可從中獲得新的知識或見解）這類意味深長的見解。

當時的日本

環壕聚落／彌生時代　農耕技術進步生產力提高後，為了爭奪剩餘的生產物，聚落與聚落間掀起紛爭。彌生時代遺址中所發現的環壕聚落（周圍挖溝渠的部落），就是為了與其他聚落打戰而挖鑿的。

在戰亂中有所發展的經濟

春秋戰國期間，各國為了擴張領土，導致烽火連天；鐵製武器也在這講求實力的時代中被大量製造出來。伴隨著這一現象，這時中國域內的鐵製農具也跟著普及。以質料堅硬的鐵打造成的農具能將田溝耕得更深，使農業生產力呈現了飛躍性的成長。

由於農業興盛，工商業的經濟活動也跟著活躍起來，國家及都市規模都大幅地發展著。此外，春秋戰國時代也是貨幣經濟成長的時代，除了中間有洞的圓形貨幣之外，也使用刀錢、布錢（分別為刀、農具形狀的貨幣）。在這時代中，中國文化圈的發展透過各國間的交流，生發出做為同一個「中國」的一體感；這正是日後建立統一國家的原動力。

看地圖了解世界史

春秋戰國時代的中國

春秋時代（西元前770～西元前403）

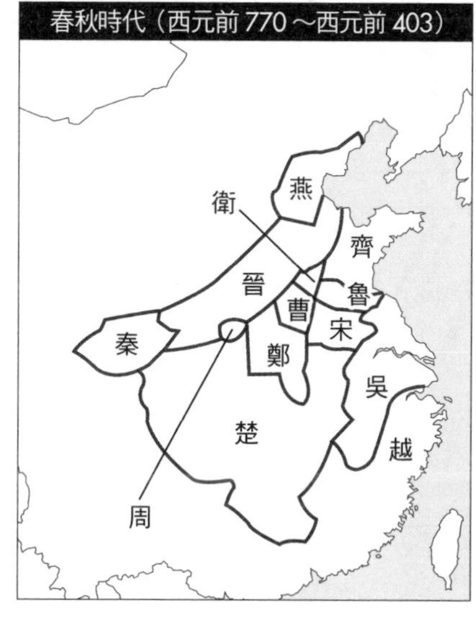
燕
衛
齊
晉
魯
曹
宋
秦
鄭
吳
楚
越
周

戰國時代（西元前403～西元前221）

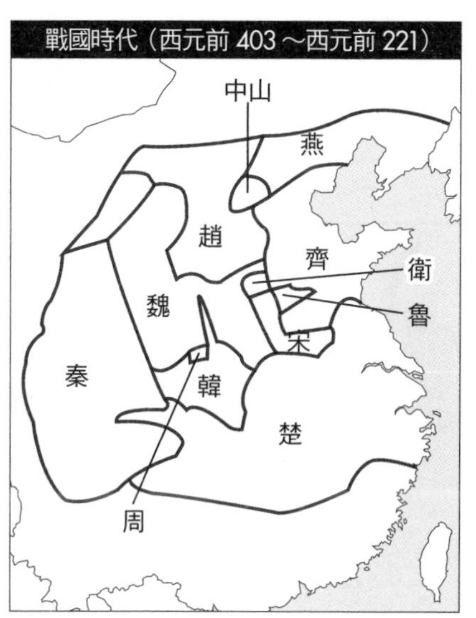
中山
燕
趙
齊
衛
魏
魯
宋
秦
韓
楚
周

BC BC1400 BC1200 BC1000 BC800 BC600 BC400 BC300 BC200 BC100 0 200 400 600 800 1000 1200 1400 1600 1800 2000

當時的台灣

麒麟文化／新石器時代晚期 在3千年前與卑南文化並存的麒麟文化，遺址多在海岸山脈東側，其遺址的最大特色是由岩棺、石壁、石柱、單石、石像、有孔石盤等巨石所組成，故又稱「巨石文化」。目前出土的巨石遺址已有26個，學者推測與宗教祭拜場所有關。

HISTORIC EVENT

15 秦朝

歷經五百年以上的春秋戰國時代，最後統一中國的是秦王政。
今後，朕不是秦王，而是始皇帝！！
哈哈！
名副其實做為整個中國最高權力者的秦王政，自稱為「始皇帝」，逐步進行重大的政治改革。
貨幣的統一
度量衡的統一
修築萬里長城

其中一項改革，是徹底執行中央集權統治體制的「郡縣制」。

任命

也就是官吏接受了中央政府的任命，

負責監督「郡」或「縣」等地方行政的工作。

咚咚咚咚

儘管如此，但在西元前二一〇年秦始皇逝世後，便爆發中國史上最早的農民起義——「陳勝吳廣之亂」。
衝啊！跟我來！
起義雖然被平定，但此事件卻成為秦朝滅亡的契機。

PLACE
中國

AGE
西元前3世紀

KEY WORD
皇帝
焚書
諸子百家

終於實現一統中國的大業！

終結了群雄割據的戰國時代的，是戰國七雄之一的「秦國」。西元前四世紀，秦國的政治家商鞅所施行的改革實現了富國強兵的目標。成為強國的秦國，逐一征服了東方六國，並在西元前三世紀、秦王政在位期間成為中國最早的統一國家。嬴政將「王」改成新的稱號「皇帝」，自稱為「始皇帝」。秦始皇將統一前便採用的「郡縣制」施行於整個中國，除了統一貨幣、度量衡（長度、重量等單位）及文字之外，另一方面進行焚書、坑儒等嚴厲的思想統治，以強化中央集權體制，加強皇帝的絕對權力。

然而，由於這些政策太過激烈，民眾的反感日增，於是在秦始皇帝死後，便發生農民起義。再加上身為七雄之一楚國名門之後的項羽、與農民出身的劉邦相繼揭竿起義，使秦朝統一中國僅短短的十五年，便因此滅亡。

BC　BC1400　BC1200　BC1000　BC800　BC600　BC400　BC300　BC200　BC100　0　200　400　600　800　1000　1200　1400　1600　1800　2000

偉人特寫

始皇帝（西元前二五九～西元前二一〇） 中國第一個皇帝。從秦始皇的陵寢（墳墓）發現數千尊陪葬用的兵馬俑（仿照士兵或騎馬兵所成製的人偶）。

李斯（？～西元前二〇八） 秦國的宰相，與商鞅同為諸子百家中的法家思想家。於全國實施從中央派遣官吏以監督地方行政的「郡縣制」。

項羽（西元前二三二～西元前二〇二） 秦末的武將，出身於楚國名門。與劉邦共同舉兵滅秦成為楚王，最後在楚漢戰爭中敗給劉邦，自刎而死。

親近世界史

修築萬里長城的也是秦始皇

成為中國第一個統一國家的秦（Chin），也是中國的英文「China」的語源。雖然秦始皇功勳彪炳，但不表示已經沒有可威脅他的事物。代表蒙古勢力的北方遊牧民族匈奴始終對秦朝虎視眈眈，長期威脅著中國。因此秦始皇在對匈奴展開反擊的同時，更大肆修築戰國時代所建設的北方城塞，建造新的壁壘「萬里長城」。秦始皇陵寢的兵馬俑，也同樣表現出當時秦始皇強盛的權勢。

當時的日本

徐福來日本／西元前三世紀 奉秦始皇的命令，為尋找住在東山的仙人並向他拿到長生不老藥而出海的人。據說他到達的地點不是東山而是日本，並將稻作的技術傳至日本，這個傳說至今仍在日本各地流傳著。

當時的台灣

台灣是南島語族的居地／台灣早期歷史 「南島語族」（Austronesian）指的是廣布於東南亞與南太平洋群島上（包括印度洋的馬達加斯加島），由同一語系分化出的各個族群。台灣是南島語族分佈的最北端，也是最古老的南島語族居住地之一，島上各族原住民大多屬於南島語族中的台灣南島語族（Formosan）。

HISTORIC EVENT

16

漢朝

PLACE
中國

AGE
西元前202年～

KEY WORD
漢武帝
匈奴

秦朝滅亡約四年後的西元前二〇二年，漢帝國的第一任皇帝劉邦，再度統一中國。

到了第七代皇帝漢武帝時，開始討伐從以前就始終敵對的匈奴。

去討伐匈奴吧！

哈哈！

去死吧！

嗚哇！

驍勇善戰的衛青將軍，順利將匈奴驅退到北方後，

漢武帝繼續以這樣的態勢統治了現今的朝鮮和越南，勢力規模龐大。

然而，漢武帝逝世後，政治腐敗，漢朝勢力逐漸衰退。

BC
BC1400
BC1200
BC1000
BC800
BC600
BC400
BC300
BC200
BC100
0
200
400
600
800
1000
1200
1400
1600
1800
2000

起於草莽而後稱帝的「漢高祖」

聯手消滅秦朝的項羽和劉邦，之後卻為了爭奪天下而對立。激鬥了四年的結果，在西元前二〇二年的垓下之戰，由劉邦大獲全勝。劉邦創立漢朝，登基帝位，稱號「高祖」。

漢高祖對於建國求快不求好、以致自掘墳墓的秦朝引以為戒，改而實行扎實的管理體制「郡國制」，也就是由中央直接掌控首都長安，其周邊則採郡縣制，其他地區則交由家族或家臣間接管理。不過，由於西元前一五四年爆發了以吳王為首、史稱「七國之亂」的諸侯叛亂，漢朝便因此轉而採取和前朝相同的郡縣制。

西元八年，身為皇帝外戚的王莽廢掉漢朝皇帝的皇位，改國號為「新」，漢朝因而一度滅亡。但新朝歷經了十五年便滅亡；在混亂局勢中，身為漢朝皇族之後的劉秀脫穎而出，他復興了漢朝並即位成為光武帝。在世界史上，為了區別兩者，便將劉邦所建立的漢朝稱為「前漢」，將劉秀建立的漢朝稱為「後漢」。

偉人特寫

劉邦（西元前二五六～西元前一九五）

儘管同樣於年輕時看到秦始皇出巡隊伍，相對於揚言要取代他的項羽，劉邦則是因此喃喃自許：「大丈夫當如是也。（身為大丈夫不就該活得像這樣嗎？）」與項羽對戰獲勝，成為前漢的第一代皇帝「漢高祖」，從農民出身，一躍成為統一國家的皇帝。

劉秀（西元前六～五十七）

以中興漢朝的名義再度統一中國，建立後漢並即位為光武帝。做為柔道奧秘而聞名的「以柔克剛」一詞，其實是光武帝所留下的名言，也是他統一後的治國方針。

世界史秘辛

奉承皇帝的宦官

前漢武帝一駕崩後，皇帝的外戚（皇帝的妃子或母親的家族）和宦官便獨占政治權力，政局因而混亂不堪；其間又因政府高官們的參與而爆發激烈的權力爭奪。這些正是使前漢衰退，從而被新朝取而代之的原因。話說回來，所謂的宦官，是指除了政務以外，服侍皇帝各種雜事的去勢男子。據說，這個制度始於殷、周朝，原本是對異族俘虜所進行的懲戒，卻演變成宮廷內的刑罰。和皇帝私下接觸機會很多的宦官，也因照顧皇帝而獲得掌握權力的機會。

當時的
日本

金印的發現／57年 1784年在福岡縣的志賀島上，發現了刻有「漢倭奴國王」的金印。據《後漢書》中記載，該金印是由後漢的光武帝授予當時在日本（倭）的奴國國王。

當時的台灣

原住民文化／台灣早期歷史 在漢人遷台以前，台灣主要是由南島語族的各個原住民族群，構築成出文化多元的族群版圖。在政治體系上，有重視平權的社會，也有區分貴族與平民的階層社會；在宗教上，精靈信仰與多神信仰並存；親屬組織方面，既有偏重父系或母系的單系親屬群，也有雙系親屬群的型態。

HISTORIC EVENT

17 絲路的發達

PLACE
中國～西亞～地中海沿岸

AGE
西元前141年～

KEY WORD
大月氏國
張騫

絲路是從中國、西亞到地中海沿岸，連接東西方的大型貿易路徑。其起源得回溯到後漢時代。

西元前一四一年，第七代武帝即位後，

便開始對抗宿敵匈奴的侵略。

匈奴
長安
前漢

唔……有沒有什麼辦法能打倒他們……

於是，他想到可以與過去曾敗給匈奴、逃到中亞的大月氏國聯手合作。

漢武帝派張騫至大月氏國，

去吧！

遵旨！

向他們提議從合力從東、西兩方同時夾擊匈奴。

也太熱了吧！但為了漢朝，得快馬加鞭啊……

結果與大月氏國的交涉最終失敗了。
NO!
虧我花了好幾年才到達！

噹啷

當時張騫的足跡，成為開通絲路的開端。
只好回去了～

為抵抗外敵而開通的絲路

對後漢而言，匈奴（參見P65）依舊是揮之不去的威脅。在一世紀末時曾派班超駐軍西域以兵對抗匈奴，而這段時期班超也派使者出使大秦（即羅馬帝國）。儘管使者最後沒能到達羅馬帝國，卻把西亞的情報帶回後漢。也因有這樣的背景，後漢與西方積極地進行貿易往來。由於羅馬特別珍視的絲綢，是透過行經了中亞零星綠洲城市的漫長路途，才從中國運到西亞、地中海地區；於是在不知不覺間，這條道路便被稱為「絲路」（Silk Road）。

之所以能開通絲路，起因是由於前漢的武帝打算與位於中亞的遊牧民族國家「大月氏國」聯手擊退匈奴，而任命商人出身的張騫為使者。張騫前往中亞時所走的路線，便成為日後絲路的基礎。之後，成功擊退匈奴的漢武帝統治了西域三十六國，並在黃河上游的西北處設置做為絲路要衝的敦煌郡。

BC　BC1400　BC1200　BC1000　BC800　BC600　BC400　BC300　BC200　BC100　0　200　400　600　800　1000　1200　1400　1600　1800　2000

偉人特寫

張騫（？～西元前一一四）
前漢的政治家與開拓者。自願為出使大月氏國而被選為使者。旅途中曾被匈奴捉住，遭拘留長達超過十年的時間，嘗盡了苦頭。儘管如此，在脫逃後仍然費盡千辛萬苦地到達了大月氏國。雖然大月氏國無意與匈奴對戰而無法實現合作計畫，但張騫帶回來的西方情報對中國仍非常重要。

班超（三二～一〇二）
後漢的將軍。在與匈奴打仗時說出了「不入虎穴焉得虎子」這句名言，替躊躇不前的部下們打了強心計。

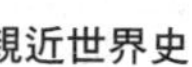

親近世界史

竟然也有海上絲路！

當時，統治著從美索不達米亞到印度河這片廣大地區的是波斯遊牧民族所建立的「安息帝國」（參見P51）。由於羅馬帝國與安息帝國對立，想獲得東方物品的羅馬轉而向海上貿易尋求通路，於是開通了從中國南方到東南亞、在經過印度洋到達印度、阿拉伯半島的海路；所以這條路也被稱為「海上絲路」。在《後漢書》中，也看得到有關一六六年羅馬使者經由海上絲路來到漢朝所治理的日南郡（今日的越南）的描述。

當時的日本　**日本是絲路的東方終點站／奈良時代等**　經由絲路，許多寶物都被帶到了日本。像是從波斯來的玻璃製器具「白瑠璃碗」等寶物，目前仍保管於奈良縣東大寺的正倉院裡。

當時的
台灣

原住民祖先的遺跡？／台灣早期歷史　學者們從出土文物推測，金屬器時代中的許多文化可能與某些原住民族群的祖先有關。如北部的十三行文化與凱達格蘭族有關，中部的番仔園文化應是平埔族祖先的遺址，南部的蔦松文化似與西拉雅族有關，東部的靜浦文化則應與阿美族有關。這些推測還需要更進一步的證明。

HISTORIC EVENT

18

魏晉南北朝

一八四年，後漢發生了大規模的農民起義。
黃巾之亂
上啊！打倒腐敗的政治！
哦哦哦哦！
後漢自此步入衰退，終於在二二〇年滅亡，隨之形成魏・蜀・吳的三國時代。

之後，在華北有許多國家相繼不斷地興亡交替，直到三八六年才由拓跋氏建立了北魏。

別擋路！

我等要接收這塊地！

哎呀！

最後北魏也形成分裂及朝代輪替，歷史將上述這段紛擾時期全都統稱為「北朝」。

與此同一時期，在江南地區則建立了宋朝。
雖然很抱歉，但你還是受死吧！
住、住手啊……！！
然而皇族間持續的內爭，導致宋朝衰退。
之後，南方持續著王朝的興亡交替，形成了與北朝對峙的南朝。

PLACE
中國

AGE
184年以後

KEY WORD
黃巾之亂
異民族
北朝・南朝

眾多的王朝興衰輪替

由於一八四年發生的黃巾之亂，中國再次進入群雄割據的時代。當時，魏國的曹操、蜀國的劉備與吳國的孫權大展身手，形成日本也很熟悉的「三國志」世界。魏迫使前漢皇帝讓予帝位，前漢就此滅亡而成立魏王朝。蜀國於隔年吳國於後年也相繼成立王朝。從前漢的滅亡起，到三國鼎立天下的這段時代，史稱「三國時代」。其中，取得最終勝利的是魏國將軍司馬炎。他先滅掉蜀國，之後又從魏國奪下政權，改國號為「晉」，即位為「晉武帝」。二八〇年更消滅了吳國，為三國時代畫下句點。

然而，在武帝逝世後晉朝爆發了繼承權之爭。趁著這場動亂，以動作頻仍的匈奴（參見P65）為首、被稱為「五胡」的五個遊牧民族在各地接連發動叛亂，於是晉又被匈奴所滅。之後，在華北各個政權相繼興亡，稱為「五胡十六國」，最後由其中北魏統一了華北。另一方面，復興於江南的東晉則被宋朝推翻，自宋之後共有四個王朝陸續由盛轉衰、政權交替。而這整個時代稱為「南北朝時代」。

偉人特寫

劉備（一六一～二二三）
蜀國的初代皇帝。與結義的兄弟關羽與張飛以及天才軍師諸葛亮（別名孔明），同心協力對抗魏國與吳國。小說《三國演義》中的主角。

曹操（一五五～二二〇）
魏王。他的兒子曹丕迫使後漢讓予帝位而成為魏國的初代皇帝。同時也是有名的詩人，留下許多首膾炙人口的詩。

孫權（一八二～二五二）
吳國的初代皇帝。孫權與蜀國聯手，在心腹周瑜的指揮下於赤壁之戰中擊敗了魏國，這場戰役是《三國志》中著名的記載之一。

親近世界史

《三國志》與《三國演義》不一樣嗎？

《三國志》是中國晉朝所寫的歷史書。由於是史書，基本上只會記載相關的事實。然而，既然是承續魏國政權的晉朝史家所寫的史書，自然是將魏國當成正統的王朝；因此每則歷史記載都是傾向魏國的立場來寫。另一方面，《三國演義》是經過歷代民眾口耳相傳、流傳下來的小說故事，因此杜撰的情節較多；並且，以反映儒教精神、即重視仁義的劉備為主角，故事內容較偏向劉備的立場。而日本所有稱做《三國志》的漫畫或電玩遊戲，其實幾乎都是以《三國演義》為基本主軸。

當時的日本　**邪馬台國與卑彌呼／3世紀左右**　根據中國歷史書《三國志》的「魏志倭人傳」，這時期的日本存在著由卑彌呼女王所治理的「邪馬台國」，與魏、晉兩朝有外交上的往來。關於邪馬台國的地點眾說紛紜，畿內說、九州說等各種說法並存。

當時的台灣　**琉求為台灣古地名？／台灣早期歷史**　在《三國志・吳志》、《隋書・流求傳》、《文獻通考》等史書中，曾有疑似台灣的記載出現，或稱為「夷洲」，或稱為「流求」，但由於沒有其他有力證據，至今沒有定論，有人認為是指琉球群島，也有人認為是包括現今琉球群島和台灣等島嶼的總稱。

HISTORIC EVENT

19 隋唐時代

經過長達一百五十年的南北朝時代，到了末期，擁有足以統一中國的權力的，是北周的外戚楊堅。
我們要遷都，並建立隋朝！

五八一年建立隋朝的楊堅，承襲北朝傳下來的均田制和府兵制，也確立了「租庸調」的稅制，建立中央集權體制。
土地
穀物等
兵役

至於在對外政策上，則以強硬的姿態遠征朝鮮半島的高句麗。
ワァァァ
哇啊啊啊！
然而隋朝歷經三次的遠征均告失敗，
對此感到不滿的民眾在各地起義，建國僅二十七年便滅亡。

PLACE
中國

AGE
581年以後

KEY WORD
中央集權
租庸調制
新羅

六一八年，消滅隋朝的李淵將首都改為長安，建立唐朝。

第二代的太宗壓制了蒙古與西藏，

第三代的高宗與新羅聯手攻打高句麗，將中國打造成壯盛的帝國。

高宗的妻子、也是中國唯一的女皇帝武則天，雖曾權傾一時、掌握天下，但後期她臥病在床，唐朝王室也再度奪回權力。

然而到了第六代玄宗時，理應防止外敵入侵的節度使安祿山，因不滿政局而舉兵發起安史之亂。
打倒腐敗的政權！
士兵們殺害與安祿山對立的楊國忠，玄宗之妻楊貴妃也遭殺害，於是玄宗退位，由太子繼位。
雖然平息了叛亂，但唐朝的財政也因而短缺困窘，自此步上滅亡之路。

規模過大的隋朝基礎建設

儘管北朝由北魏、南朝也由宋朝大致取得統一，但之後的政權卻未能就此安定下來。在北朝的北魏分裂成東魏與西魏，而東魏又改國號為北齊，西魏改為北周。南朝則有宋、齊、梁、陳等各政權更迭。最後，終於由北周皇帝的外戚楊堅（隋文帝）強行奪下北周，建立隋朝。並於五八九年打倒南朝的陳，成功統一了全中國。以大興城（現今的陝西省西安市）為首都的隋朝，承襲北朝所實施的「均田制」（成年男子受田並課稅）及「府兵制」（徵兵制）等政策，大規模地於全國各地執行，並初次採用了被稱為「科舉」的中國式官僚錄用考試制度。

接著隋煬帝又開鑿從大興城到黃河、長江的運河，斷然建造大規模的基礎建設。這條大運河連結南北部，成為中國的大動脈。但建設運河卻耗費太多人力，且遠征朝鮮半島的高句麗（參見P174）失敗，民眾爆發不滿而發生叛亂。雖然叛亂被鎮壓下來，但在制壓叛亂軍過程中嶄露頭角的李淵、李世民父子隨後也滅掉了隋朝，李淵並登基為初代皇帝唐高祖，建立起唐朝。

偉人特寫

隋煬帝（五六九～六一八）
隋朝的第二代皇帝。他推動的大運河雖是重要的基礎建設，但由於投入太多人力，而被視為暴君。

武則天（六二三?～七〇五）
唐朝第三代高宗的皇后，也是中國史上唯一的女皇帝。曾將國號從唐改成周，尊號「聖神皇帝」。

楊貴妃（七一九～七五六）
唐朝第九代皇帝唐玄宗的寵姬，是絕世美女。由於皇帝對她過於寵愛，引來安祿山的叛亂，被稱為傾國的美女。

世界史祕辛

因為戰爭，紙才傳到西洋！

據傳發明造紙術的是中國後漢時代的宦官蔡倫（參見P67）。蔡倫將樹皮、麻頭與破魚網搗碎後溶於水，接著將瀝出來的漿曬乾，製作出和現在的「紙」幾乎一樣的東西。歲月更迭，唐朝節度侵攻西域，和西亞的阿拔斯王朝之間爆發怛羅斯之戰，結果唐朝慘敗，許多人被擄走；據說，在這群俘虜中有造紙工匠，因此造紙技術才傳到了西洋。紙取代了之前所使用的紙莎草紙或羊皮紙，從此普遍被使用，帶給伊斯蘭文明及西洋文化無可計量的影響。

當時的
日本

隋唐使的派遣／600～618　推古天皇的攝政聖德太子「廄戸皇子」，派小野妹子至隋朝，向隋煬帝遞交的國書上寫著：「日出處天子致書日沒處天子，無恙。」目的在期許彼此能有對等的外交關係。

財政短缺為唐朝滅亡的主因

唐朝也接續隋朝的政策，致力於中央集權體制的強化。當李世民登基，成為第二代皇帝唐太宗後，便平定了蒙古的突厥、西藏的吐蕃等周邊國家；而第三代皇帝唐高宗的時代，更與朝鮮半島的新羅聯手殲滅高句麗。但是，於第九代皇帝唐玄宗的在位期間，農民間的貧富差距過大，沒落、逃亡的農民相繼出現，均田制及府兵制也出現問題。因此，改採募集傭兵的「募兵制」，身為指揮官的「節度使」則被分派在國境的地區或要衝等地。

然而此時，節度使安祿山因對唐朝感到失望，在七五五年舉兵叛亂；雖然八年後終於平定叛亂，但唐朝的財政愈趨吃緊。為了重建財政而實施的「兩稅法」（課稅對象從人改為土地，以求確實地徵稅），卻是杯水車薪、無濟於事。大約在十世紀初，唐朝終究因節度使朱全忠起義而滅亡。

看地圖了解世界史

七世紀前後的唐朝勢力圖

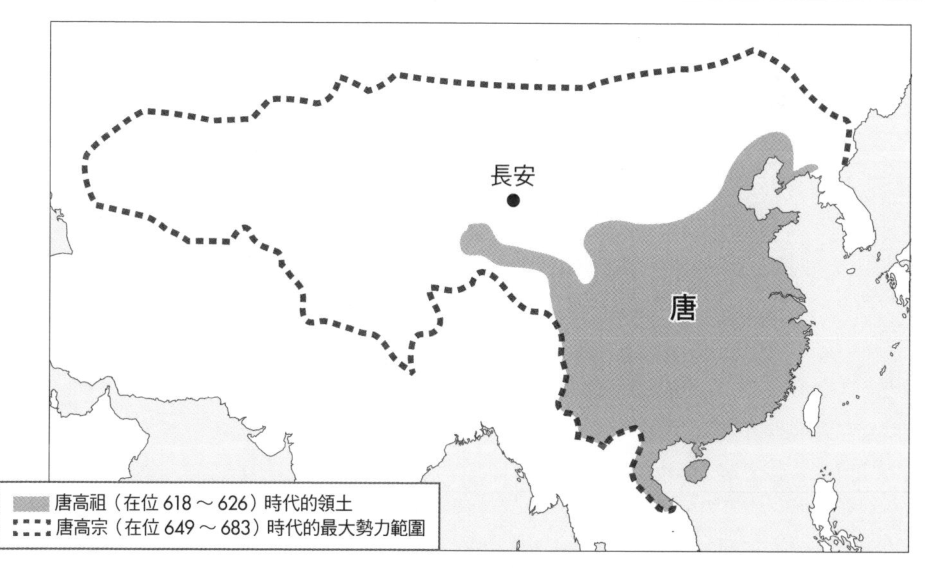
長安
唐
唐高祖（在位 618 ～ 626）時代的領土
唐高宗（在位 649 ～ 683）時代的最大勢力範圍

當時的
台灣

原住民的海外貿易／台灣早期歷史 在北部十三行遺址中，曾出土唐宋古錢、鎏金銅碗及瓷器碎片；中部番仔園文化與東部的靜浦文化也都曾出土玻璃珠和瑪瑙。可推測當時的原住民與中國及東南亞民族已有貿易往來。

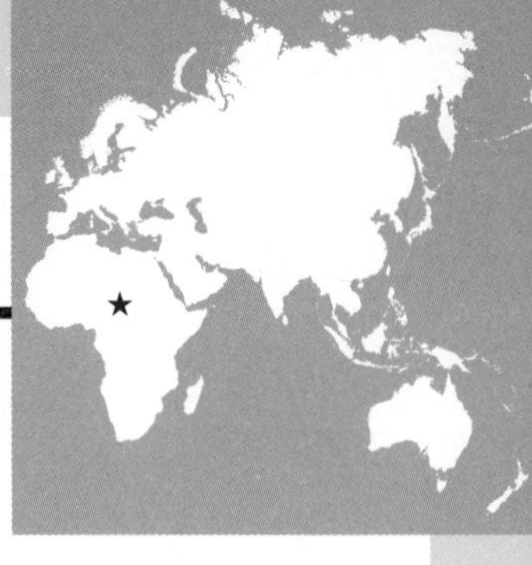

從語言的發展得知「人類誕生之地是非洲」

受歐洲影響的非洲諸國

一提到非洲的文化，腦海便會浮現出民族音樂、舞蹈、木製面具等獨特的藝術；但這些藝術經過十九世紀以後的殖民化（參見P224），亦即因歐洲文化及基督教影響等逐漸西化的發展，曾衰退一段時間。然而，經過第二次世界大戰非洲各國獨立後，隨著非洲民族主義的興盛，復興傳統文化也活躍的發展起來。目前仍看得到致力於復興民族舞蹈或音樂等的非洲傳統文化的活動。

受到列強殖民而造成的影響之一，在於非洲內有許多國家是以過去宗主國（擁有支配內政權力的國家）所使用的語言做為標準語（譬如尚比亞的標準語是英語，馬利的標準語是法語等）。這一方面固然是由於宗主國為了在殖民地實行政治、經濟、教育等近代國家的各種制度，必須強制當地人使用母國語言；另一方面，由於當地原本存在多種語言，所以必須設法統一語言也是原因之一。

全世界所有的語言都源自於非洲？

如同本章已說明過的，在人類歷史上人類誕生之地是在非洲（參見P20）；根據最新的研究指出，在語言學方面也證明了非洲是人類語言的發源地。目前全世界所使用的語言，全是以五～七萬年前（以時代區分的話是舊石器時代中期）在非洲的初期人類所說的語言為起源。換言之，隨著人們從非洲移居至其他地區，他們所說的語言也廣傳至世界各地，成為全世界文化的基礎。

在這項研究被提出來之前，關於世界

非洲篇

語言的起源，有各地獨自發展的說法，也有由一種語言在傳至全世界而於其間進行變化的說法。由於這項研究結果成為最好的佐證，從而提高了後者的可能性。

原本都說著同一種語言——「四海一家皆兄弟！」

紐西蘭的奧克蘭大學（University of Auckland）進化心理學家約翰・威廉・阿特金森（John William Atkinson）博士分析了全世界五百種以上的語言，根據其研究結果，證明了：世界上的語言若是離非洲愈遠，音素（構成語言的最小語音單位）就越少。具體來說，南非沙安族人（san，住在卡拉哈里沙漠的民族）所說的語言音素數是二〇〇，同樣在卡拉哈里沙漠所使用的另一種語言則是一四一，坦尚尼亞語言之一的哈扎（Haza）文是六二，肯亞的達哈婁（Dahalo）文是五九；相對於非洲各國國家的語言，英文的音素是四一，法語是三七，日語則是二〇。而南美或太平洋諸島所使用的語言音素數最少，夏威夷文只有十三。

由此可知，離非洲（尤其是撒哈拉沙漠以南的非洲）愈遠，各語言的音素數愈少。阿特金森博士認為這代表了隨著人類的祖先從非洲移居至世界各地，音素也逐漸消失、減少。由於這項研究成為有力的佐證，使得目前世界上所有的語言是起源於非洲的這種說法受到了大多數研究者們的支持。

目前，全世界大約存有六千種語言，這些全都是從過去非洲初期的人類所使用的語言演變而來的。「四海一家皆兄弟」，這句話在語言學上的確可以說是正確的。

簡明圖解 世界的動向

亞述帝國與波斯阿契美尼德王朝相繼統一東方（美索不達米亞與埃及兩文明興起地），之後，亞歷山大三世也建立了橫跨至印度西北方的大帝國。在中國，秦朝是最初統一的國家。

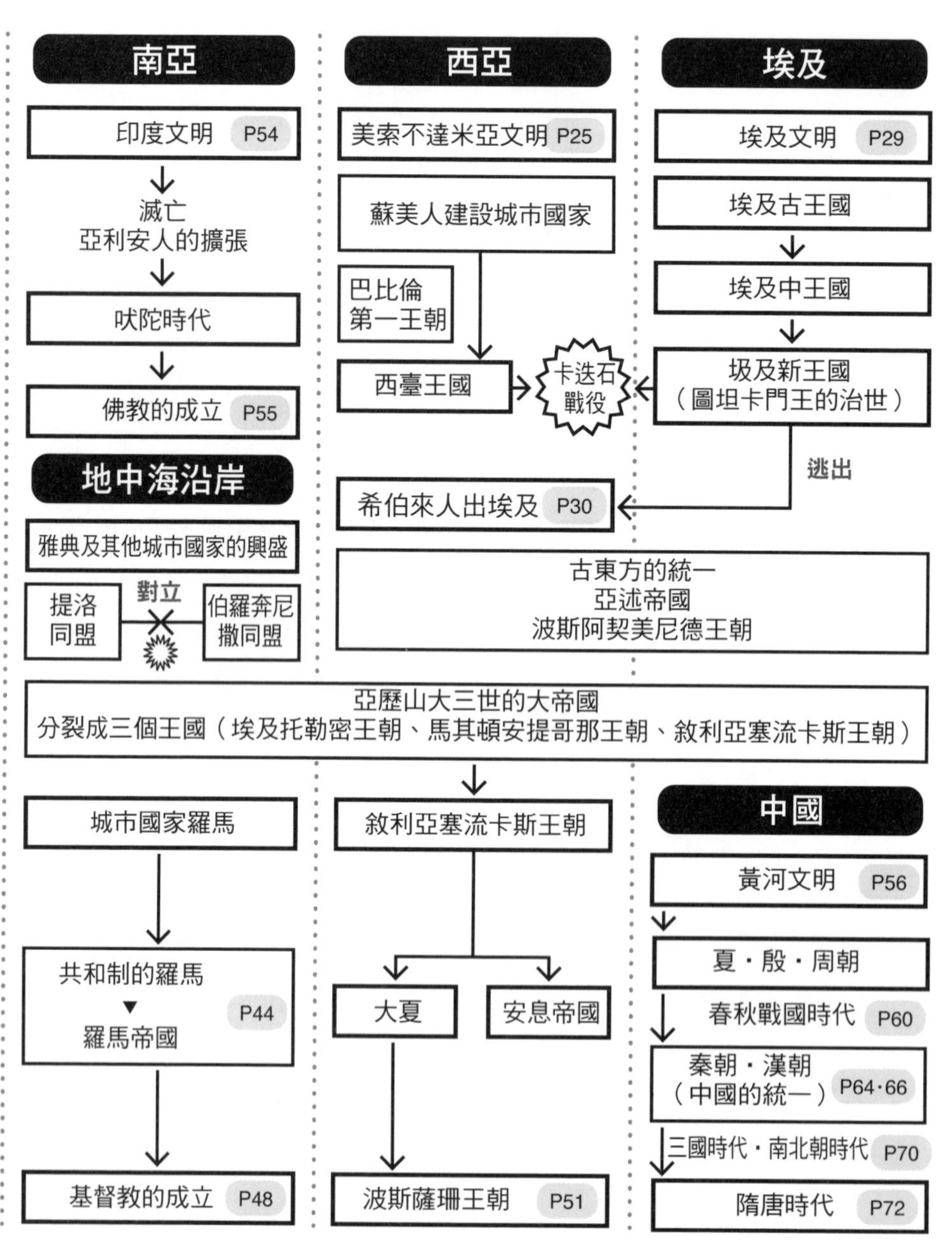
南亞
印度文明 P54
滅亡
亞利安人的擴張
吠陀時代
佛教的成立 P55
地中海沿岸
雅典及其他城市國家的興盛
提洛同盟
對立
伯羅奔尼撒同盟
西亞
美索不達米亞文明 P25
蘇美人建設城市國家
巴比倫第一王朝
西臺王國
卡迭石戰役
希伯來人出埃及 P30
古東方的統一
亞述帝國
波斯阿契美尼德王朝
埃及
埃及文明 P29
埃及古王國
埃及中王國
埃及新王國
（圖坦卡門王的治世）
逃出
亞歷山大三世的大帝國
分裂成三個王國（埃及托勒密王朝、馬其頓安提哥那王朝、敘利亞塞流卡斯王朝）
城市國家羅馬
共和制的羅馬
羅馬帝國
P44
基督教的成立 P48
敘利亞塞流卡斯王朝
大夏
安息帝國
波斯薩珊王朝 P51
中國
黃河文明 P56
夏・殷・周朝
春秋戰國時代 P60
秦朝・漢朝
（中國的統一） P64・66
三國時代・南北朝時代 P70
隋唐時代 P72

第一章 古代的世界 考察

這一章介紹了從人類的誕生到中國隋、唐時期，是本書橫跨時期最長的部分。西元前四〇〇〇～西元前三〇〇〇年前後使用青銅器，也從青銅器時代開始使用文字，於是人類能將記錄以「歷史」的方式留下來。開始使用文字後的時期稱為「歷史時代」，之前沒有文字的時代則稱為「史前時代」；從人類誕生一直到現在，其實有百分之九十九的時間是在史前時代。

在西元前七〇〇〇年左右於西亞開始的農耕技術，引導人類從原本以狩獵為主的獲得型經濟轉移到生產型經濟。最終取得灌溉農業技術的人類，在西元前三〇〇〇年前後，於底格里斯河與幼發拉底河間的美索不達米亞一帶，建立起城市國家；於是人類便建立了最初的「美索不達米亞文明」。同樣地，在埃及的尼羅河流域也發展出「埃及文明」。這些又被稱為「糧食生產革命」、「農業革命」的重大事件，可說是人類最早的「革命」。

生活在大團體裡頭的人類，終於興建了大型國家。就像亞歷山大三世的帝國及羅馬帝國等，人類打造出這樣橫跨歐洲、北非到西亞的龐大帝國。而黃河文明昌盛的中國，在西元前二二一年則由秦朝成為史上第一個統一王朝，秦王也是使用「皇帝」稱號的第一人，並自稱為「始皇帝」。秦朝雖然確立了由郡縣制所建構的中央集權體制，奠定中國王朝的基礎；但所謂因強權政治招致人民不滿而發生叛亂、導致王朝滅亡的一貫模式，也同時由此產生。

中世紀的世界（前半期）

第二章
各國的盛衰

這時代中，世界各地誕生了各種國家，
但不論哪一國都沒有恆久的安定，衝突、侵略、內亂不斷。
逐一究其緣故，如爭奪宗教的優勢、王位繼承的權力抗爭等，
可以看見各種一言難盡的複雜理由。

1096年
十字軍東征開始
▸P102
7世紀
聖戰的壓制
▸P112

波羅的海
1339年
英法百年戰爭爆發
▸P122
どん
1126年
元朝的統治
▸P108

HISTORIC EVENT

20 日耳曼民族的大遷徙

「日耳曼民族」是指定居於日耳曼、屬於印歐語族的各種民族。
三七〇年前後，日耳曼民族中的東哥德族，受到匈奴的子孫匈族※的壓迫。
這些傢伙是誰啊？
唰！
另一方面，西哥德族也為了逃離匈族的壓迫，開始往南方遷移。
這正是日耳曼人大遷徙的開端。
之後，西哥德族入侵西羅馬的領土，進行殺戮與掠奪。
呀！！
最後日耳曼各民族占領了西羅馬帝國，西羅馬帝國因此於四七六年滅亡。
奧多亞塞
不好意思啊，從今天起這裡就是我們的啦。

PLACE
現今德國、丹麥、斯堪地納維亞南部

AGE
370年以後

KEY WORD
匈奴
匈族

※ 譯註：匈族（Hun）有時也稱為「匈人」，但他們和中國古代匈奴是否有血緣關係或為同一民族，至今尚無定論。

奪下羅馬帝國的民族大遷徙

隸屬於印歐語族的日耳曼民族（Germans），原本居住在波羅的海（Baltic Sea）沿岸。之後他們開始西進，趕走原住民塞爾特人（Celts）並擴張勢力，最後移居到從萊茵河至黑海沿岸的廣大地區。其成員起先是由數十個部族構成，小部族跟隨著軍事上的領導者逐漸擴大規模，才成為大部族。

到了四世紀後半，亞洲的「匈人」（Huns）開始西進，先是支配了日耳曼民族之一的東哥德人（Ostrogoths）。接著又壓迫西哥德人（Visigoths），於是西哥德人在三七五年開始南下，隔年移入羅馬帝國。這正是長達二〇〇年的日耳曼民族大遷徙的開端。

同一時期，在東西分裂的羅馬帝國西側，西哥德人建立起一個個日耳曼國家，如西哥德王國、汪達爾王國、盎格魯撒克遜七小王國、東哥德王國、法蘭克王國等。等到四七六年羅馬皇帝被迫退位，西羅馬帝國因此正式滅亡後，該地區便完全成為日耳曼國家的天下。

偉人特寫

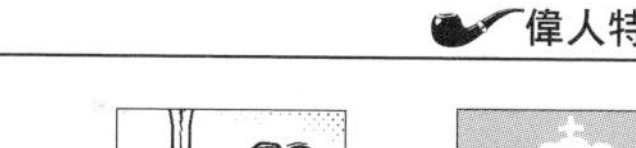

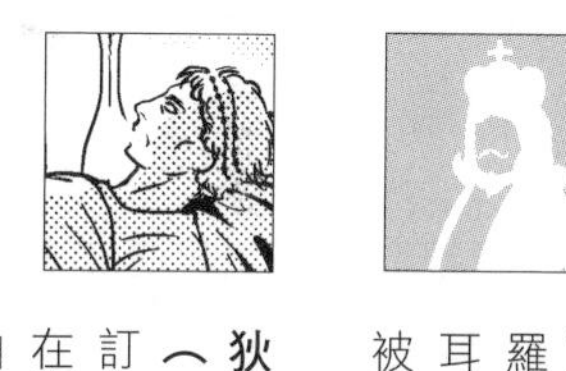

瓦倫斯（Valens）（三二八～三七八）
羅馬帝國的皇帝。為討伐南下而來的日耳曼民族而率兵奮戰，卻討伐不成反而被殺。

狄奧多西一世（Theodosius I）（三四七～三九五）
訂定基督教為國教的羅馬帝國皇帝。他在臨死之際，將帝國分裂為二，分別交由兩個兒子來統治。

奧多亞塞（Odoacer）（四三三～四九三）
擔任西羅馬帝國親衛隊長的日耳曼人。逼迫奧古斯圖盧斯皇帝（Romulus Augustulus）退位，滅掉西羅馬帝國。

親近世界史

日耳曼人是當今歐洲人的祖先

正如「日耳曼魂」是用來形容德國足球代表隊不屈不撓的特色，今日我們提到「日耳曼」時一般指的是德國，但其實這個詞彙原本是指經歷過大遷徙的日耳曼人呢。如今歐洲各地到處都存在著日耳曼民族的身影，像是法國（法蘭克王國等）、義大利（東哥德王國等）、西班牙（西哥德王國等）、英格蘭（盎格魯撒克遜七小王國）等。這次的日耳曼大遷移，促使以地中海為中心、以希臘文明與羅馬文明為代表的古歐洲羅馬社會正式落幕，並揭開中世紀歐洲世界的嶄新序幕。

當時的
日本

渡來人帶來的技術／4～6世紀 從戰亂不斷的朝鮮半島逃亡至日本的渡來人（譯註：指從朝鮮、中國等東亞地區移居到日本的人）帶來了織品、鐵製品與土器的製作技術。渡來人依照各自擅長的技術，組成了「錦織部」、「鍛冶部」等技術者組織。

當時的
台灣

南島語族的分群／台灣早期歷史 台灣南島語族可根據語言分為泰雅群（Atayalic）、鄒群（Tsouic）和排灣群（Paiwanic）三群，彼此之間因地域化而產生文化差異。泰雅群又分泰雅、賽德克兩種方言系統；鄒群分阿里山鄒、卡那布、沙阿魯阿三種方言系統；排灣群則分為魯凱、排灣、卑南、布農、阿美、達悟等方言系統。

HISTORIC EVENT

21 法蘭克王國的崛起

昔日的西羅馬帝國地區被日耳曼人占領之後，
法蘭克王國
當中崛起的是在四八一年成立的法蘭克王國梅羅文加王朝。
法蘭克王國的建國者克洛維，為了獲得多是天主教信徒的高盧民眾的支持，
與八〇〇名部下集體信奉羅馬天主教，因此穩定了國勢。
但進入八世紀後，伊斯蘭教的奧瑪雅王朝發動聖戰※，打倒了西哥德王國。
奧瑪雅王朝的進攻，使法蘭克王國面臨建國以來前所未有的危機。

PLACE
現今的法國

AGE
481年以後

KEY WORD
日耳曼國家
天主教
伊斯蘭教

※聖戰是穆斯林的義務之一。

七三二年，兩軍在法國南部的圖爾與普瓦捷之間爆發劇烈衝突。

刹！

混帳，這樣無法攻破啊！

法蘭克王國絕不能讓伊斯蘭勢力為所欲為！

法蘭克軍隊派重裝步兵在其陣營前組成盾牌牆，防禦、並擊退奧瑪雅騎兵的攻擊。

哇啊啊啊！

之後，法蘭克王國統一西歐，建立起足以與東羅馬帝國並駕齊驅的勢力範圍。

為求國家安定而改教的國王

日耳曼民族入侵西羅馬帝國的領地內，建立起西哥德王國、汪達爾王國（Vandal）、東哥德王國等日耳曼民族國家（參考P83）；其中，特別值得一提的國家是當時為梅羅文加王朝（Merovingian dynasty）的法蘭克王國。

日耳曼人多半信奉著在基督教中屬於異端的阿里烏教派（Arianism），儘管如此，出身於梅羅文加家族的克洛維（Clovis）在統一法蘭克人、並建立法蘭克王國後，卻改信天主教正統的亞他拿修派（Athanasius）。這是因為即使西羅馬帝國滅亡，居住於當地的民眾依然多是基督教徒；而克洛維為了鞏固國家的安定，認為必須獲得高盧（Gaul，譯注：今法國、比利時）民眾的支持才行，因此才改信天主教。

法蘭克國王成為西羅馬的皇帝

不久之後，為擴大版圖、從阿拉伯半島遠征而來的伊斯蘭勢力奧瑪雅王朝（Umayyad dynasty，參考P113）攻入北非，並滅掉了西哥德王國。接著，他們又入侵西歐、進攻高盧；但效忠於梅羅文加王朝的查理・馬特

偉人特寫

克洛維（四六六～五一一）法蘭克王國的建國之父。改教為正統派基督教的亞他拿修派，而獲得舊羅馬帝國高盧民眾的支持。

查理・馬特（六八六～七四一）出身自加洛林家族的宮相。組織起強大的軍團並在圖爾戰役中獲勝，成功阻止了伊斯蘭勢力的侵略。

查理曼大帝（七四二～八一四）加洛林王朝的第二代國王。大力推廣羅馬文化的基督教與拉丁語，使其普及於大眾，史稱「加洛林文藝復興」（Carolingian Renaissance）。

世界史祕辛

兩個條約與法蘭克王國的分裂

一般認為查理曼大帝握有極大權力，靠中央集權的統治體制來管理王國。但法蘭克王國的統治體制其實只是靠國王與地方長官（伯爵）個人間的結合所建立起來的。也因此，王國在大帝死後便爆發內亂，而隨後締結的兩個條約更使王國瓦解、分裂。首先是八四三年的《凡爾登條約》，使法蘭克王國分裂成東法蘭克、中法蘭克與西法蘭克三個王國，接著又因八七〇年的《墨爾森條約》，再分成東、西法蘭克王國與義大利王國。而這些王國則分別逐漸發展成現在的德國、法國與義大利。

當時的日本

平安京遷都／794年　奈良時代，僧道鏡因治癒孝謙上皇的病而掌握了政權，像這樣佛教勢力介入政治的情勢開始大增。這時桓武天皇為了排除佛教勢力以順利執政，於是決定將首都從平城京遷到平安京。

（Charles Martel，又稱「鐵鎚查理」）在圖爾戰役（Battle of Tours）中成功擊退了伊斯蘭勢力。由於成功阻止外敵入侵，且保護了歐洲的基督教文化圈，法蘭克王國從此奠定了基督教守護者的地位。

查理．馬特擊退伊斯蘭勢力的這件事，強化了法蘭克王國與做為羅馬教宗指導者的羅馬教廷（參考P96）的連結。羅馬教廷同意由查理．馬特的兒子丕平（Pepin）繼承法蘭克王國，為加洛林王朝（Carolingian dynasty），丕平也將北義大利的拉韋納（Ravenna）地區捐給羅馬教宗、成立教皇國以做為回禮。之後，丕平的兒子更繼任為國王，史稱「查理曼大帝」（Charlemagne）。八〇〇年，羅馬教宗視查理曼大帝為復興西羅馬帝國的功臣，賜予他「西羅馬皇帝」的稱號。也因此，西羅馬帝國得以復興，西羅馬皇帝也宣誓要繼續守護基督教。當查理曼大帝的加冕儀式在羅馬教廷的聖彼得大教堂中盛大舉行過後，繼承了西羅馬帝國的法蘭克王國，從此便與東羅馬帝國（拜占庭帝國）成為包圍地中海的兩大強國。

看地圖了解世界史

打造法蘭克王國巔峰時期的查理曼大帝

統治西歐主要地區的查理曼大帝，將全國畫分為各「州」，任命有勢力的豪門權貴為「伯爵」，配置在各個地區。中央政府則派巡察使來監督伯爵，藉此統治廣大的領土。

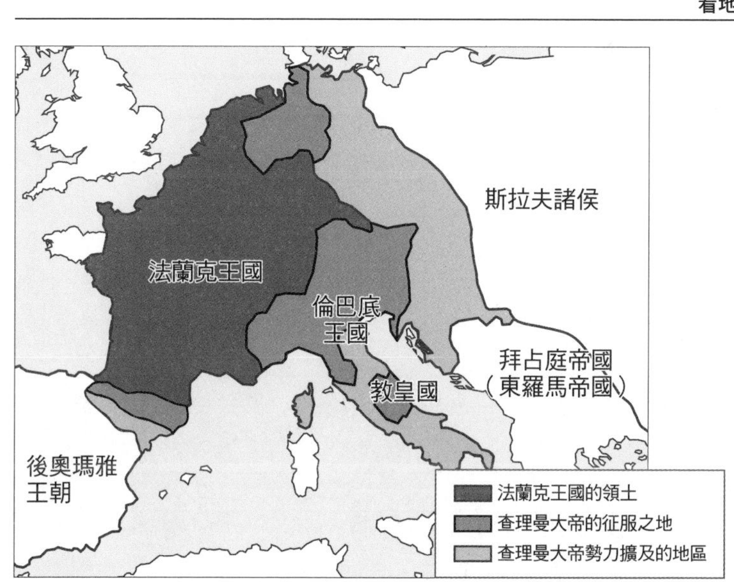
斯拉夫諸侯
法蘭克王國
倫巴底王國
拜占庭帝國（東羅馬帝國）
教皇國
後奧瑪雅王朝
法蘭克王國的領土
查理曼大帝的征服之地
查理曼大帝勢力擴及的地區

當時的台灣

原住民的海洋文化／南島語族 噶瑪蘭族過去仰賴以獨木舟渡河、載貨交易，所以語言中至今有許多與船相關的語彙。此外，阿美族、卑南族也都流傳著祖先來自海上的傳說。而達悟族獨特的「拼板舟」文化更充分體現出其豐富的海洋文化。

HISTORIC EVENT

22 維京人的活動

九世紀，
以波羅的海沿岸為中心
進行交易活動、被稱為
維京人的是諾曼人。
斯堪地那維亞半島
波羅的海
他們一個接一
個對歐洲各地
進行攻擊。

八六二年，被稱為「羅斯族」的諾曼人，在現今的俄羅斯西北部建立諾夫哥羅德公國後，再將據點移至現在的烏克蘭，並建立基輔公國。

這是我們的國家！

哇啊啊啊！

之後在九一一年，他們又登陸國勢衰微的西法蘭克王國北部，建立諾曼第公國。

接著在一〇六六年，威廉一世更建立起從諾曼第公國到現今英國的統治權，成立諾曼征服王朝。
呀！
啊！
於是在中世紀後半，維京人建構了一個從北海到波羅的海的廣大勢力圈。

PLACE
北歐

AGE
9世紀

KEY WORD
諾曼人
基輔公國
波羅的海

侵略歐洲各地的諾曼人

曾居住在斯堪地那維亞半島（Scandinavian peninsula）及日德蘭半島（Jutland），屬於日耳曼人一派的諾曼人（Norman），其中一部分的人們自八世紀後半起，乘船遠征歐洲各地，成為海盜進行掠奪；他們被稱為「維京人」（Viking，意思是「海盜」），令人聞之喪膽。

十世紀初，一群登陸北法的諾曼人建立了「諾曼第公國」（Duchy of Normandy）。接著，名為「諾曼第騎士團」的另一派人馬也驅除伊斯蘭勢力、征服南法，成立了由西西里王國（Sicilia）與拿坡里王國（Napoli）兩國結合而成的「兩西西里王國」（Regnodelle Due Sicilie）。在英格蘭，由身為丹納人（Daner，即丹麥地區的諾曼人）的克努特（Knud）征服盎格魯撒克遜王國後，做為諾曼第大公的威廉（William）便主張自己的王位繼承權，而建立起諾曼王朝（Norman dynasty）。於是北歐的維京人勢力也併入了西歐的社會。另一方面，進攻斯拉夫人（Slav）地區的留里克（Rurik）一派，則建立了諾夫哥羅德公國（Veliky Novgorod）與基輔公國（Principality of Kiev），成為日後俄羅斯建國的起源。

偉人特寫

羅洛（Rollo）（八四六前後～九三三） 與西法蘭克王國的查理三世（Charles 三）簽約割讓北法，奉諾曼第大公之命令而建立諾曼第公國。

留里克（Igor Ruricovich）（八三〇前後～八七九前後） 被稱為「羅斯族」（Rus）的維京人的首領。由於他身上流著羅曼諾夫王朝（Romanov）以前的俄羅斯王家血統，所建的王朝被稱為「留里克王朝」。

威廉（一〇二七前後～一〇八七前後） 征服英格蘭，建立諾曼王朝，以「威廉一世」（William I）的名號即位。成為現今英國的開國之祖。擁有「征服者」的稱號。

親近世界史

維京人啤酒帶著走！

在日本，只要一提到維京人，很多人都會聯想到「吃到飽」吧。之所以如此，據說是因為帝國飯店的前主廚村上信夫氏在觀賞美國電影《維京人》時，看到維京人大口吃肉喝酒的畫面得到了靈感，於是將吃到飽的菜單取名為「Viking」。除此之外，北歐多種植大麥、燕麥及小麥，這些麥芽能製作出一種名叫「愛爾」（Ale）的啤酒。由於麥芽發酵成的愛爾啤酒能預防壞血病（維他命C不足引發的病症），因此維京人也將愛爾啤酒帶上船，在航海時取代飲用水加以飲用。

當時的日本　**藤原道長與攝關政治／10～11世紀**　藤原道長讓女兒以天皇的皇后身分入宮，並因其出生的皇子登基為天皇，從而掌握住朝廷的實權。道長一家以「攝政」或「關白」（譯註：關白一詞由中國傳入日本，原義是指陳述、稟報）的職位，代理天皇治理朝政，史稱「攝關政治」。

當時的台灣　**達悟族的社會／南島語族**　分布在太平洋蘭嶼島上的達悟族，採定居方式而形成集中的村落。村落中的政治以父系世系群為基礎單位，並具體落實在其經濟活動上，如種植水芋的水渠灌溉系統、以及捕捉飛魚的漁團組織等。

HISTORIC EVENT 23

封建社會的開始

八世紀以後，歐洲世界因北部的諾曼人、東方的斯拉夫人、馬札爾人，以及來自地中海的伊斯蘭勢力，危在旦夕。
諾曼人
斯拉夫人
馬札爾人
伊斯蘭勢力
諾曼人
我們要征服歐洲世界！
別開玩笑了！歐洲是我們的啊！
伊斯蘭人

結果，在歐洲世界，為了保護自己的地盤，當務之急便是建構防禦機制。

哇啊啊啊！

中世紀的支配體制「封建制度」也就此開始。

契約正式成立。朕若有難，可有賴你出手相助啊。

這是當然的，皇帝。

PLACE
西歐

AGE
8世紀

KEY WORD
諾曼人
伊斯蘭
主從關係

封建制度中，支配者將土地委託給有力的地方人士（諸侯），彼此締結主從關係。
我遇到難關時，也請皇帝同樣要幫助我呢。
若您不能遵守約定，那麼，還請恕我毀約囉。
這種契約關係的特色是雙方都要承擔義務。若有一方不履行契約，即使名義上立場較弱者也能單方面地解除契約。
在底層支撐起這種封建制度的是佃農。
呃，這是今日的份。請您笑納。
嗯。
佃農們沒有遷移居地或轉職的權利。
並且，除了對莊園領主的納貢之外，還得被課徵各種稅收，如一週內有二～五天得在領主直營地耕作的賦役制度等。
但這樣的封建制度，也隨著莊園制度的解體而畫下句點。

西歐的混亂產生封建社會

伊斯蘭勢力的入侵、日耳曼民族的大遷徙、以及諾曼人的遠征等，造成西歐世界長期處於社會混亂、政局不穩的狀態。也因為這樣的背景，西歐社會的商業衰退，改由自給自足為主的農業經濟取而代之，從貨幣經濟轉為擁有土地或現有物的價值經濟。此外，也由於外敵不斷入侵，弱者開始投靠擁有軍事能力的強者。

結果，便產生了「主人給予家臣領土、並提供保護，以換得家臣誓言效忠主人、並肩負出兵義務」，這樣的社會結構（即封建的主從關係）。在西歐封建的主從關係中，君王與家臣雙方都有遵守契約的義務，若是君王違反了契約，家臣也有拒絕履約的權利（雙方承擔義務的契約）。此外，一位家臣可為多位君王共同使用。並且，如同以法蘭克王國的查理曼大帝與羅馬教宗的關係（參考P87）做為代表，這時期的西歐同時也正是皇帝或國王、諸侯（地方的領主）、貴族、聖職者等支配階層，為了保護自身的安全及特權，在政治上互相緊密牽連在一起的時代。

偉人特寫

日耳曼民族

因大遷徙而為西歐帶來重大變革的民族（參考P83）。他們從以前就慣例使用的「親隨制度」（Gefolgschaft，軍事方面的服務），與羅馬帝國末期所實施的「采邑制度」（Beneficium，土地的保護），是中世紀歐洲封建的主從關係的起源。

騎士

一般指的是穿著鎧甲與盔甲、騎馬作戰的武士，成為西歐封建制度的核心。他們的行動規範，如「接受資深前輩的指導以學習技術」等，深受日耳曼人文化的影響。

親近世界史

封建社會與騎士精神

歐洲的封建主從關係是繼承古代羅馬帝國所實施的采邑制度（土地所有權人將自己的土地賞賜給有力的家臣並納入保護管轄範圍，再從家臣借出土地的制度），以及日耳曼人的「親隨制度」（貴族子弟們有誓言效忠其他的有能力者，並做為其隨從的傳統）。此外，做為歐洲騎士們行動規範或理念的是所謂的「騎士精神」。這個概念是歐洲封建的主從關係，與西歐所信奉的基督教中被視為美德的忠誠、禮儀與服務等觀念結合在一起後，才誕生出來的。

當時的
日本

日本的封建社會／12世紀～ 日本的封建制度始於何時雖然眾說紛紜，但一般認為是始於確立「御恩與奉公」（譯註：御恩是指主人給予隨從恩惠，奉公是指隨從向主人奉獻義務）制度的鎌倉幕府成立之時。初期的封建制度與歐洲類似，屬於雙方承擔義務且流動性的契約。

國王其實也只不過是領主罷了

然而，立基在封建主從關係上的支配體制由於具有地方分權的特性，擁有眾多家臣的大諸侯得以握有足以和國王匹敵的力量，也有很多人自立為王。換言之，在這個制度下，國王也不只過是名義上的一個領主而已，其實質上的掌控力道並不強。也因此，曾盛極一時的法蘭克王國在查理曼大帝死後，國勢便逐漸走上衰退一途。

諸侯及貴族等擁有土地者稱為「領主」，其所有地稱為「莊園」。在莊園工作的農民叫做「佃農」，他們擔負的義務是，繳納自己保有地上種植的作物（地租），以及在領主直營地上從事勞役（賦役）。佃農不能任意遷徙，而且結婚或繼承也受到限制，是一種極不自由的身分。

用圖解了解世界史

封建的主從關係的構造

西歐的封建社會，是經由土地的授受，個人間訂下契約而成為主從關係的；因此，不同於古代中國憑著血緣形成的氏族關係而成立的封建制度（參考P59）。

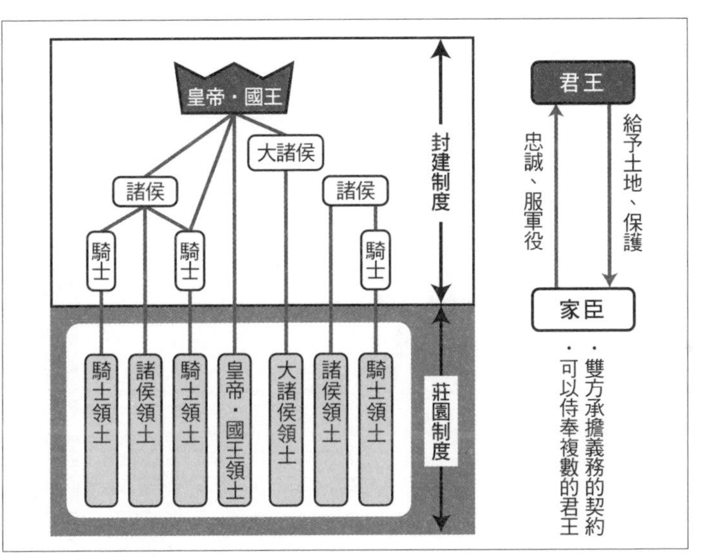
君王
給予土地、保護
忠誠、服軍役
家臣
・雙方承擔義務的契約
・可以侍奉複數的君王
皇帝・國王
大諸侯
諸侯
諸侯
騎士
騎士
騎士
封建制度
莊園制度
騎士領土
諸侯領土
騎士領土
皇帝・國王領土
大諸侯領土
諸侯領土
騎士領土

當時的台灣

泰雅族的社會／南島語族　一般認為泰雅族沒有發展出嚴格的親屬組織，主要是以個人為中心的雙系團體。但泰雅族重視祖靈信仰，以「嘎嘎」（gaga）、也就是祖先的規範或祖訓為社會的規範；同時，這也成為整合社會組織的基礎，不同家族便以「嘎嘎」為核心而形成團體。

HISTORIC EVENT 24

羅馬天主教廷

隨著歐洲封建制度的成立，羅馬天主教廷對各地進行教化，提高了自身的權威。
羅馬教宗
大主教
主教
祭司
修道院長
教會內部也成立了「聖統制」（Hierarchy）。

然而到了十世紀左右，聖職的買賣等原因造成了教會的腐敗。
鏘啷
很好，交易成立！
這樣，從明天起我也是主教啦。
奸笑

因而發起了從教會內部改善起的活動。
克呂尼修道院

PLACE
西歐

AGE
10世紀

KEY WORD
宗教改革運動
沃爾姆斯宗教協定

我們必須嚴格遵守聖本篤清規※！

聖職的買賣，及聖職者娶妻等行為是不被允許的！
隨著歐洲封建制度的成立，羅馬天主教廷對各地進行教化，提高了的權威。
格里哥利七世

※Rule of St. Benedict，以貞潔、清貧、服從為宗旨的戒律。

但是，也因而引發了意想不到的問題。

教宗格里哥利七世否定了皇帝對教宗選舉權的介入，以及世俗權力對聖職者的敘任權，

結果與亨利四世間產生激烈的對立。

史稱「敘任權之爭」的衝突，在一一二二年締結沃爾姆斯宗教協定之前，持續了約半世紀左右。

亨利四世

羅馬教廷成為基督教圈的中心

西元三九二年，基督教成為羅馬帝國的國教（參考P49），但因之後羅馬帝國分裂成東西方，基督教也跟著分成兩派。羅馬帝國中，總共設有羅馬教廷、君士坦丁教廷、安條克教廷（Antiochia）、耶路撒冷教廷與亞歷山大港（Alexandria）教廷等被稱為「五本院」的五個基督教據點。羅馬教廷雖然是唯一位於西羅馬帝國者，但因為在六世紀末羅馬教宗為格里哥利一世（Gregorius I）時熱切地向日耳曼人傳教，從而逐漸占據了西歐基督教圈最高的地位。西羅馬帝國滅亡後，羅馬天主教廷跟法蘭克王國一樣，對西歐世界的形成有所貢獻。聖職者以教宗為最高者，接著依照大主教、主教、祭司、修道院長的排列順序，呈現出金字塔型的組織，而大主教及修道院長接受了國王及貴族所捐的莊園，成為大領主。

在法蘭克王國分裂成三個地區（參考P86）後，羅馬教宗在九六二年同意由東法蘭克王國的鄂圖一世（Otto I）就任為新的西羅馬帝國（也就是神聖羅馬帝國）的皇帝。於是神聖羅馬帝國便取代法蘭克王國，以基督教保護者的身分，直到一八〇六年遭拿破崙解散之前，始終維持著帝國的權威。

偉人特寫

鄂圖一世（九一二～九七三）
由於成功擊退入侵歐洲的遊牧民族匈牙利人，受羅馬教宗任命為神聖羅馬帝國的初代皇帝。

格里哥利七世（一〇二〇～一〇八五）
由其發動名為「格里哥利改革」的一連串教廷改革發揮了效果，是對提昇教廷的權威有卓越貢獻的羅馬教宗。

英諾森三世（Innocent III）（一一六一～一二一六）
迎接巔峰時期的羅馬教宗。插手介入歐洲各國的政治，如曾以離婚為由而驅逐法國國王腓力二世。

親近世界史

「卡諾莎之行」是什麼？

聖職者的敍任權之爭引發後，神聖羅馬帝國的皇帝亨利四世與羅馬教廷發生了激烈衝突。皇帝無視於教宗的命令，執意要行使任命義大利主教的敍任權，終於致使格里哥利七世下令革除其教籍（譯注：此令形同罷黜其帝位）。帝國內反皇帝派的諸侯也決議，「若教宗不解除罰令，皇帝便需退位」，亨利四世只好被迫千里迢迢，前往北義大利的卡諾莎城拜訪教宗，在下大雪的城門前等候了三天，並表明悔罪之意，才總算讓教宗首肯解除罰令。這事件稱為「卡諾莎之行」（Gang nach Canossa）。

當時的日本

源氏物語／1010年左右　執筆世界第一長篇小說《源氏物語》的紫式部，侍奉藤原道長的女兒，也就是一條天皇的中宮（皇后）。《源氏物語》對往後的日本文學帶來極大的影響，至今在全球也有極高的評價。

宗教改革成功提高教廷的權威

聖職者晉升成支配階層後，產生了聖職者地位被販賣、非聖職者勢力介入教會等許多弊端。最後終於在法國中東部的克呂尼修道院（Cluny abbey）發起改革運動，教宗格里高利七世下令禁止聖職買賣及聖職者娶妻，並將任命聖職者的權利還給教廷，強化教宗的權威感。

於是教宗與神聖羅馬帝國的皇帝之間，開始爭奪教會聖職者的任命權，史稱「敘任權之爭」。這個鬥爭長達約半個世紀，最後終於在一一二二年締結了「沃爾姆斯宗教協定」（Concordat of Worms），將敘任權交至教宗手上，解決了紛爭。也因為這場革命，羅馬教廷與教宗的權威更提高了一階。

看地圖了解世界史

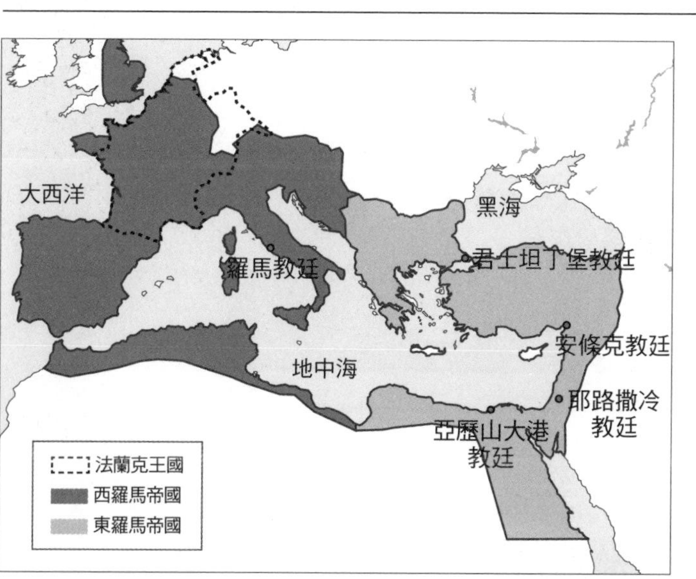
大西洋
黑海
羅馬教廷
君士坦丁堡教廷
安條克教廷
地中海
耶路撒冷
教廷
亞歷山大港
教廷
法蘭克王國
西羅馬帝國
東羅馬帝國

羅馬帝國的基督教五本院

五本院中，唯一位於西羅馬帝國的是羅馬教廷。因羅馬帝國分裂成東、西（三九五年）兩帝國，羅馬教廷便藉此契機脫離君士坦丁堡教廷其及他東邊的教廷，持續展開獨自的活動，接著更與法蘭克王國一同在西歐世界擴張勢力。

當時的
台灣

泰雅族的射日傳說／南島語族 泰雅族流傳著射日傳說，相傳古代有兩個太陽輪流出沒，烈日長照造成作物歉收，人們生活困苦，因此族人決議派出三名勇士，各背一名嬰孩，前往遠方執行射日任務。三名勇士最後未能完成任務便老死，但三名嬰孩已長大成人，最終完成射日壯舉，返回家鄉。

HISTORIC EVENT

25 拜占庭帝國的繁榮

所謂的拜占庭帝國也就是東羅馬帝國。

西羅馬

東羅馬（拜占庭）

東羅馬帝國是羅馬帝國末代皇帝狄奧多西大帝在臨死之際，將帝國一分為二，並交託給兒子們而成立的。

三九五年——
狄奧多西大帝（Theodosius I）

……羅馬帝國的東半部交給長男阿卡狄奧斯（Arcadius），
西半部交給次男霍諾留（Honorius）……

六世紀時的東羅馬帝國不僅奪回被日耳曼人所征服的舊羅馬帝國西半部，更確保了地中海的制海權，呈現大幅度的成長。

之後，從九世紀後半到十世紀的馬其頓王朝，更迎來了全盛時期。

藉由中央集權化及皇帝專制政治等政治體制，穩固國家。

西羅馬

君士坦丁堡

雅典

東羅馬（拜占庭）

PLACE
東歐

AGE
395年～

KEY WORD
東羅馬帝國
皇帝專制政治

BC 100 200 300 400 500 600 700 800 900 1000 1100 1200 1300 1400 1500 1600 1700 1800 1900 2000

基督教的支配者——東羅馬帝國

西羅馬帝國因為日耳曼民族的大遷徙，建國不到百年便瓦解；但東羅馬帝國卻維持了一〇〇〇年以上的歷史。東羅馬帝國也稱「拜占庭帝國」（Byzantine Empire），這是由首都君士坦丁堡的舊名「Byzantium」而來。拜占庭帝國在六世紀甚至打倒了汪達爾王國（現今的北非）及東哥德王國（現今的義大利）等日耳曼人國家，奪回被日耳曼民族統治的地中海，氣勢非凡。

東方教會是脫離了羅馬教廷所建立的基督教據點，它們逐漸發展成希臘正教，並且納入拜占庭帝國麾下。在西歐，復興後的西羅馬帝國皇帝與羅馬教宗的權力是相當的；但相對於西歐，在拜占庭帝國中，皇帝是以基督在人間的代理人身分支配著希臘正教。皇帝在君士坦丁堡打造聖索菲亞教堂（Hagia Sophia），藉此展示其做為基督教統治者身分的地位與權威。

偉人特寫

查士丁尼大帝（Justinian I）（四八三～五六五）

打造拜占庭帝國巔峰期的皇帝。與波斯薩珊王朝對戰，並掌握地中海的制海權，實現了拜占庭帝國的大躍進。他不僅建造聖索菲亞教堂，還下令整理從共和政時代起的羅馬法律，編纂出集大成的《羅馬法典》，有許多豐功偉業。

巴西爾一世（Basil I）（？～八八六）

雖然只是出身自亞美尼亞裔的農民，卻發動政變打倒了阿莫利王朝（Amorian dynasty）的第三代皇帝米海爾三世（Michael III），在拜占庭帝國建立第七個王朝「馬其頓王朝」。馬其頓王朝出現許多位優秀的皇帝，更促進了拜占庭帝國的成長。

親近世界史

拜占庭帝國的經濟與文化的發展

在西羅馬，因為商業衰退導致經濟活動停滯，但東羅馬並未受到日耳曼民族大遷徙太大的影響，所以拜占庭帝國的首都君士坦丁堡便成為歐洲最大的經濟城市，日益繁榮。此外，像是圓蓋型建物與馬賽克壁畫等具拜占庭特色的教會建築、及聖母子像之類的聖者畫像等具代表性的拜占庭文化，更是融合了古代希臘文化與希臘正教文化，在繁榮輝煌的拜占庭帝國中歷經長達一〇〇〇年的歲月所培育出來的精華。拜占庭文化也對日後西歐發生的文藝復興運動（參考P133）帶來極大的影響。

當時的日本 **最澄與空海／9世紀** 搭同一艘船前往中國的最澄與空海兩位法師，在唐朝學習最新的佛教。805年歸國的最澄在比叡山（滋賀縣）建造延曆寺，創立天台宗派。隔年空海在高野山（和歌山縣）建立金剛峯寺，並將真言宗派傳至日本。

當時的台灣 **布農族的社會／南島語族** 傳統的布農族除了打獵之外，主要依賴山田燒墾的生產方式維生，對他們來說，土地是家庭所擁有的謀生資產之一，並以家庭的山田燒墾為單位，構成一個自足的經濟體系。

HISTORIC EVENT

26 斯拉夫民族的歷史

古斯拉夫民族原本居住於橫跨波蘭、羅馬尼亞等地的喀爾巴阡山脈北邊，利用農耕、放牧、狩獵及捕魚等各種方式生活。
然而他們之後移居歐洲各地，形成西斯拉夫、南斯拉夫、東斯拉夫的三大勢力。

〔東斯拉夫〕9世紀末成立基輔公國，並不斷向外擴張領土。11世紀時積極吸收拜占庭文化，迎向全盛時期。
〔西斯拉夫〕10世紀時成立波西米亞王國與波蘭王國，並接納天主教。
〔南斯拉夫〕南斯拉夫族中的塞爾維亞人在11世紀後半形成王國。12世紀後半成功從拜占庭帝國獨立，在14世紀前半達到巔峰時期。

PLACE
東歐

AGE
9世紀以後

KEY WORD
基輔公國
塞爾維亞人

成為日後大國俄羅斯的契機

早在日耳曼人進行大遷徙之前，居住東歐的喀爾巴阡山脈（Carpathian Mountains）北方的斯拉夫人便於六世紀移居至拜占庭帝國的北邊，並急速擴張勢力。之後東斯拉夫人又移居至俄羅斯；到了九世紀時在俄羅斯當地由諾曼人建立起諾夫哥羅德國公國，接著又建立基輔公國（參考P88），並與先住在那裡的斯拉夫人同化。基輔公國的弗拉基米爾一世（Vladimir I）戰勝周邊的各民族，打造基輔公園的巔峰時期。斯拉夫人原本深受西歐文化與羅馬天主教廷的影響，但弗拉基米爾一世卻改信希臘正教，俄羅斯因而接納了異於西歐的文化圈。雖然俄羅斯最後臣服於蒙古帝國，但莫斯科公國的伊凡三世又打破了這樣的狀況。

南斯拉夫人則是南下前往巴爾幹半島，其中勢力最大的塞爾維亞人（Srbi）雖隸屬於拜占庭帝國之下，但在十二世紀獨立，並建立塞爾維亞王國。至十四世紀，西斯拉夫人中的波蘭人與立陶宛人融合在一起，建立起亞捷隆王朝（Jagiellonian dynasty）。

偉人特寫

伊凡三世（Ivan III）（一四四〇～一五〇五）

十五世紀以商業城市莫斯科為中心，建立起莫斯科公國的大公。他將蒙古人驅趕到東方，並將東歐從「蒙古的枷鎖」（Tataro-Mongol Yoke）中解放出來。他統一了東西俄羅斯，自認為是羅馬帝國的繼承者，號稱「沙皇」（皇帝），並擁有「伊凡大帝」的尊稱。

伊凡四世（Ivan IV）（一五三〇～一五八四）

伊凡三世的孫子。建立俄羅斯沙皇國（Tsarstvo Russkoye）以強化沙皇的權力，開啟了日後俄羅斯帝國進攻東方的道路。另一方面，因他生性殘暴，喜好處刑或拷問等殘酷求刑方式，而以「伊凡雷帝」之稱聞名（參考P155）。

親近世界史

「蒙古的枷鎖」是什麼意思？

基輔公國的弗拉基米爾一世雖沿襲了拜占庭帝國專制的君主制度，但在他死後貴族擁有大片的土地，農民也逐漸淪為農奴，基輔公國因而成為與西歐封建制度相同的社會。也因這緣故，造成諸侯的叛離與分裂，十三世紀時不敵蒙古帝國的入侵，在南俄羅斯建立起構成蒙古帝國一部分的欽察汗國，基輔大公及其諸侯不得已只好臣服於蒙古人。之後長達二四〇年受到蒙古的統治，因此現在的俄羅人稱這個屈辱為「蒙古的枷鎖」。

當時的日本　**源平合戰／平安時代末期**　平清盛因戰勝了與源氏的主導權之爭而掌握政權，但平家一門的蠻橫專制卻令其他人無法忍受。清盛死後，源氏開始反擊。源義經出擊將平家趕至西邊，最後滅於壇之浦。

當時的台灣　**賽夏族的社會／南島語族**　賽夏族的居住形式是散居的村落，也就是以二、三家家屋形成一小聚落。各部落或部落同盟間主持重要祭儀的司祭，其身分與權力可經過世襲而分屬於各個主要氏族。每隔一年舉辦一次矮靈祭則是全族性的祭儀，通常在粟收穫後、稻已成熟而未收穫前舉行。

十一世紀後半，成立於中亞的伊斯蘭勢力塞爾柱帝國開始西進，占領聖地耶路撒冷。
哇啊啊阿！
一〇七一年入侵安那托利亞（現今的土耳其），並與拜占庭帝國爆發衝突。
馬拉茲吉特（現今的土耳其）
拜占庭帝國在士兵人數上雖占優勢，卻仍然敗北。

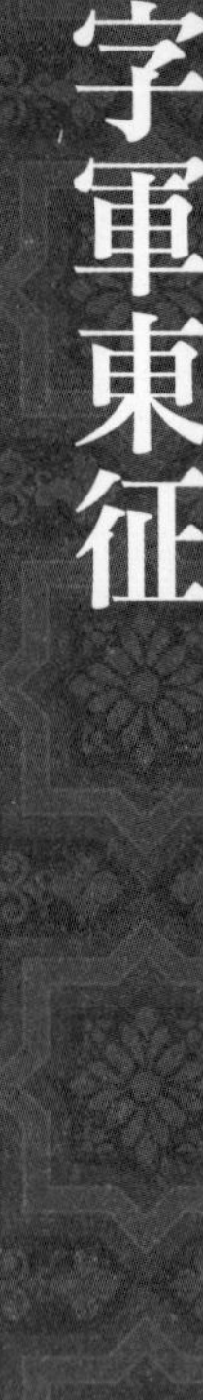
HISTORIC EVENT
27
十字軍東征

拜占庭皇帝
要是再次被塞爾柱帝國攻陷的話，我國就沒勝算了……
究竟該如何是好呢……

感受到拜占庭帝國即將滅亡的危機，皇帝以「基督教世界受到伊斯蘭勢力的威脅」的名義，
向羅馬天主教廷的羅馬教宗請求救援。

PLACE
中歐～土耳其
AGE
1055年以後
KEY WORD
拜占庭帝國
克萊蒙會議

克萊蒙會議

一〇九五年因拜占庭皇帝的請求，羅馬教宗在克萊蒙召開會議。

我等非得對侵略基督教世界的異教徒發動聖戰不可！

因為這正是神的旨意啊！

於是十字軍東征就此展開——
之後，約二〇〇年間，共派遣出七次的十字軍。

戰爭真的是神的旨意嗎？

西歐的封建社會自西元一〇〇〇年左右開始進入穩定期，農業技術的發達不僅提高生產力，也使人口逐漸增加。於是西歐世界這時開始擴展版圖，除了透過開墾與填海造田等方式增加農地外，更向外拓展殖民地。

其中規模最大的擴張運動便是十字軍東征。十一世紀時，伊斯蘭的強大勢力遍及今日伊朗、伊拉克，建立起塞爾柱帝國（Seljuk Empire），並挺進地中海沿岸的東部地區，甚至在占領了聖地耶路撒冷後，再從拜占庭帝國手上奪下安那托利亞（今日的土耳其）。拜占庭帝國因而向羅馬天主教廷請求救援。教宗烏爾班二世（Pope Urban II）在法國南部召集歐洲各國國王與諸侯，召開克萊蒙會議（Council of Clermont），決定以「上帝的旨意」為號召，派遣由基督教勇士組成的歐洲軍隊向東方進攻。這群基督教士兵們的軍裝都在胸前繡有十字標誌，因此被稱為「十字軍」。之後，基督教與伊斯蘭教兩個文化圈之間的衝突與協商，持續了長達兩百年。

偉人特寫

烏爾班二世（一〇四二～一〇九九）

第一次十字軍東征的發起人。接續格里哥利七世（Gregory VII）所推行的改革路線，完成許多教會改革。

薩拉丁（Saladin）（一一三八～一一九三）

於埃及建立艾尤布（Ayub）王朝，恢復伊斯蘭教的遜尼派，一一八七年打敗十字軍，成功奪回耶路撒冷。

理查一世（Richard I）（一一五七～一一九九）

驍勇善戰的英格蘭國王，有「獅子心」的美譽。參與第三次十字軍東征，在位期間幾乎都把時間花在戰爭上。

世界史祕辛

十字軍的真心話與場面話

十字軍東征表面上的理由是「從伊斯蘭勢力手中奪回基督教的聖地耶路撒冷」，其實真正的目的並非如此。烏爾班二世私下所打的如意算盤是，「如果能依自己的意思組成對抗伊斯蘭勢力的軍隊，因此掌控整個歐洲的話，教宗的地位將高於神聖羅馬帝國皇帝，自己便能在敘任權之爭（參考P97）中確保優勢」。至於對國王、諸侯以及西歐商業城市的人們而言，十字軍東征主要的目的是「利用教宗給予的出戰許可來侵略東方，以擴大自身的勢力」。

當時的日本

鎌倉幕府成立／1185年　源氏的重臣源賴朝在朝廷的同意下，於各地設立「守護」、「地頭」等職位，掌握軍事、警察與土地支配權，因而誕生日本最初的武家政權。雖然源氏只傳了三代，但之後由北條氏接掌政權，繼續率領鎌倉幕府。

遺忘初衷的十字軍

在一〇九六年，以法國（在九八七年卡佩王朝成立前稱為法蘭克王國）與法蘭德斯（Flanders，現今的比利時）的諸侯為中心，發動了第一次的十字軍東征。這次雖暫時成功收復聖地並建立耶路撒冷王國，但十二世紀末又再度被敵方奪走。十三世紀初，改由西歐主要商業城市之一的威尼斯主導第四次十字軍東征，但此時的十字軍將矛頭指向希臘正教的根據地，也就是因身處貿易據點而繁盛起來的拜占庭帝國首都君士坦丁堡，拜占庭帝國因此頓時面臨滅亡危機。這時的十字軍已經失去當初成立的初衷，淪為西歐擴張運動的手段。

十字軍東征共進行了七次（依定義不同而眾說紛紜），卻以失敗告終，未能奪回耶路撒冷。不過，也由於這場戰爭，威尼斯等義大利北部的城市與穆斯林商人之間發展起東方貿易，對歐洲的商業復興及基督教神學的發展有所貢獻。雖然當初的目的並未如願以償，十字軍東征卻為歐洲的經濟與文化帶來了重大改變。

看地圖了解世界史

十字軍東征主要路線

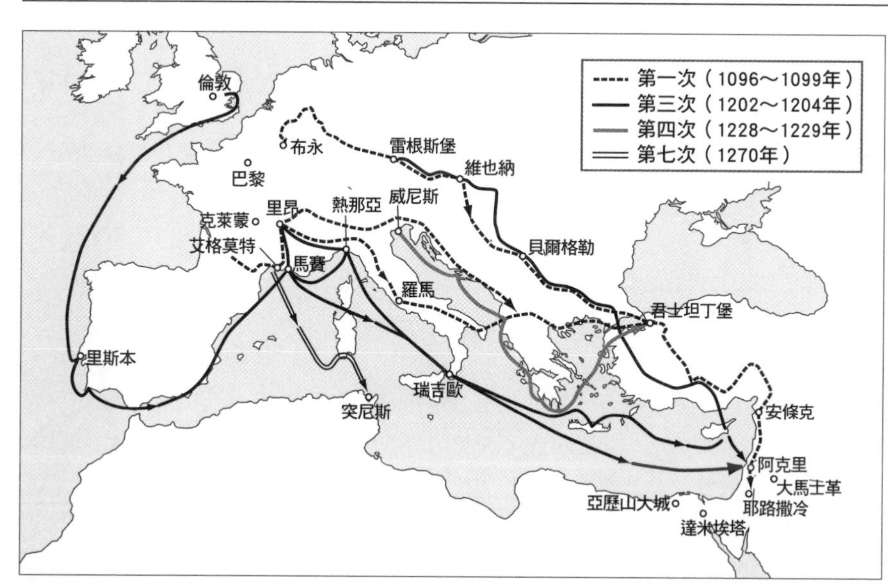
第一次（1096～1099年）
第三次（1202～1204年）
第四次（1228～1229年）
第七次（1270年）
倫敦
布永
巴黎
雷根斯堡
維也納
克萊蒙
里昂
熱那亞
威尼斯
艾格莫特
馬賽
貝爾格勒
羅馬
君士坦丁堡
里斯本
瑞吉歐
突尼斯
安條克
阿克里
大馬士革
亞歷山大城
耶路撒冷
達米埃塔

當時的台灣

澎湖最早的歷史記載／10～13世紀 澎湖是台灣中最早經漢人開發的地區。根據學者發現的考古遺跡，可推斷唐朝或北宋時漢人便大量移居澎湖。並且，根據趙汝適在南宋理宗寶慶元年（1225年）成書的《諸蕃志》中，更有漢人居住澎湖的明確記錄，指出「泉有海島曰彭湖，隸晉江縣」。

HISTORIC EVENT

28

五代十國與宋朝

九〇七年唐朝滅亡後，中國進入了五代十國的時代。

以黃河流域為中心、在華北興起的五個王朝，

與支配了華中、華南的地方組織「藩鎮」所建立起的十個國家，在這時代中互相爭奪著霸權。

結束這個兵權割據體制、統一中國的是宋王朝的趙匡胤。

唔……

為了擊潰藩鎮，首先得廢掉節度使。

接著免除軍人的官職，僅錄用誓言對朕忠誠的文人。

採取文治獨裁主義的趙匡胤，再次創立了劃時代的結構組織。

為了錄用人才，舉行由皇帝親自考試的殿試。

殿試（皇帝親自主考）

州試（地方考試）
省試（基本考試）

如此一來，皇帝與官僚更緊密結合，獨裁體制變得更為鞏固。

PLACE
中國

AGE
907年以後

KEY WORD
五代十國
節度使
文人政治

文人主導的宋朝政治

唐朝滅亡後，中國迎來了史稱「五代十國」的時代。這時代僅存續了五十年左右，這期間由朱全忠所建的後梁開始，依序成立後唐、後晉、後漢及後周等五個王朝；此外，各地的節度使們也憑藉著「藩鎮」軍團而自立門戶，建立了十個國家（前蜀、後蜀、吳、南唐、荊南、吳越、閩、楚、南漢、北漢），眾多勢力各自分散地統治著中國。

終止五代十國時代的，是由輔佐後周皇帝的趙匡胤（太祖）所建立的宋朝。宋朝為了消弱藩鎮勢力而廢除節度使一職，並從官僚中剔除軍人，施行由文人主導的文治獨裁主義。也因此，為錄用官僚而舉行的科舉不只有筆試，還加上了經由皇帝親自主考的殿試。然而，宋朝的北方不僅被北方民族契丹所建立的遼國奪走，之後又不敵女真族殲滅遼國後所建立的金國的侵略，最後不得已，只好將首都從開封遷至杭州。此後的宋朝被稱為「南宋」，與金國分據中國的南北方，各自進行統治。

偉人特寫

趙匡胤（九二七～九七六）
起初雖是後周的重臣，但在後周年紀幼小的皇帝即位時便被簇擁為代理皇帝，並將國號改為「宋」（北宋），成為初代皇帝宋太祖。

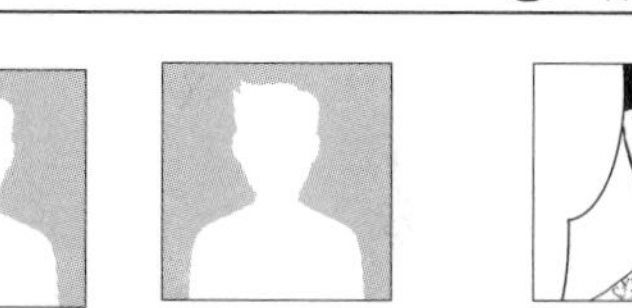

耶律阿保機（八七二～九二六）
北方民族的契丹族族長。統一北方的各部族，建立契丹國（後遼）。後晉最後將包含北京的燕雲十六州割讓給遼國。

完顏阿骨打（一〇六八～一一二三）
女真族的族長。原本受到遼國的統治，之後舉兵打倒遼國並建立金國。與遼國同樣可說是中國征服王朝的先驅。

世界史祕辛

擊潰唐朝的竟是私售鹽巴？

唐代末期，財政出現破洞的唐朝將稅制從均田制改成兩稅法（參考P75）。同時，為了鞏固財源，也對私售猖獗的鹽巴進行專賣制度的強化。由於鹽是生活必需品，且沒有其他的代替品，因此，唐朝打的如意算盤是：只要能由政府實行專賣並且將價格提高，就可藉此解決財政問題。儘管政府對私售鹽巴課予嚴厲的懲罰，但也因此出現了這樣的惡性循環：為了確保加強取締的預算充足，又更加提高鹽的售價，反更造成黑市的興盛。私售鹽巴的商人對該政策強烈反彈，與在各地企圖獨立門戶的節度站在同一陣線，鹽商出身的黃巢於是趁勢發起黃巢之亂。也因此導致了唐朝的滅亡，開啟五代十國的序幕。

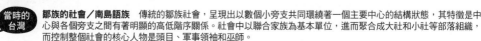

當時的日本 **廢遣唐使／894年** 由於隋朝政權的短促，「遣隋使」也在短時間內就結束；但是長達200年以上的「遣唐使」，則將唐朝先進的文化與佛教引進日本。不過，唐朝因黃巢之亂等導致政情動盪不安，菅原道真遂於894年廢止遣唐使。

當時的台灣 **鄒族的社會／南島語族** 傳統的鄒族社會，呈現出以數個小旁支共同環繞著一個主要中心的結構狀態，其特徵是中心與各個旁支之間有著明顯的高低階序關係。社會中以聯合家族為基本單位，進而聚合成大社和小社等部落組織，而控制整個社會的核心人物是頭目、軍事領袖和巫師。

HISTORIC EVENT 29

蒙古帝國與元朝的統治

一一二六年金入侵宋朝，因此造成靖康之變，中國分裂成掌控北部的金與掌控南部的南宋。
呵呵呵，只差一步就能完全壓制住啦。
金・太宗
開什麼玩笑！我一定會搶回華北！
南宋・趙構
本以為會由這兩大國持續支配中國，但壓倒兩國的更大勢力卻侵入了中國。

那正是蒙古帝國。
我啊，就是忽必烈汗！！
哇啊！
來、來者何人？
轉眼勢力便擴及整個大陸的蒙古帝國，在消滅金國、統治華北後，遷都至大都並成立元朝。
接著更在一二七九年攻下南宋，征服中國。

PLACE
中國

AGE
1206年以後

KEY WORD
金、南宋
蒙古人第一主義

人數較少的蒙古人統治了廣大的中國，徹底執行「蒙古人第一主義」。
どんっ
咚！
哇！

做……做什麼？！
別大搖大擺地走嘛，不是很溫文儒雅嗎？
說到底，你們這些傢伙什麼用處都沒有啊！

蒙古人獨占中央政府要職及地方行政機關首長的位置，與漢民族的待遇有天壤之別。
一三五一年，漢民族奮而反抗、發起了紅巾之亂，元朝因而滅亡。

元朝壯闊的世界戰略

在中國，由漢族以外的民族所建設的遼、金（參考P107）、元、清（參考P170）這四個王朝，史稱「中國征服王朝」。

遼滅亡後，在蒙古高原的各部族間統一的趨勢日益強化。在東北部擴增勢力的鐵木真先是統一了蒙古裔及土耳其裔的各部族，之後更於一二〇六年建立蒙古帝國，自稱「成吉思汗」。蒙古帝國從一二二〇年正式展開征服運動，將中亞的花剌子模王朝（Khwarazmian dynasty）、南俄羅斯、西藏、以及支配黃河上游流域的西夏一個個納入版圖。觀察成吉思汗所鎮壓的地區，看得出他的征服運動是從完全稱霸絲路（參考P69）的宏願而來。以樹立世界商業帝國為主軸，其目標正是想建構起空前絕後的全球網絡。

連接陸、海巨大的網絡

蒙古帝國在成吉思汗死後仍持續擴張版圖，從東方的中國北部，橫跨到西方的俄羅斯、伊朗，形成了龐大的帝國。而且這股勢力並未就此停住，還繼續進攻東歐，在列格尼卡戰役（Battle of Legnica）中擊敗了波德

偉人特寫

趙構（一一〇七～一一八七）
北宋末代皇帝宋欽宗的胞弟。由於宋欽宗被擄至金國，他因此登基成為南宋的初代皇帝宋高宗。

成吉思汗（一一六二前後？～一二二七）
蒙古帝國的初代皇帝。他雖是草原英雄，但卻在落馬之際負傷，而意外身亡。

忽必烈汗（一二一五～一二九四）
成吉思汗的孫子。當身為其兄長的第四代皇帝蒙哥逝世後，他與弟弟阿里不哥為王位繼承展開爭鬥，在獲得勝利後登基為第五代皇帝。

世界史秘辛

蒙古軍強盛的祕密是十進位法？

無比強大的蒙古帝國，據說其強盛的秘密是依照十進位法所來組織軍隊的「千戶制」。首先。蒙古的各部族以一〇〇〇戶（戶＝家族）為單位畫分成九十五個團體，將這些當成軍事與行政的組織單位。千戶之上還有萬戶，之下也有百戶、十戶的單位，然後各種戶長都派遣皇帝的心腹擔任，蒙古帝國就是用這種方法有效地鞏固了中央集權體制。話說回來，蒙古人也稱為「韃靼人」，現在我們吃的韃靼牛排或韃靼式沙拉醬（塔塔醬），都殘留了蒙古人的名字。

當時的
日本

元寇／1274、1281年 元朝也曾兩度入侵日本，但都因為暴風雨而撤退。日本雖逃過被侵略的危機，但仍因為未能從元朝手上奪下領土，使得「御恩與奉公」的主從關係（譯註：參見P91）崩盤，鎌倉幕府因而逐漸衰退。

聯軍；但是蒙古軍在進攻途中得到第二代皇帝窩闊臺（Ögödei）逝世的消息而決定撤退，歐洲才因此免於被征服的危機。

蒙古帝國在伊朗、伊拉克一帶建立伊兒汗國、在南俄羅斯建立欽察汗國、在中亞建立察合臺汗國等，這些由成吉思汗子孫們所掌控的地方政權，逐漸聯為一體、全納入大汗（即皇帝）的統治之下，所以，為了爭奪皇帝的位子而頻頻發生繼承者的爭鬥。第五代皇帝忽必烈利用自身強大的勢力，將統治的重點移轉至東方，消滅南宋後征服了整個中國。接著，他再將西藏及朝鮮半島列為屬國，以大都（今日的北京）為首都，改國號為「元」。如此一來，忽必烈終於一統東亞，也得到了連接陸地的海上航路，總算成功地一圓自成吉思汗以來的宿願，構築了長闊的交通網絡。

看地圖了解世界史

蒙古帝國與元朝勢力範圍（十三世紀前後）

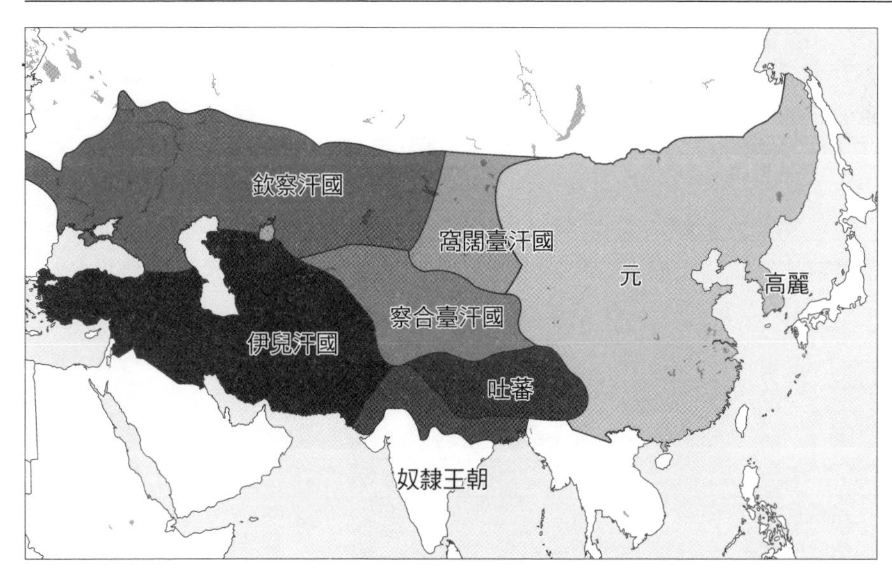
欽察汗國
窩闊臺汗國
元
高麗
察合臺汗國
伊兒汗國
吐蕃
奴隸王朝

當時的台灣

澎湖巡檢司／1281年 根據史書記載，自元世祖至元十八年起，元朝便在澎湖群島設置澎湖巡檢司，隸屬於福建泉州府，並派任「巡檢」擔任駐澎官員。元朝設置此一地方單位的用意是為了做為征服日本所做的準備。

HISTORIC EVENT

30

伊斯蘭世界的變遷

六一三年左右，在阿拉伯半島西岸的麥加出現一名男人，他向眾人傳講唯一真神阿拉的教義。
只要順從阿拉的教誨，人人都能得救。
穆罕默德
穆罕默德之後遷徙到東北部的麥地那市，創立了伊斯蘭教團（「烏瑪」）。

穆罕默德死後伊斯蘭勢力發動聖戰※，接連以武力鎮壓各地。

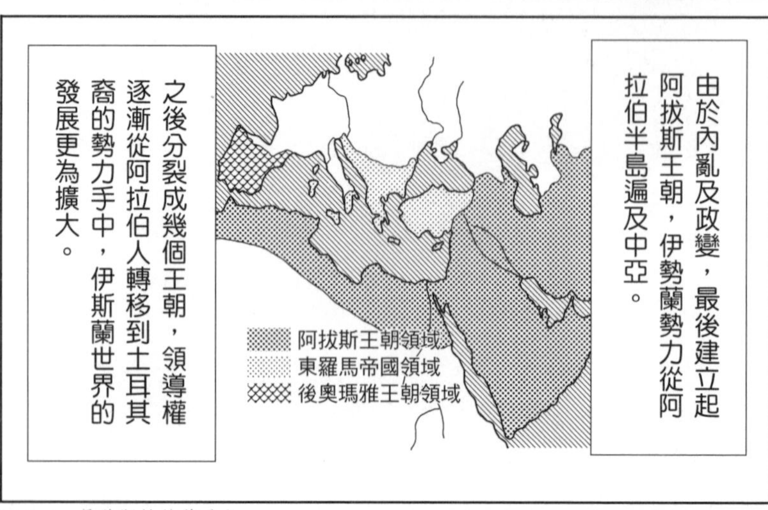
由於內亂及政變，最後建立起阿拔斯王朝，伊勢蘭勢力從阿拉伯半島遍及中亞。
阿拔斯王朝領域
東羅馬帝國領域
後奧瑪雅王朝領域
之後分裂成幾個王朝，領導權逐漸從阿拉伯人轉移到土耳其裔的勢力手中，伊斯蘭世界的發展更為擴大。

PLACE
阿拉伯半島

AGE
613年以後

KEY WORD
穆罕默德
麥加
波斯薩珊王朝

※Jihad，是穆斯林的義務之一。

因聖戰而擴張的伊斯蘭勢力

阿拉伯半島的麥加（Mecca）因身處絲路貿易的必經之地而繁榮興盛，穆罕默德便是出身於當地商賈。他倡導阿拉是唯一的真神，否定偶像崇拜，並提出在神之下人人一律平等的教誨，而創立了新宗教——伊斯蘭教。「伊斯蘭」（Islam）的意思是「絕對順從唯一真神阿拉的教誨」，匯集伊斯蘭教義的經典即是《可蘭經》。然而，罕默德由於批評貴族獨占高額財富而受到迫害，於是遷徙到東北區的麥地那（Medina），並組織起伊斯蘭共同體「烏瑪」（Ummah）。最後，穆罕默德和平占領麥加，統一了阿拉伯半島。

在他死後，人們繼續選出稱做「哈里發」（caliph）的領導者。第二代哈里發歐瑪爾（Umar）在位之際，伊斯蘭勢力成功從拜占庭帝國奪下敘利亞與埃及，更進一步征服了波斯薩珊王朝（參考P51），獲得廣大的領土。伊斯蘭勢力的擴張運動稱為聖戰（Jihad）。除此之外，在伊斯蘭勢力中，敘利亞的總督穆阿維耶（Muawiya）也創立了奧瑪雅王朝（Umayyad dynasty），但之後奧瑪雅王朝又被推翻，改由阿拔斯王朝（Abbsid dynasty）取而代之。

偉人特寫

穆罕默德（五七〇左右～六三二）

伊斯蘭教的創始人，「穆罕默德」（Mohammed）有「稱頌」的意思。他逝世後由於沒有指定繼承人，造成「烏瑪」（當時的伊斯蘭教團）瀕臨分裂危機，但最後人們選出接替他的領導者「哈里發」（「繼承者」之意），並誓言效忠於「哈里發」，終於度過難關。

歐瑪爾（五九二？～六四四）

第二代哈里發。奧瑪雅王朝及阿拔斯王朝的領導者雖然也稱為哈里發，但「烏瑪的哈里發」跟上述兩者不同，被稱為「正統哈里發」，而從第一代阿布・伯克爾（Abu Bakr）到第四代阿里（Ali）的時代則稱為「正統哈里發時代」。

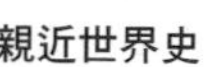

親近世界史

什麼是遜尼派與什葉派？

阿拔斯王朝最後改名為伊斯蘭帝國，成為龐大的帝國，但那並非一個國家的名字，而是指由伊斯蘭教此一宗教所連結的世界。除此之外，伊斯蘭教的兩大宗派是遜尼派（Sunnis）與什葉派（Shiites），之所以分成兩派是因為對「烏瑪的哈里發」、即「正統哈里發」的認同標準不同。遜尼派在目前的穆斯林中約占九〇％，屬於多數的他們認同歷代的哈里發都是「正統哈里發」。相對的，什葉派是由與穆罕默德之女法蒂瑪（Fatima）結婚的第四代「正統哈里發」阿里及其子孫所領導，也就是說，這派認為穆罕默德的後裔才具有哈里發的資格。

當時的日本

聖德太子的時代／593～622年 又名「厩戸皇子」的聖德太子在擔任推古天皇的攝政一職時，制定了「冠位十二階」並編寫《憲法十七條》，致力於建立以天皇為中心的中央集權體制。但也有一說認為這些功績非他一人所為。

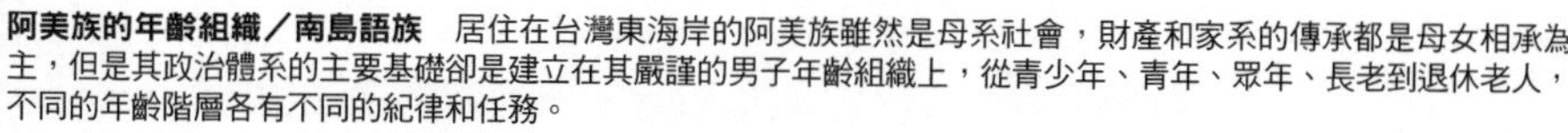

當時的台灣

阿美族的年齡組織／南島語族 居住在台灣東海岸的阿美族雖然是母系社會，財產和家系的傳承都是母女相承為主，但是其政治體系的主要基礎卻是建立在其嚴謹的男子年齡組織上，從青少年、青年、眾年、長老到退休老人，不同的年齡階層各有不同的紀律和任務。

HISTORIC EVENT

31 帖木兒帝國

PLACE
中亞

AGE
1294年以後

KEY WORD
蒙古帝國
四大汗國
大馬士革

一二九四年，忽必烈汗即位時，蒙古帝國分裂成窩闊臺汗國、察合臺汗國、欽察汗國、伊兒汗國四大汗國，並在一二七一年成立元朝。

欽察汗國
窩闊臺汗國
察合臺汗國
伊兒汗國

一三六八年元朝滅亡時，察合臺汗國出現了一名男子。

我正是蒙古帝國的始祖成吉思汗的子孫！
帖木兒

帖木兒繼承了成吉思汗企圖打造世界帝國的野心，正式展開「復興蒙古帝國」的軍事行動。

一四〇〇年他進軍敘利亞，搶奪大馬士革，一四〇二年又在安卡拉戰役中擊敗鄂圖曼帝國，之後更對伊朗、西亞、印度及中國等地發動征戰。

帖木兒王朝
西藏
阿拉伯
印度

於是帖木兒掌握了幅員遼闊的領地：從北方的南俄羅斯、到南方的北印度、再到西方的安那托利亞，乃至東方的中國邊境等，打造了一個龐大的帝國。

BC 100 200 300 400 500 600 700 800 900 1000 1100 1200 1300 1400 1500 1600 1700 1800 1900 2000

建立龐大帝國的成吉思汗子孫

十四世紀中葉左右，構成蒙古帝國四大汗國之一的察合臺汗國（參考P111）分裂成東西兩半。接著在一三七〇年，土耳其裔出身、西察合臺汗國的軍人帖木兒（Timur），建立了帖木兒帝國（Timurid Empire）。帖木兒帝國以中亞的撒馬爾罕（Samarkand）為首都，併吞了已滅亡的伊兒汗國的領土，並侵略欽察汗國，幾乎將四大汗國全納入麾下。之後仍持續急速向外進擊，不僅進攻北印度，還在一四〇二年的安卡拉戰役（Battle of Ancyra）中擊敗了強國鄂圖曼帝國（Otoman Empire，參考P118）。

此後，帖木兒為了攻打中國明朝而開始遠征，卻在中途病死。在他死後，帖木兒帝國雖因歷經幾番分裂與統一而逐漸衰退，但帖木兒生前所建立的、這個橫跨中央至西亞的大帝國，使伊朗·伊斯蘭文化得以流傳至中亞，並因而發展出土耳其·伊斯蘭文化。

偉人特寫

帖木兒（一三三六～一四〇五）
自稱是成吉思汗的子孫，以復興蒙古帝國的名義建立「帖木兒帝國」。是非凡的軍事將領，百戰百勝，因此而獲得過去蒙古帝國（元）大約一半的領土。

巴耶系德一世（Bayezid I）（一三六〇～一四〇三）
鄂圖曼帝國的第四代蘇丹（皇帝）。因積極地向外發展且行事果決，而有「雷帝」、「閃電」之稱的人物，在安卡拉戰役戰役敗給帖木兒。他被擄至帖木兒帝國，在移送途中飲恨而死。

親近世界史

非凡的軍事將領也下得一手好棋！

帖木兒自稱是成吉思汗的子孫，並建立帖木兒帝國，但其實他並不是真正的子孫（他出生於西察合臺汗國，是土耳其裔的貴族），所以不能冠上「汗」（譯註：「汗」是蒙古語的音譯，意思是漢語的「王」，而「可汗」則為「皇帝」的意思）的稱號。不過，懷抱著復興蒙古帝國野心的他，迎娶帶有成吉思汗血緣的女性為妻，卻在途中病逝而未能如願。並且，他為了迎戰滅掉元朝的明朝，也進行大規模的遠征。在戰爭上強勝無比、從未吃過敗戰過的帖木兒，他對西洋棋的熱衷其實也為人所知喔。身為非凡軍事將領的他，或許曾在下西洋棋時演練過戰術吧。

當時的日本 **南北朝時代／1336～1396年** 足利尊氏起義反抗施行建武新政的後醍醐天皇，並在京都建立「北朝」，因而與潛逃至和歌山縣吉野的後醍醐天皇的「南朝」，共同形成當時兩權分立的時代。最後，由南朝的天皇讓位給北朝的天皇。

當時的台灣 **明朝的澎湖巡檢司／1369～1387年** 明朝建立後，仍沿用元朝舊制，在澎湖設立巡檢司。但到了洪武二十年，明朝實施封海政策，撤銷當地的巡檢司，強迫居民遷回福建、漳州、泉州等原籍地，但沿海居民為求生存仍陸續偷渡至澎湖。

HISTORIC EVENT

32

鄂圖曼帝國的興盛

十三世紀末，在現今土耳其的安那托利亞，以鄂圖曼一世為首的軍隊崛起。
並在該地建立起鄂圖曼帝國。
鄂圖曼帝國隨後向歐洲擴張領土。在穆拉德一世時又組成名為「土耳其新軍」的軍隊，之後勢力更加擴增。
喔
喔
喔
喔
喔！
一五二六年打贏了莫哈奇之戰，成功征服匈牙利並圍困維也納，威脅奧地利。

PLACE
東歐～巴爾幹半島～北非

AGE
13世紀末以後

KEY WORD
維也納之戰

咚!咚!
接著在一五三八年，於普雷韋扎海戰中擊敗了西班牙、威尼斯與羅馬教宗的同盟艦隊。
砰!
砰!

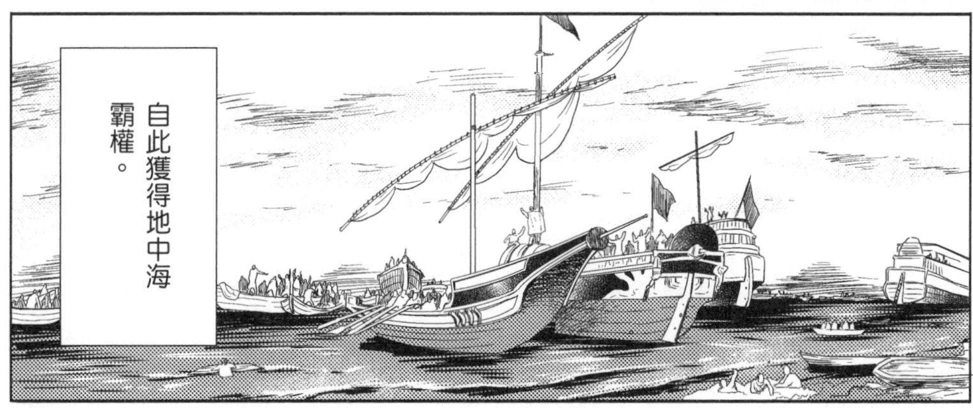
自此獲得地中海霸權。

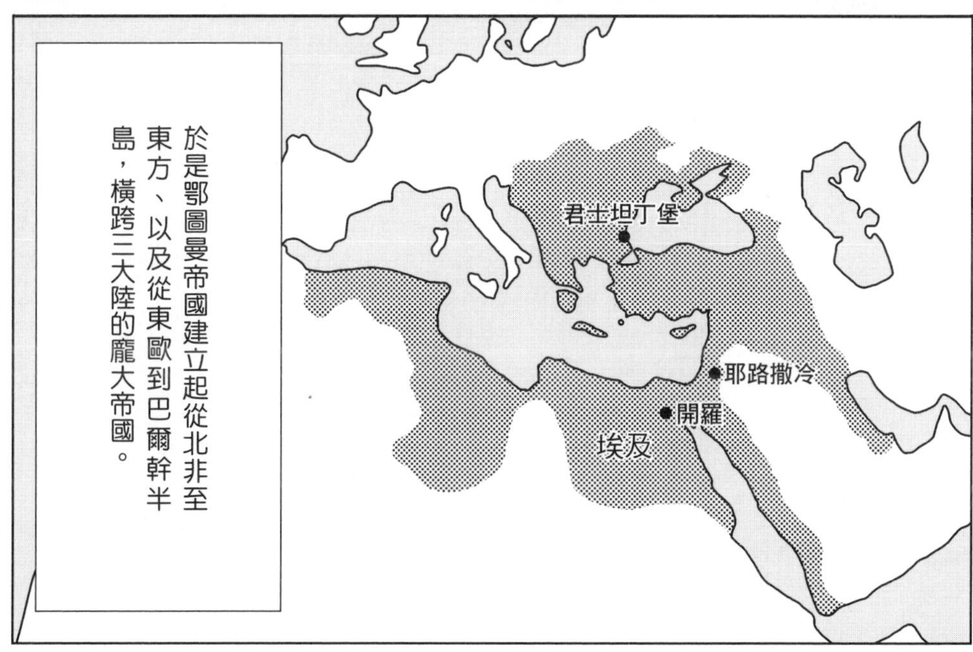
於是鄂圖曼帝國建立起從北非至東方、以及從東歐到巴爾幹半島，橫跨三大陸的龐大帝國。
君士坦丁堡
耶路撒冷
開羅
埃及

西亞的絕對王者誕生！

十三世紀末，伊斯蘭教遜尼派的突厥人（Turkler）進攻西方，在安那托利亞地方（現今的土耳其）建立起伊斯蘭教國家「鄂圖曼帝國」（Ottoman Empire）。

鄂圖曼帝國在奪下位於安那托利亞的拜占庭帝國領土後，又占領了歐洲東南部的巴爾幹半島。一三九六年的尼科堡戰役（Battle of Nicopolis）中，也成功擊敗巴爾幹諸國以及法國、德國、英格蘭的聯合軍隊。儘管因敗給帖木兒帝國，有一段時間國力低落（參考P115）；但在一四五三年又攻下君士坦丁堡，進而消滅存續長達一〇〇〇年以上的拜占庭帝國，成為西亞的盟主。鄂圖曼帝國並將君士坦丁堡更名為「伊斯坦堡」（Istanbul），做為鄂圖曼帝國的新首都。

異教徒間相處融洽，國家也長續

鄂圖曼帝國之後也擴張版圖，進攻敘利亞並在一五一七年滅掉馬木路克王朝（Mamluk dynasty），併吞埃及。也因此，鄂圖曼帝國獲得了原本由馬木路克王朝管轄的伊斯蘭教聖地麥加（Mecca）與麥地那（Medina）的保護權，之後鄂圖曼帝國的蘇丹（Sultan，即皇帝）

偉人特寫

穆拉德一世（Murat I）（一三一九～一三八九）

鄂圖曼帝國第三代蘇丹。透過組織「土耳其新軍」（Yeniceri）軍隊等方式，完備了帝國的制度，但不幸在與塞爾維亞的對戰中被暗殺。

穆罕默德二世（Muhammad II）（一四三二～一四八一）

第七代蘇丹。消滅拜占庭帝國，並奪下君士坦丁堡，對於帝國勢力的擴大做出了極大的貢獻。

蘇萊曼一世（一四九四～一五六六）

構築帝國巔峰時期的第十代蘇丹。號稱「蘇萊曼大帝」，也因竭力制定帝國律法而又被稱為「Kanuni」（立法者）。

世界史祕辛

「土耳其進行曲」的靈感來自於威脅

莫扎特所做的曲子中最有名的或許可說是「土耳其進行曲」吧，它是音樂家們受到鄂圖曼帝國的軍樂隊演奏的音樂啟發後，創作出的一種樂曲（這時代的歐洲人稱鄂圖曼帝國為「土耳其」）。在鄂圖曼帝國中，有支做為蘇丹直屬的精銳部隊，是由自基督教改信伊斯蘭教的青年們所組成的部隊，又被稱為「土耳其新軍」。這支土耳其新軍是全世界第一支真正的軍樂隊。鄂圖曼帝國征戰各地，土耳其新軍演奏的樂曲令歐洲人們聞聲喪膽。當時的刺激，便成為莫札特創作「土耳其進行曲」的原動力。

當時的日本

應仁之亂／1467～1477年 因室町幕府八代將軍足利義政，與幕府的重臣細川家的繼承者發生爭鬥，從全國招集而來的軍勢在京都分成東軍與西軍進行戰爭。由於這場戰爭，幕府的權威一落千丈，日本進入戰國時代。

便以伊斯蘭教遜尼派保護者的身分，成為伊斯蘭勢力的核心人物。在蘇萊曼一世（Suleyman I）的領導下，更使鄂圖曼帝國達到鼎盛時期，先後在一五二六年征服匈牙利、一五二九年包圍奧地利的維也納。接著又在一五三八年的普雷韋扎海戰（Battle of Preveza）中擊破了西班牙、威尼斯的同盟艦隊，獲得地中海的制海權。

儘管鄂圖曼帝國的蘇丹是擁有龐大勢力的專制君王，不過其施行的政治是以奉行「神之下一律平等」教義的伊斯蘭教為基礎。掌控巴爾幹半島的鄂圖曼帝國，領地內有許多基督教、猶太教等非伊斯蘭教的異教徒，但異教徒們只被允許在特定的地區內建立名為「米勒特」（Millet）的共同體。鄂圖曼帝國透過實施這種制度，保障了異教徒們的生命、信仰及財產，同時也給予各個米勒特自治權。鄂圖曼帝國至二十世紀為止存續了長達七〇〇年以上，這個「米勒特制度」功不可沒。

看地圖了解世界史

鄂圖曼帝國的勢力圖（十六世紀）

穆罕默德二世在位時快速地擴張領土，隨後在蘇萊曼一世在位期間迎來了帝國的全盛時期。蘇萊曼一世在位時進行十三次的遠征，不僅壓制歐洲及東方地區，並掌握了地中海的制海權，在軍事方面達成許多偉業。帝國之後仍持續成長，到了第十九代蘇丹穆罕默德四世（在位一六四八～一六八七）時領土擴展到最大。

神聖羅馬帝國
波蘭王國
維也納
法蘭西王國
伊斯坦堡（君士坦丁堡）
西班牙王國
羅馬
鄂圖曼帝國
薩非王朝
麥加
蘇萊曼一世（1520～1566）時代的領土

當時的台灣

卑南族的社會／南島語族 卑南族是母系社會，以嚴謹的年齡階級制度及會所制度為其政治特色，並具體表現在其族人服飾形式上的差異。其主要經濟活動是農業，也存有各種傳統農耕祭儀。

HISTORIC EVENT

33 教會的衰退

十字軍雖然受教宗指派而東征，卻未能奪回聖地，教宗的權力也因此事一落千丈。
於是博尼法斯八世強力主張教廷的優先性與絕對性。
聖界的權力是由教廷來行使的，而俗界的權力則是為了教廷所行使的！
但是這個嘗試，在當時卻因為受到強權在握的法國國王腓力四世的強烈反彈而失敗了。
一三七八年，在羅馬選出了新教宗烏爾班六世，但法國人的樞機主教卻反對此事，而擁立克萊門七世為教宗。
誕生了兩位教宗，並產生對立！
我是由眾人決定的教宗！
說什麼傻話啊！我才是真正的教宗。
接著在一四〇九年的比薩會議中，又選出了亞歷山大五世，教廷內部產生巨大分裂。
你也是教宗嗎！
什麼?!
第三位…
因此教宗的權力更加下墜，教會勢力日益衰退。由於教廷的腐敗以及反對世俗化的改革運動的活躍，終於引發了宗教改革。

PLACE
羅馬

AGE
1300年以後

KEY WORD
十字軍
教宗

羅馬教宗遭到逮捕

由於十字軍東征失敗，過去自豪擁有極大權力的羅馬教宗，其權威也開始傾落；相對地，指揮遠征的國王權威則獲得提高。在十三世紀末成為教宗的博尼法斯八世（Boniface VIII），企圖挽回局面而強調教宗權力的絕對性，並且因為反對國家向聖職者課稅，而與英、法國兩國進行爭鬥。結果卻遭到法國國王腓力四世（Philippe IV）的逮捕，史稱「阿納尼事件」（Outrage of Anagni）。甚至，腓力四世更進一步將教廷遷移至南法的亞維儂（Avignon），掌控教宗長達約七十年。這事件又被稱為「教宗的巴比倫之囚」（Babylonian Captivity）。

一三七七年教廷雖然遷回了羅馬，但隨後法國又在亞維儂擁立另一位教宗，兩位教宗都強調自己的正統性，並因而發生衝突。這次的教廷大分裂（The Great Schism）成為教宗與教廷權威一落千丈的決定性因素，各地紛紛興起改革教會的運動。英格蘭的聖職者約翰・威克里夫（John Wycliffe）及波西米亞的宗教哲學家揚・胡斯（Jan Hus）都批判教會已經脫離《聖經》的教導，可說是日後宗教改革的先鋒。

偉人特寫

博尼法斯八世（一二三五前後～一三〇三）
是「阿納尼事件」這樁前所未聞的事件中被逮捕的教宗。雖然不久後就被釋放，但他因屈辱與傷心而在事件發生三週後憤恨而死。

烏爾班六世（Urban VI）（一三一八～一三八九）
是在巴比倫之囚事件結束後，第一次被選出來的羅馬教宗。其在位期間，法國人另外選出與他對立的克萊門七世（Clemens VII）。

揚・胡斯（一三六九～一四一五）
成立胡斯派，展開對教廷的批判，因此在康斯坦茨大公會議上被宣判為異端，遭火刑處死。

親近世界史

「教宗」與「法王」不一樣嗎？

羅馬教廷被迫遷移至法國的這件事，有人仿效希伯來人「巴比倫之囚」（參考P31）的說法，稱它「教宗的巴比倫之囚」。話說回來，在日本有「教宗」與「法王」兩種稱呼，究竟哪個才正確呢？根據日本的天主教主教團（Catholic Bishops' Conference）的說法，以一九八一年聖若望・保祿二世來日本一事為契機，應統一稱為「羅馬教宗」；因為教宗的「教」有「教導」的意思，能完整表現出其職務。然而，站在「天皇」中心論的立場，日本人無法接受「教宗」（譯註：日文漢字為「教皇」，和「天皇」同樣使用「皇」字）這個稱法也是合乎情理的，也難怪這兩個稱呼在日本無法固定下來了。

當時的
日本

鎌倉幕府的衰退／13世紀末 鎌倉幕府雖成功擊退元寇，卻沒能奪下領地，也未能給予御家人（譯註：「家人」最初是貴族及武士首領對部下武士的稱謂，鎌倉幕府成立後幕府將軍被敬稱為「御」，故有「御家人」一詞。意指「與幕府將軍直接保持主從關係的武士」）報酬。雖然幕府祭出了「德政令」（譯註：是指廢除債權債務關係的法令），但只能一時援解御家人的窮困，御家人的心已遠離幕府。

當時的
台灣

魯凱族的生活／南島語族 魯凱族從事山田燒墾，並以狩獵、採集、捕魚為副業。魯凱族的工藝精湛，尤其擅長木、石雕刻，地主頭目等貴族家屋中，都有巨型浮雕，雕刻技法多採用平面雕刻，主題則是以人首和蛇身為主。

HISTORIC EVENT 34

百年戰爭的爆發

PLACE
法國、英國

AGE
1328年以後

KEY WORD
卡佩王朝
瓦盧瓦王朝

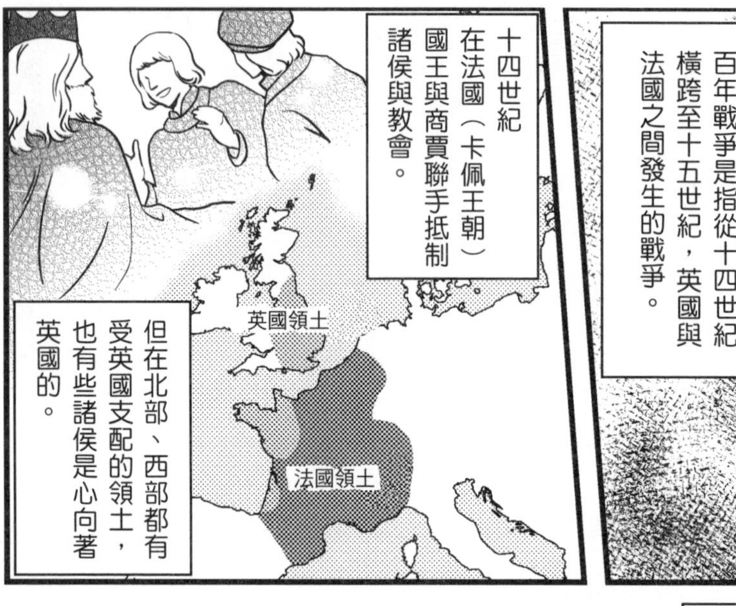
百年戰爭是指從十四世紀橫跨至十五世紀，英國與法國之間發生的戰爭。
十四世紀在法國（卡佩王朝）國王與商賈聯手抵制諸侯與教會。
但在北部、西部都有受英國支配的領土，也有些諸侯是心向著英國的。
英國領土
法國領土

一三二八年法國
嗯……這樣下去根本不可能統合領土啊……
經過一番深思後腓力六世宣告，

法國得就此結束卡佩王朝！
成立新的瓦盧瓦王朝吧！

英國

聽到這消息的英國國王愛德華三世勃然大怒。

什麼！卡佩王朝的血脈明明仍未斷絕啊！我豈能坐視不管呢！

愛德華三世的母親是成立了法國的卡佩家族成員。

因此愛德華三世強調自己有卡佩家族血統，有權繼承法國王位。

不過，這件事要是成功的話，英國國王將會統治英法兩國。

於是，英國與法國產生衝突，長達百年的戰爭就此爆發。

為什麼會發生百年戰爭？

十四世紀，雖然法國的國王與商賈人士合力抵制諸侯與教會的力量，但由於北部及西部都有領土受到英國的支配，法國所統治的領土並不完全。為了打破這困局，登基為法國國王的腓力六世（Philippe VI）宣布結束卡佩王朝（Capetians dynasty），成立新的「瓦盧瓦王朝」（Valois dynasty）。

對此，英國的愛德華三世（Edward III）極力反對，並以自己的母親是卡佩家族一員為由，主張「卡佩王朝仍未結束，我有繼承法國王位的權力」。此外，腓力六世與愛德華三世的衝突其實也有經濟上的理由，就是為了爭奪毛織物產業發達的法蘭德斯（Flanders，現今的比利時）地區、與盛產葡萄酒的吉耶訥（Guyenne）地區的支配權。由於上述緣故，兩國之間爆發了戰爭。

並且，由於當時歐洲大陸發生黑死病的流行，以及英法兩國內陸續發生扎克雷起義（Jacquerie Uprising）、泰勒之變（Wat Tyler Rebellion）等大規模的農民起義等影響，從而延長了戰爭的時間。戰事從一三三九年到一四五三年，持續了長達一〇〇年以上，因而被稱為「百年戰爭」。

偉人特寫

愛德華三世（一三一二～一三七七）

以母親是法國國王腓力四世的女兒、查理四世的姐妹為由，主張自己有法國國王的繼承權，導致百年戰爭的爆發。

聖女貞德（Jeanne d'Arc）（一四一二～一四三一）

法國的國民英雄，百年戰爭中與英國對抗的女性。十三歲時聽到神的聲音說「拯救法國」，因而深感肩負著救國的使命。領導國王查理七世（Charles VII）給予的軍隊，贏得奧爾良（Orleans）戰役，但聲名大噪的她遭到國王親信的背叛，被英軍擄走，並以魔女的名義被處以火刑。之後在復權審判中恢復她的名譽。

世界史祕辛

「在亞當與夏娃的時代，誰是領主呢？」

一三四〇年歐洲因傳染性疾病黑死病的肆虐，法國與英國約有半數的人口死亡，整個西歐的死亡人數約有四成。人口大幅減少使得勞動力不足，領主們於是改採重稅或加重勞動負擔做為填補，卻使農民爆發不滿，產生扎克雷起義（在英國）等叛亂。率領泰勒之亂的約翰．博爾（John Ball）更以「在亞當耕田、夏娃紡紗的時代，又有誰是領主？」這句話來鼓舞農民的士氣。這句話的意思是說，在亞當與夏娃的時代，並沒有領主這個身分制度。

當時的日本

嘉吉之亂／1441年 由抽籤決定而就任為室町幕府六代將軍的足利義教，實施恐怖政治，雖然將反抗勢力一個個打倒，但義教卻被守護大名（譯註：「大名」是治理區域較大的領主「大名主」的簡稱，而「守護大名」是被幕府封為「守護」職位的大武家領主）的赤松氏暗殺身亡。暗殺將軍這種前所未聞的事件，大大打擊了幕府的權威。

BC 100 200 300 400 500 600 700 800 900 1000 1100 1200 1300 1400 1500 1600 1700 1800 1900 2000

從封建制度到專制王權的時代

百年戰爭最終以法國的勝利畫下句點，但這場戰爭對後世影響甚巨。在這場戰爭中，不僅是諸侯與騎士，就連農民軍所組織的軍隊也成為重要的戰力；除此之外，也使用了從伊斯蘭世界傳來的鐵炮與大炮，在戰術上起了極大的變化。因此，以往一直是戰爭主力的諸侯與騎士開始沒落，而法國也從封建制度（參考P92）轉變成以專制王權為背景的中央集權國家。

另一方面，在英國也發生由蘭開斯特家族（Lancaster）和約克家族（York）兩個家族爭奪王位繼承權的內亂，史稱「玫瑰戰爭」（Wars of the Roses）。內亂平息後，即位為新英國國王的亨利七世（Henry VII）成立了新的都鐸王朝（Tudor dynasty），以往由諸侯或領主掌控地方的體制自此瓦解，權力全交由國王一手掌握。從此之後，歐洲便從封建社會移往專制王權的時代。

用圖解了解世界史

英法兩王室的關係圖

在英國，蘭開斯特家的亨利．都鐸（Henry Tudor）在與查理三世（Richard III）的對戰中獲勝，並與約克家的伊莉莎白（Elizabeth）結婚，以亨利七世的身分即位。亨利七世所建立的都鐸王朝，終止了玫瑰戰爭。

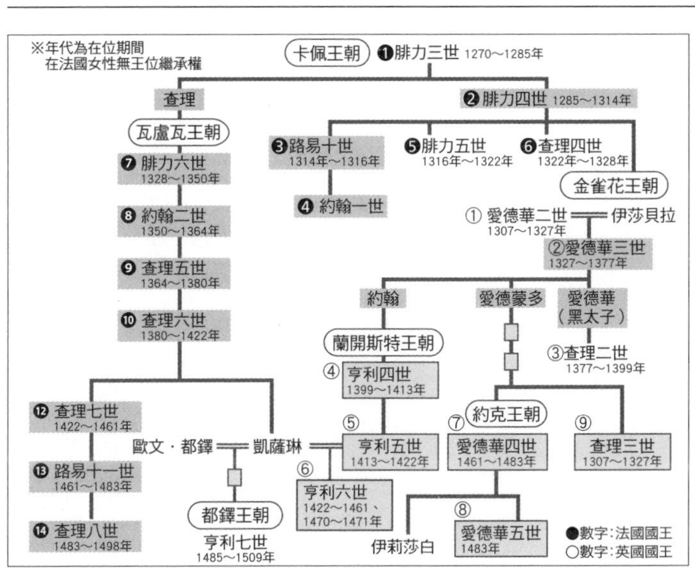
※年代為在位期間
在法國女性無王位繼承權
卡佩王朝
❶腓力三世 1270～1285年
查理
❷腓力四世 1285～1314年
瓦盧瓦王朝
❼腓力六世 1328～1350年
❽約翰二世 1350～1364年
❾查理五世 1364～1380年
❿查理六世 1380～1422年
⓬查理七世 1422～1461年
⓭路易十一世 1461～1483年
⓮查理八世 1483～1498年
❸路易十世 1314年～1316年
❹約翰一世
❺腓力五世 1316年～1322年
❻查理四世 1322年～1328年
金雀花王朝
①愛德華二世 1307～1327年
伊莎貝拉
②愛德華三世 1327～1377年
約翰
愛德蒙多
愛德華（黑太子）
③查理二世 1377～1399年
蘭開斯特王朝
④亨利四世 1399～1413年
⑤亨利五世 1413～1422年
⑥亨利六世 1422～1461、1470～1471年
歐文．都鐸
凱薩琳
都鐸王朝
亨利七世 1485～1509年
約克王朝
⑦愛德華四世 1461～1483年
⑨查理三世 1307～1327年
⑧愛德華五世 1483年
伊莉莎白
●數字：法國國王
○數字：英國國王

當時的台灣

排灣族的社會／南島語族 排灣族社會中的階級畫分極為鮮明，分為貴族與平民，貴族除了享有可使用琉璃珠、百步蛇紋等象徵身分的特殊裝飾外，也有經濟特權，平民不論想利用自然資源從事山田燒墾或是漁獵，都需向貴族繳租稅。

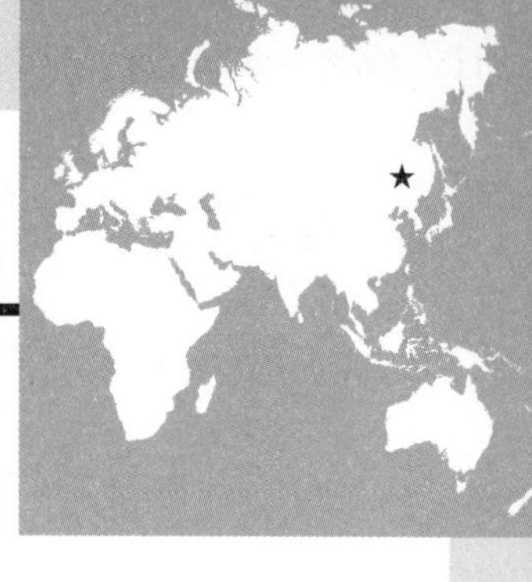

誕生於中國的發明
從「漢字」開始

發明漢字的人是有四顆眼睛的怪人？

想必大家都知道日本人平常所使用的漢字是自中國傳來的，而平假名與片假名也是取用漢字字形的一部分並加以簡化而來的。

韓國、北朝鮮以及直到十九世紀為止的越南，也和日本一樣，使用著從中國傳入的漢字。現在越南及北朝鮮雖已正式停止使用漢字，但從隨著漢字一起傳播開來的語彙等看來，漢字帶給這些國家的影響依舊很深。日本、中國等國，以及許多仍使用漢字的中國人所移居的新加坡或馬來西亞，共同在亞洲形成了「漢字文化圈」。話說回來，究竟漢字是何時傳入日本的呢？雖然有四世紀半左右、一世紀左右或是西元前三世紀等說法，但至今仍沒有定論。

當然，在中國漢字的發明是遠比這些時代還要更久遠以前的事。那麼，究竟是多久以前呢？由於差不多是在神話中做為傳說而被流傳下來般那麼早以前的事，所以並沒有留下正確的記錄。

根據人們流傳內容，傳說中有位名叫「倉頡」的人物，他侍奉的是統治著古代中國的「五帝」（參考P58）中的黃帝，而漢字便是他從沙灘上鳥的足跡獲得靈感後所創造出來的。順帶一提，據說倉頡的人像畫常常被畫成是有四顆眼睛的人。當然這有點誇張，但卻也表現出他具有優秀觀察力的特點。

到了現在，一般認為，漢字並非只由單一個人所創造出來的。倉頡發明漢字的傳說，也是以真正創造或改良漢字的人物為模特兒而虛構出來的。

亞洲篇

秦始皇也致力於漢字的統一

現存最古老的漢字，是在證實存在於古代中國、且年代最早的殷朝首都──殷墟中所發現的，也就是刻在龜殼或牛骨上的甲骨文（參考P58）。一般認為，在距今約三三〇〇年前，人們是將甲骨文當成文字、而非記號來使用的。到了殷朝之後的周朝，文字的數量更是飛躍性地增加。可是當中國進入到群雄割據的春秋戰國時代，漢字便在中國各地獨自發展起來；並且隨著天下的動盪情勢，每個地區所採用的字體也各有不同，從而產生了混亂。

終結這種狀況的，正是秦始皇（參考P64）。大家都曉得，秦始皇統一了各地不同的貨幣及度量衡（長度、重量等單位）；其實，他也著手進行統一漢字的宏業，漢字因此被統一成稱做「篆書體」的書體。

隨著王朝的興亡，也誕生新書體

由於篆書體太過複雜，在之後的年月中經過了各種簡化，像是將裝飾的部分省略、或將曲線的部分改成直線等，並同時廣泛地滲透各地。即使中國歷經改朝換代，漢字書體的改良仍一脈相承地接續下去，從而衍生出楷書體、行書體、草書體、隸書體、宋朝體及明朝體等許多書體（譯註：宋朝體和明朝體其實都是「楷書體」，只是在字形上各有特色，反映出不同時代的刻書印刷文化）。

現今我們在書籍、文書等印刷品上，或電腦打字時所使用的漢字字體，主要都是明朝時所確立的明朝體（譯註：如細明體便是常見代表之一）。

簡明圖解 世界的動向

日耳曼人的大遷徙建構出中世紀的歐洲世界。
天主教教廷擁有龐大勢力，國王與羅馬教宗則做為主軸，牽動著歷史發展。
而另一方面，蒙古帝國也成為自東亞橫跨至中歐的龐大帝國。

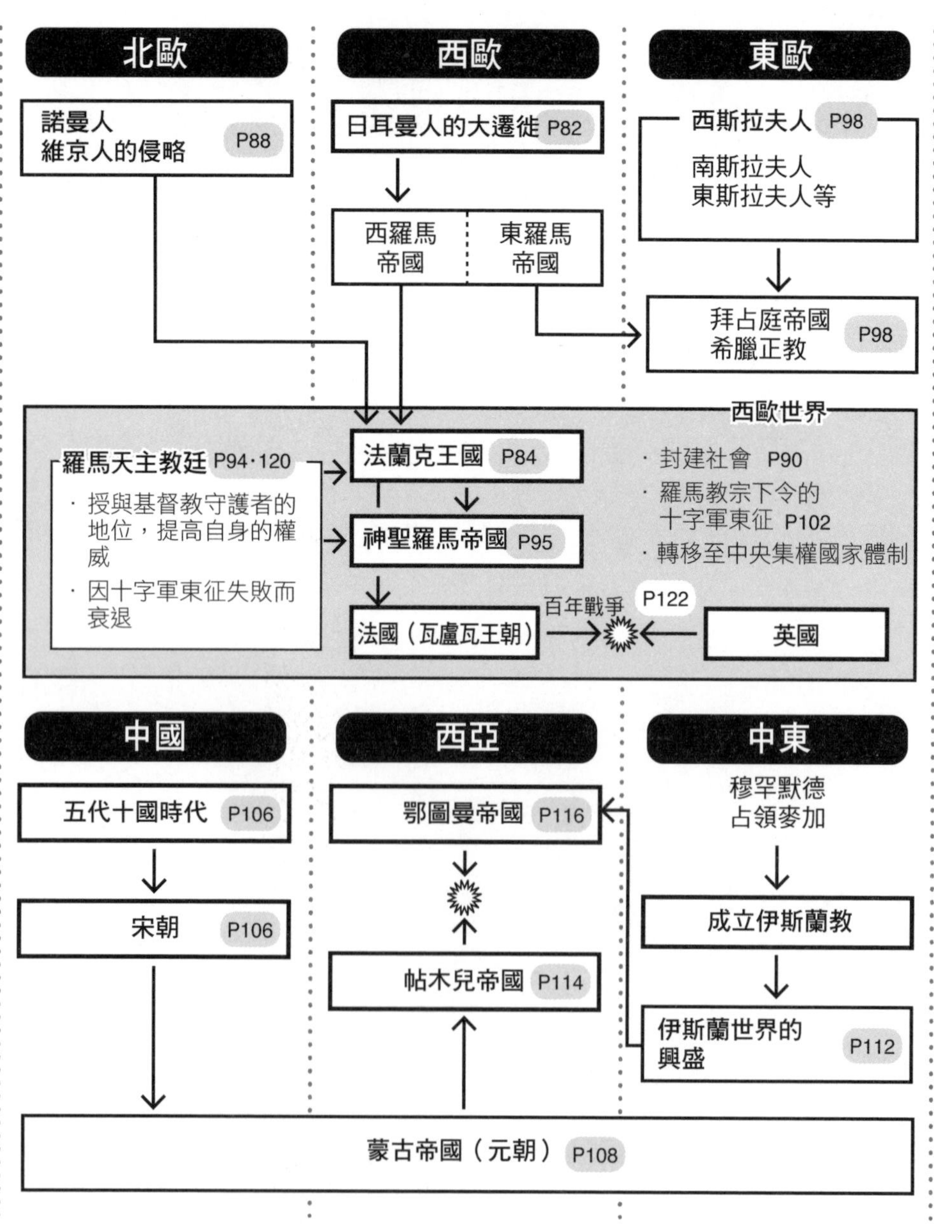
北歐
西歐
東歐
諾曼人
維京人的侵略 P88
日耳曼人的大遷徙 P82
西羅馬帝國
東羅馬帝國
西斯拉夫人 P98
南斯拉夫人
東斯拉夫人等
拜占庭帝國
希臘正教 P98
西歐世界
羅馬天主教廷 P94·120
· 授與基督教守護者的地位，提高自身的權威
· 因十字軍東征失敗而衰退
法蘭克王國 P84
神聖羅馬帝國 P95
法國（瓦盧瓦王朝）
百年戰爭 P122
英國
· 封建社會 P90
· 羅馬教宗下令的十字軍東征 P102
· 轉移至中央集權國家體制
中國
西亞
中東
五代十國時代 P106
宋朝 P106
鄂圖曼帝國 P116
帖木兒帝國 P114
穆罕默德占領麥加
成立伊斯蘭教
伊斯蘭世界的興盛 P112
蒙古帝國（元朝） P108

第二章

中世紀的世界(前半期)

考察

日耳曼人居住在東西分裂的羅馬帝國西邊，即西羅馬帝國一帶，並建立起自己的國家，中世紀歐洲世界也因此而展開。這段時期中，基督教最大的教派羅馬天主教廷握有龐大的勢力，國王與羅馬教宗這兩股至高無上的權力，共同牽動著歷史的發展。天主教各國因農業生產力的提升與商業的發達而使生活變得富足，許多城市逐漸繁榮起來，挺進其他世界的機會更隨之提高，從而實現了十字軍東征的計畫。即使奪回聖地耶路撒冷的目的最終沒有成功，但十字軍東征的確發揮了向東方擴張商圈與領土的作用。另一方面，以希臘正教為中心、建構起獨特拜占庭文化的東羅馬帝國（拜占庭帝國），則是直到十五世紀中葉被鄂圖曼帝國毀滅之前，享有長達約一〇〇〇年的輝煌時期。

此外，七世紀初期在阿拉伯半島，也由穆罕默德創立了伊斯蘭教。伊斯蘭勢力藉由聖戰（Jihad）擴大了伊斯蘭教圈：在西方從北非到伊比利亞半島，在東方從伊朗到中亞，形成了廣大的伊斯蘭圈。如此一來，經由伊斯蘭教的統合，「伊斯蘭帝國」於焉誕生。並且，也正是透過橫跨東西進行貿易活動的穆斯林商人（伊斯蘭圈的商人），中國所發明的羅盤、火藥及造紙技術才得以傳至歐洲，並成為引發日後文藝復興（參考P132）發展的重大關鍵。總而言之，本章所介紹的時代，正可說是因為宗教活動而造成東西文化深刻交融的時代。

第三章
舞台向全世界開放

文藝復興時期發明的羅盤帶來了重大影響，
使遠洋航海不再是夢想，從而開啟大航海時代。
原本以歐洲為中心的各國，積極地將觸角移向世界各地，
其中，最撼動全世界的就是殖民地政策。
另一方面，由於各國的內政也逐漸熱絡起來，
在這時期中知名的領導者與人民開始相繼登場。

1494年
哈布斯堡家族VS.
瓦盧瓦家族
▸P144
15世紀
大航海時代的揭幕
▸P134

アアア
1688年
英國的光榮革命
▸P150
1636年
清朝的建立
▸P168

HISTORIC EVENT

35

文藝復興大放異彩

十四世紀在北義大利一帶，文藝復興顯現出亮眼光彩。
或「重生」的意思。「文藝復興」有「復興」

這時期人們對以教廷為中心的價值觀產生疑問，轉而關心起透過文化而復興的人文精神。
安靜
?

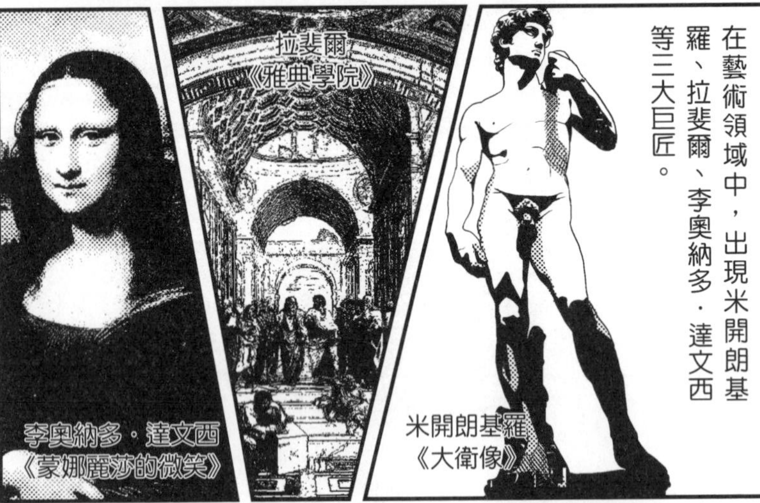
在藝術領域中，出現米開朗基羅、拉斐爾、李奧納多・達文西等三大巨匠。
米開朗基羅《大衛像》
拉斐爾《雅典學院》
李奧納多・達文西《蒙娜麗莎的微笑》

此外，文學領域中則出現了但丁，
其作品中，又以主題有關地獄、煉獄、天堂三個世界的《神曲》評價最高。

甚至在哲學、建築以及天文學界也出現眾多優秀的人才。

PLACE
義大利

AGE
14世紀

KEY WORD
米開朗基羅
李奧納多・達文西

BC 100 200 300 400 500 600 700 800 900 1000 1100 1200 1300 1400 1500 1600 1700 1800 1900 2000

以人類為核心的人文主義

就在歐洲從封建制度改為專制王權的轉換時期中，以十字軍東征為契機而發展東方貿易的北義大利，成了歐洲商業經濟的中心地帶。到了十四世紀後半，鄂圖曼帝國入侵拜占庭帝國領地內的希臘，文化人士們為了尋求文藝活動的保護，於是紛紛移居北義大利。他們向歐洲介紹希臘的古典文化，因而展開了史稱「文藝復興」（Renaissance，原意為「復興」、「重生」）的文化運動。

相對於依附在羅馬天主教廷權威下的中世紀文化，文藝復興是以人文主義為中心的文化，也就是對以教廷為中心的價值觀產生疑問，進而更關心起以人類為中心的思想，認為人文才是支持起這個世界的力量。文藝復興並不僅是在佛羅倫斯（Florence）的金融財閥麥地奇家族（Medici）、或羅馬教宗的保護下而催生出來的貴族興趣，雖然這運動沒有大力批判既有政治與社會體制，但對於基本人權與民主主義這些近代社會觀念的形成，仍然帶來很大的影響。

偉人特寫

但丁（一二六五～一三二一）
佛羅倫斯的詩人。他以托斯卡尼（Tuscany）方言、而非以拉丁文撰寫成的史詩《神曲》成為國民文學的原點，被讚譽為文藝復興的先驅者。

薄伽丘（一三一三～一三七五）
文藝復興時期活躍的詩人與作家。代表作是透過十名男女所說的故事，批判中世紀社會老舊權威的《十日談》。

科西莫・德・麥地奇（一三八九～一四六四）
佛羅倫斯的金融財閥麥地奇家族的第一代當家。創立柏拉圖學院以培育藝術家，是文藝復興的極大贊助者。

世界史祕辛

「神即自然」的思想

一提到文藝復興的代表人物，以畫出《蒙娜麗莎的微笑》的李奧納多・達文西為首，浮現在腦海的還有米開朗基羅與拉斐爾等藝術家。在文藝復興時期也展開了將「神」與「自然」兩者統合起來進行討論的新思想，不僅是藝術，在哲學或自然科學領域中也有很大的發展。其中的代表人物就是提倡「地動說」的波蘭天文學家哥白尼。他在《天體運行論》中，說明了地球是持續自轉的球體。另外，使遠洋航海不再是空想的「羅盤」、由德國的約翰尼斯・古騰堡發明的「活版印刷」、以及「火藥」，則被稱為是文藝復興時期的三大發明。

當時的日本
能劇的大成／15世紀 室町時代前後的能劇（譯註：「能」是日本獨有的一種古典歌舞劇，表演者須佩戴面具演出，從鎌倉時代後期到室町時代初期之間創作完成）演員世阿彌，與父親觀阿彌將能劇提昇成幽微又洗練的綜合藝術，並昇華為延續至今的古典藝術。除此之外，這個時代也流行茶道、插花及連歌（譯註：連歌為俳句的前身，早在鎌倉時代就已經存在。連歌有特定的形式，即為五，七，五……七，七）。

當時的台灣
平埔族文化／南島語族 台灣原住民除了「高山族」外，還有居住在平原地區的「平埔族」，如北部的噶瑪蘭族、凱達格蘭族，南部的西拉雅族等。有關平埔族的文化特徵，如母系社會等，最早可見於明末陳第《東番記》（1603年）的記載。

HISTORIC EVENT

36

大航海時代的揭幕

PLACE
葡萄牙～大西洋

AGE
15世紀初期

KEY WORD
辛香料
領土擴張
東印度航路

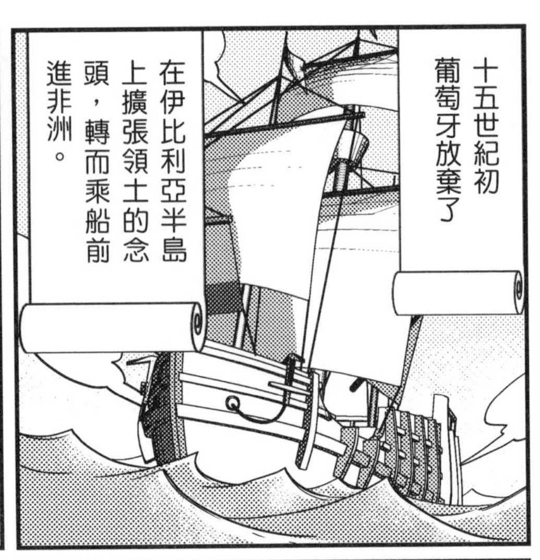
十五世紀初葡萄牙放棄了
在伊比利亞半島上擴張領土的念頭，轉而乘船前進非洲。

就此揭開了大航海時代的序幕。

然後，一四一五年葡萄牙占領了北非的休達。
我們要從伊斯蘭的手中解放休達！

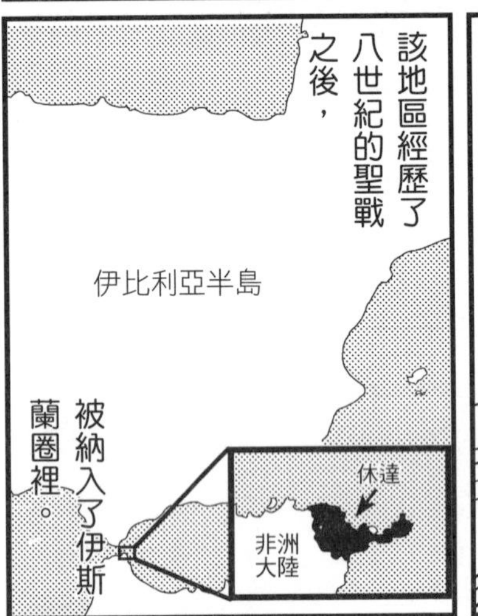
該地區經歷了八世紀的聖戰之後，
伊比利亞半島
被納入了伊斯蘭圈裡。
休達
非洲大陸

葡萄牙軍隊冠冕堂皇地說，
他們占領此地，是為了恢復過去，這裡所信仰的基督教。

不過，葡萄牙之所以進攻海外，其實還有另一個原因。
竊笑

實際上，當時獨占辛香料的伊斯蘭勢力，同時還掌握了地中海的東岸地區。
想要的話，就用高價來跟我買吧！
混帳……辛香料……
因此導致在葡萄牙的辛香料價格飆高；為了降低取得成本，希望與亞洲直接貿易的聲浪日漸高漲。
漲價了，真抱歉呢。
太貴了啦
500
一四九八年，回應這要求的達伽馬到達了印度西岸的科澤科德（Calicut）。
到了！
今後，還請賣給我們大量的辛香料啊！
他達成東印度航路，開通了辛香料貿易的路線。
此後，因領土擴張及確保辛香料這兩大動機而開啟的大航海時代，
終於促使歐洲各國陸續挺進全世界。

極度渴望得手的辛香料

現今西班牙和葡萄牙所在的伊比利亞半島（Iberian Peninsula），在八世紀初西哥德王國滅亡後，建立起後奧瑪雅王朝；但由於基督教徒為了再度征服半島，而持續了長達八〇〇年「收復失土運動」（Reconquista）的爭戰，到十二世紀才建立卡斯提爾（Castile）、亞拉岡（Aragon）與葡萄牙（Portugal）三個王國。然而，當卡斯提爾與亞拉岡統合起來建立西班牙王國後，難以在伊比利亞半島取得領土的葡萄牙，便將目光投向海外的殖民地事業上。

在歐洲，人們受到十字軍東征及馬可波羅《馬可波羅遊記》（又名《東方見聞錄》）的刺激，益發嚮往著海外的財富與文化。尤其是辛香料，由於鄂圖曼帝國占領地中海東岸地區，導致其價格飆漲；因此對於追求新財源的各國君王們來說，辛香料更是一定要得手的商品。同時，因為文藝復興時期發明了羅盤，使出海遠洋不再是空想，於是就此揭開了「大航海時代」的序幕。

偉人特寫

達伽馬（一四六九前後～一五二四）
葡萄牙的航海者。一四九九年經由好望角到達印度西岸，確認了從歐洲至印度的航海路線。

哥倫布（一四五一～一五〇六）
美洲大陸的發現者，但也有學者認為稱不上是「發現」。「哥倫布的蛋」這段逸聞也很有名（譯註：據說他回國後在某次宴會中受人譏嘲，認為出航並非難事，於是他問誰能把蛋用尖的那端豎立起來。沒人成功後，他輕敲裂尖端便將蛋豎起。他以此證明，看似簡單的事仍須開創力才會成功）。

麥哲倫（一四八〇～一五二一）
雖然航海途中在菲律賓被當地人所殺，但他以西進航路做出人類史上首次環遊世界一周的貢獻，並因此證明地球是圓型的球體。

世界史祕辛

堅稱自己抵達印度的哥倫布

哥倫布總計四次航海至南非北岸及中美洲進行探險，不過當時他堅信那塊土地就是印度。在眾人注目下出航的哥倫布，因為沒有帶回眾人期盼的辛香料，最後懷抱著失意與窮困離開人世。之後，佛羅倫斯的探險家亞美利哥・韋斯普奇（Amerigo Vespucci），證明了哥倫布探險的土地是不同於亞洲的「新大陸」，他以記錄這件事的航海誌當做信件，向歐洲回報。在哥倫布死後隔年，這塊大陸便以亞美利哥的名字命名為「美洲」（America）。

當時的
日本

北山文化與東山文化／室町時代初期・中期　以金閣寺（鹿苑寺）為代表的北山文化是混雜了日本公家與武家文化（譯註：公家是指日本為天皇與朝廷工作的貴族、官員的泛稱；武家是指用「武力」對朝廷效勞的幕府將軍與守護大名、武士等），較豐富華麗的文化；以銀閣寺（慈照寺）為代表的東山文化則是深受佛教（禪宗）影響，較簡樸深邃的文化。

世界經濟巨大轉變的十五世紀

葡萄牙與西班牙的大航海，承接了先前「收復失土運動」的精神。做為先鋒的葡萄牙先占領了北非的休達（Ceuta，即現今的摩洛哥，Morocco）。接著，航海家迪亞士（Dias）到達南非的好望角；十年後，達伽馬（Vasco da Gama）更經由好望角來到了印度。據說，達伽馬從印度帶回的辛香料，可以用高達成本價六十倍的價錢賣出。

另一方面，西班牙則採納了義大利熱那亞（Genova）的冒險家哥倫布所提議的西進航路。哥倫布橫越大西洋、到達聖薩爾瓦多島（San Salvador Island），也登上了今日的美洲大陸。然而，哥倫布的出航未替西班牙的殖民地事業踏出有利的第一步，因此西班牙改派葡萄牙航海家麥哲倫（Magellan）前往辛香料的特產地摩鹿加群島（Moluccas）。

在大航海時代中，貿易的據點從地中海移至伊比利亞半島的大西洋海岸，這項重大變革史稱「商業革命」。並且，由於龐大海外市場的開發，也使這時期所萌芽的資本主義經濟獲得發展。

看地圖了解世界史

大航海時代的航海與探險路線

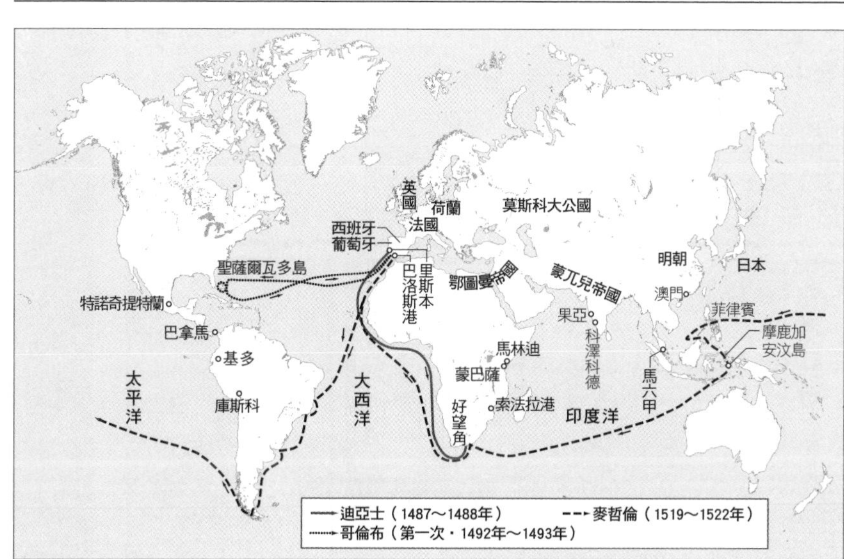
英國
荷蘭
莫斯科大公國
法國
西班牙
葡萄牙
里斯本
巴洛斯港
聖薩爾瓦多島
鄂圖曼帝國
蒙兀兒帝國
明朝
日本
澳門
特諾奇提特蘭
果亞
科澤科德
菲律賓
摩鹿加
安汶島
巴拿馬
基多
馬林迪
蒙巴薩
馬六甲
太平洋
大西洋
庫斯科
索法拉港
好望角
印度洋
迪亞士（1487～1488年）
麥哲倫（1519～1522年）
哥倫布（第一次・1492年～1493年）

當時的台灣

福爾摩沙的美名／1542年 在大航海時代中做為先鋒的葡萄牙船隊，據傳於1542年航向日本的途中，行經台灣，遠眺島上山巒層疊的美景，船員忍不住以葡萄牙語驚呼：「福爾摩沙！」（Formosa，意為「美麗之島」）雖然當時的小島是台灣或是琉球仍有爭議，但至今「福爾摩沙」已然成為台灣的別名。

一四九二年，出身自熱那亞的探險家哥倫布，
到達了歐洲人前所未知的土地——美洲大陸。
在哥倫布到達前，美洲有著什麼樣的文明呢？
西元前五〇〇年左右，在現今墨西哥東南部出現馬雅文明，並在八世紀前後締造全盛時期。
馬雅文明最大的遺址奇琴伊察
馬雅人擁有高度的天文、數學知識。
結合了太陽曆與卓爾金曆，以自成一格的曆法過生活。
到了十五世紀，在墨西哥中部建立阿茲特克王國，阿茲特克王所支配的領域多達二〇〇〇萬公頃。
首都特諾奇提特蘭
首都特諾奇提特蘭的人口多達三〇萬人以上，是世上最大的城市。
同一時期，在現今秘魯和玻利維亞一帶，存在著印加帝國。
印加帝國擁有巨大且精密的石頭加工技術，因而留下了
巍峨的神殿、要塞、道路及吊橋等遺址。
馬丘比丘

HISTORIC EVENT

37 美洲古文明

PLACE
美洲

AGE
西元前500年左右以後

KEY WORD
馬雅文明
阿茲特克王國
印加帝國

曾輝煌一時的高度文明……

哥倫布的航海雖未帶給西班牙期望的財富，卻建立了日後歐洲與美洲的從屬關係。西班牙派遣「征服者」（Conquistador，譯註：專指15至17世紀間，到達並征服美洲新大陸及亞洲太平洋等地區的西班牙與葡萄牙軍人、探險家）率領軍隊，前往美洲大陸。一五二一年，科爾蒂斯（Hernán Cortés）消滅阿茲特克王國（Azteca），並征服了墨西哥。一五三三年皮薩羅（Pizarro）也滅掉印加帝國，破壞其首都庫斯克（Cuzco），建立新的首都利瑪（Lima）。

遠在大航海時代之前，美洲大陸曾有輝煌的文明。放眼美洲古文明的歷史，在西元前二〇〇〇年便成立了奧爾梅克文明（Olmeca）。墨西哥一帶的地區承接了奧爾梅克文明，建設名為特奧蒂瓦坎（Teotihuacan）的城市，打造出許多如同金字塔般的建築物。甚至，在尤加敦半島（Yucatan Peninsula）也興起了具備「零」的概念、擁有高度文化的馬雅文明（Maya）。以今日的秘魯為中心的中央安地斯山脈地區（Andes），也存在著各種文化，像是西元前的查文文化（Chavin），西元後的納斯卡文化（Nazca）及蒂亞瓦納科文化（Tiwanaku）等。

偉人特寫

曼科・卡帕克（Manco Cápac）（一二〇〇前後）

庫斯克王國的初代國王。他名字的意思是「偉大的精神」，統治庫斯克約四十年，為印加帝國打下良好的基礎。

蒙特蘇馬二世（Moctezuma II）（一四六六～一五二〇）

與科爾蒂斯對戰的阿茲特克王國第九代國王。身為建立阿茲特克王國的鼎盛時期的國王，卻不敵歐洲文明而落敗。

阿塔瓦爾帕（Atahualpa）（一五〇二～一五三三）

印加帝國的末代皇帝。和西班牙談判決裂而引發戰爭，因皮薩羅的計謀而遭到囚禁並被處以死刑。

親近世界史

大航海時代中西班牙的光與影

由於哥倫布將「新大陸」錯認成印度，所以稱美洲大陸的當地居民為印地安人。儘管西班牙殖民者毫不留情地奴役著印地安人，同時卻也會採取保護他們的行動。舉例來說，正是因一同前往新大陸的聖職者巴托洛梅・德拉斯・卡薩斯（Bartolomé de las Casas）控告西班牙人虐待印地安人，西班牙國王卡洛斯一世（Carlos I）才下令禁止奴役印地安人。除了允許改信基督教的印地安人可以和西班牙人結婚之外，也給予他們受教育和就業的機會。在大航海時代中西班牙所採行的這些政策，與討伐亞洲與北非當地居民的葡萄牙及英國相比，可說是形成了鮮明的對照。

當時的日本

火繩槍傳入／1543年 在大航海時代中周遊世界的葡萄牙人也曾漂流到鹿兒島的種子島。他們攜來的火繩槍為日本帶來軍事革命，搶先生產火繩槍的織田信長因而得以邁向統一天下的道路。

當時的台灣

硫磺貿易／16～17世紀 台灣北部的大屯山區是主要的硫磺產地。由於硫磺是火藥主要原料之一，隨著歐洲人進入東亞、傳入先進火器後，更造成各地政權對做為硫磺的需求大增。16世紀已有漢人乘船前來取得硫磺，17世紀後荷西、清朝等政權也都相當看重，台灣的硫磺貿易因而大興。

HISTORIC EVENT

38

宗教改革

PLACE
歐洲

AGE
1509年以後

KEY WORD
《愚神禮讚》
福音主義

一五〇九年，一本撼動歐洲的書正式問世。
那就是嚴厲批評當時教廷腐敗的《愚神禮讚》。
受到本書感召，並於日後推動宗教改革的，正是馬丁・路德。
基督教的教義是人生的指南……！？
原來如此……基督教原本應該是要為人指引生存之道的！
馬丁・路德
神的救恩並非教廷，而是聖經的教義……也就是福音！
咚！
如此認為的路德，採取單純信仰聖經的「福音主義」立場，成為時代寵兒。

然而神聖羅馬皇帝查理五世卻大力反對路德的作為。
開什麼玩笑！朕不認同什麼福音主義！
查理五世
於是在一五四六年，支持舊有天主教的查理五世與路德派的新教徒，爆發了激烈的衝突！！
哇啊啊啊啊啊！
最終在一五五五年的奧格斯堡宗教會議中雙方達成和解，
因此確立了路德派與天主教派的和平共存體制。

宗教革命始於路德的「抗議」

相對於自十四世紀左右因教廷腐敗而進行的改革運動，羅馬教廷則是採取嚴厲的態度，以異端審判或魔女審判等方式，懲罰違反天主教教義的人。甚至，羅馬教宗利奧十世（Leo X）為了籌措修建聖彼得大教堂（St. Peter's Basilica）的費用，以「對教會行善即可赦免舊罪」的理由來販賣「贖罪券」（又名赦罪券、赦罪符）。

眼見羅馬教廷墮落於此，德國神學家馬丁・路德（Martin Luther）倡導靈魂並非憑靠善行，而是憑藉相信福音（即神的話語）才能得救的「因信稱義」說（By Faith Alone），並在一五一七年發表了批判贖罪券的九十五條論綱。路德雖被逐出教廷，但他將《新約聖經》翻譯成德文，讓民眾能夠直接接觸基督教的教義。路德的思想受到反抗教廷剝削的諸侯、市民與農民等廣大階層的支持。

這時，由於持續侵略歐洲的鄂圖曼帝國正進逼維也納，查理五世為了避免國內分裂，因而允許路德派的存在。然而，當維也納的危機解除後，查理五世又再度禁止路德派，而遭到路德派的抗議，路德派也因此被稱為「Protestant」（原意為「抗議者」）。最後，

偉人特寫

馬丁・路德（一四八三～一五四六）

維滕貝格大學（Lutherstadt Wittenberg）的神學教授。神聖羅馬帝國的皇帝查理五世在「沃木斯會議」（ReichstagzuWorms）會議中召來路德，逼他撤回自己的說詞，路德不肯屈就而受到逐出德國的處分，神聖羅馬帝國將他的著作列為禁書。

約翰・喀爾文（一五〇九～一五六四）

為了逃離對新教徒的打壓而從法國逃至瑞士，在日內瓦主導宗教改革。他的教義是強調神的絕對主權，在日內瓦施行名為神權政治的嚴格統治。

親近世界史

新教徒與血紅色雞尾酒

過去曾是虔誠天主教教徒的英格蘭國王亨利八世，以未能生出子嗣為由與王妃離婚，再與安妮・博林結婚。但天主教是不允許離婚的，所以亨利八世脫離天主教，決意跟安妮結婚。正是因為這緣故，才誕生了英國國教會。日後，亨利八世與前任王妃所生的女兒以瑪麗一世（Mary Ⅰ）的身分登基為英國國王，但她卻又將國教改回成天主教，並處死了大批的新教徒。將伏特加酒混入蕃茄汁裡的雞尾酒「血腥瑪麗」（Bloody Mary），就是冠上了她的名字呢。

當時的
日本

基督教的傳入／1549年　教宗權威因宗教改革而失墜，對此羅馬教廷祭出了「對抗宗教改革」的計畫，為了收復失地而積極前往海外傳教。耶穌會的方濟・沙勿略（San Francisco Javier）前來日本也是這個原因。

Protestant便成了否定聖職者特權、且不承認羅馬教宗權威的「新教徒」的總稱。

勢力擴大的新教徒

此外，法國的人文學者約翰・喀爾文（Jean Calvin）寫了《基督教要義》這本書，提倡預定論，認為「勤勞工作是尊行神的旨意，所獲得的財富是神所給予的」。喀爾文的教義受到西歐工商業者的支持，廣泛地流傳到荷蘭、法國、英國等地。甚至，在接受這教義的英國境內，與羅馬教廷對立的亨利八世更將原本受羅馬支配的國內教會改納入自己的管轄之下，並採納喀爾文派的教義而成立英國國教會。另一方面，法國國內也因新舊教派的對立，而發展出史稱「法國宗教戰爭」的內戰。

看地圖了解世界史

新舊兩教派的分布地區

支持宗教改革的喀爾文派在荷蘭被稱為「乞丐」（Geusen），在法國被稱為「同盟者」（Huguenot），在英國被稱為「清教徒」（Puritan），在蘇格蘭被稱為「長老派」（Presbyterian），可見新教徒滲透了西歐各地。

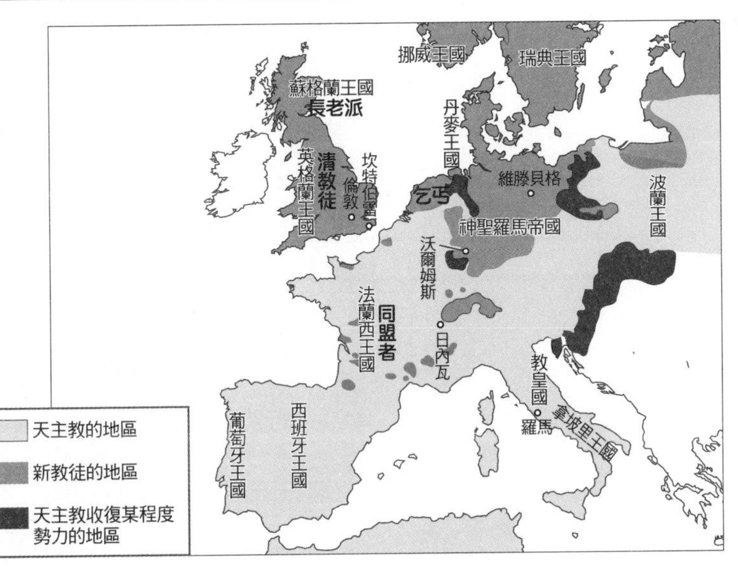
挪威王國
瑞典王國
蘇格蘭王國
長老派
丹麥王國
英格蘭王國
清教徒
坎特伯雷
倫敦
乞丐
維滕貝格
神聖羅馬帝國
沃爾姆斯
波蘭王國
法蘭西王國
同盟者
日內瓦
教皇國
羅馬
拿坡里王國
葡萄牙王國
西班牙王國
天主教的地區
新教徒的地區
天主教收復某程度勢力的地區

當時的台灣

宣教活動／荷西時期（1624～1662） 1624年荷蘭人占據大員（今安平）後，1627年開始有牧師干治士（Georgius Candidius）來台對原住民宣教。至1643年已有五千餘人受洗。來台宣教的荷蘭和西班牙神職人員由於深入原住民社群，對原住民的生活習性與文化有所認識，他們寫下的相關報告更成為今日研究原住民早期歷史的實貴材料。

HISTORIC EVENT

39

日耳曼王族與法國的對立

十五世紀之後在歐洲出現了一門勢力龐大的貴族，
那就是日耳曼地區的豪門——哈布斯堡家族。
哈布斯堡家族一再以政治聯姻的方式擴大其掌控的地區。
接著要與誰聯姻呢？
儘管如此，他們卻仍與法國王室的瓦盧瓦家族產生了磨擦。

一五一九年，哈布斯堡家族的卡洛斯一世登基為神聖羅馬皇帝，成為查理五世。

深感榮幸啊。

PLACE
歐洲

AGE
1519年以後

KEY WORD
哈布斯堡家族
瓦盧瓦家族

對此備感威脅的正是瓦盧瓦家族。
卡洛斯一世居然成了羅馬的皇帝啊……
那麼，我不會再為哈布斯堡家族效力了！
瓦盧瓦家族為了對抗哈布斯堡家族，決定奪取義大利。
法國國王法蘭索瓦一世
由此導致西班牙帝國同盟聯軍與法國軍隊，為了爭奪義大利而爆發激烈衝突。
1525 帕維亞之戰
わーわー
わあああ
哇啊啊！
咚！
ドン
哈布斯堡家族持續與法國對立，直至一七五六年雙方結成同盟為止。

嶄新的歐洲對立構圖

神聖羅馬帝國在一二七三年由魯道夫一世（Rudolf 一）即任為皇帝之後，政權便由日耳曼地區的貴族豪門哈布斯堡家族（Habsburg）所掌握。

一四九四年，由瓦盧瓦家族（Valois）所統治的法國進攻義大利，此舉引發了神聖羅馬帝國及西班牙王國的反彈。究其根源，是由於哈布斯堡家族將自己的族裔以繼承人的身分送至沒有世襲王位者的周邊國家做為夫婿，以這種政治聯姻的策略與法國的瓦盧瓦家族抗衡。也因此，使得法國陷入像是被哈布斯堡家族包圍般的局面，法國國王查理八世（Charles VIII）為了打破這狀況，於是主張攻打有拿坡里王國繼承權的義大利。兩大家族的權力攻防自此發展成真正的戰爭。這場義大利戰爭將英國等其他國家紛紛捲入，進而發展成爭奪歐洲霸權的戰爭；兩大家族的抗爭一直持續到十八世紀中期左右才告一段落。

這段時期中，歐洲各國承受不僅來自東方的鄂圖曼帝國的壓力，再加上為了獲得殖民地，在美洲或亞洲也發生爭奪海外領土的衝突，這些事件都成了義大利戰爭延燒至一五五九年的原因。

偉人特寫

卡洛斯一世（Carlos 一）（一五〇〇～一五五八）

西班牙的國王。自一五一九年起也兼任神聖羅馬帝國的皇帝，登基成為查理五世。

法蘭索瓦一世（François I）（一四九四～一五四七）

同為神聖羅馬帝國皇帝的候選人，卻敗給卡洛斯一世。在「帕維亞之戰」（Battle of Pavia）中於前線進行指揮，卻被擄獲，成為階下囚。

亨利二世（一五一九～一五五九）

法蘭索瓦一世的兒子，繼任為法國國王。雖然終結了義大利戰爭，卻因意外被長矛刺穿眼睛而身亡。

親近世界史

這時期嶄露頭角的是「中產階級」

隨著主權國家的成立，西班牙、法國與英國等國家確立了專制王權，建構起以國王為主的強力統治體制。不過，這體制內仍殘留著封建社會的身分制度，地方領主、貴族及聖職者等擁有免稅特權的中間團體結合起來，妨礙國王直接掌控國家。為了打破這樣的狀況，國王與商人、金融業者等中產階級（Bourgeoisie）形成合作關係，透過給予經濟上的獨占權、提高其社會地位，以加強對國家的掌控。因此，歐洲各國對經濟活動實行較寬鬆的規定，商人預支工具或原料給手工業生者、以獨占生產的批發商制度受到認同。

當時的
日本

戰國時代的序幕／15～16世紀　日本史上的戰國時代，指的是自應仁之亂起，長達一世紀動亂不堪的時代。室町幕府權力喪失，靠實力出身的戰國大名（譯註：在戰國時代，無須幕府任命，只要支配數郡到數國勢力，能穩固支配國人者，就是大名。戰國時代的大名一般被稱為戰國大名）紛紛崛起，以下克上，打敗了以幕府權力為靠山的守護大名（譯註：參考P125）。

近代國際秩序的開端

由於這場義大利戰爭歷時長久且規模龐大，使得歐洲各國的軍事組織及制度也跟著有了改變。為了籌措持續增加的軍事費用及兵力，各國調整統治體制，採用官僚制度或新的徵稅系統，也提高了君王在國內的支配力。此外，也以明確的國境圈限本國的支配領域，並建立只由君王——而非諸侯或地方領主——代表國家進行外交的體制。

於是如此一來，過去以絕對權威大幅度掌控歐洲的皇帝與羅馬教宗的權力衰退，對內擁有統治能力、與對外具獨立性的主權國家則陸續誕生。主權國家的君王一方面在國內行使排他性的政治權力，另一方面，又承認其他國家也擁有與本國相同的權利。各個主權國家就在這樣對等的外交關係中，以本國利益為優先、相互進行競爭，形成了勢力均衡的局面。這種國際秩序稱為主權國家體制，主權國家則成為近代國家的原型。

看圖解了解世界史

專制王權的結構

專制王權是在封建社會崩盤、建立近代市民社會的過程中所成立的體制。一方面，它形成近代國民國家的結構，如國家政治、經濟的統一，官僚制度等；另一方面，它仍殘留著身分制度、特權階級存在等舊有封建社會的元素。最後，當中產階級抬頭，在經濟與社會方面有所成長後，專制王權才因人民所發動的革命而被推翻。（參考第四章）

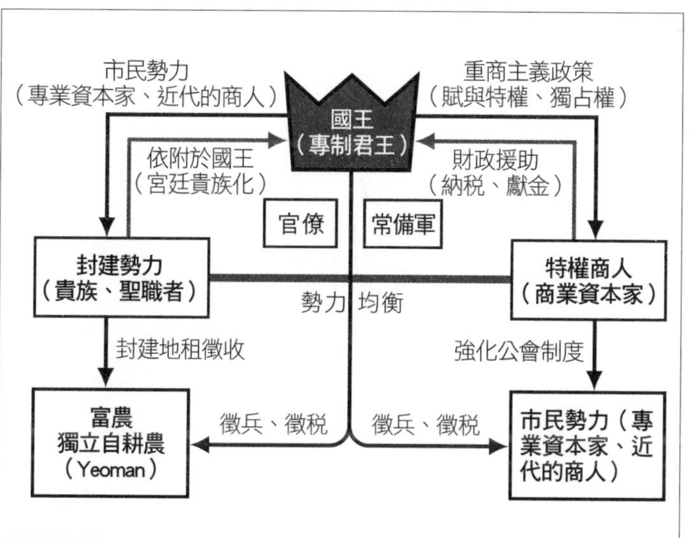

市民勢力（專業資本家、近代的商人）
重商主義政策（賦與特權、獨占權）
國王（專制君王）
依附於國王（宮廷貴族化）
財政援助（納稅、獻金）
官僚
常備軍
封建勢力（貴族、聖職者）
特權商人（商業資本家）
勢力均衡
封建地租徵收
強化公會制度
富農 獨立自耕農（Yeoman）
徵兵、徵稅
徵兵、徵稅
市民勢力（專業資本家、近代的商人）

當時的台灣

馬尼拉補給船制度／1626～1642年 在西班牙人占領台灣北部期間，每年從馬尼拉派出補給船運送生活用品、白銀薪餉、武器彈藥等至雞籠（今基隆）以維繫其生存發展，並載運輪調的官員、士兵往返的商人。這項制度影響當時基隆貿易的興衰變化，因補給船也運送絲、銀等私人貨品，而華商也只有在聽聞補給船來到雞籠港時才會帶著貨物前來交易。

HISTORIC EVENT

40

西班牙與荷蘭的盛衰

PLACE
西班牙．義大利

AGE
1556年以後

KEY WORD
無敵艦隊

一五五六年西班牙由腓力二世登基為王，隨即確立了專制王權並建立繁榮的社會，被譽為「日不落國」。
腓力二世奪得了美洲大陸、菲律賓、比利時、荷蘭及義大利等國家的領土，並在一五七一年打敗鄂圖曼帝國，又於一五八〇年兼任葡萄牙國王。
但在一五八八年，卻發生了一件撼動西班牙的大事。
格瑞福蘭海戰
腓力二世自豪的無敵艦隊被英國的伊莉沙白一世擊破了。
之後，西班牙出於經濟的考量，只好允許荷蘭獨立，漸走向衰退之路。
呵呵
誰說太陽不會落下呢。

「日不落國」的盛衰

曾經一統基督教世界的巨大勢力哈布斯堡家族，在查理五世（即西班牙國王卡洛斯一世，Carlos I）退位後，分別由其胞弟繼承神聖羅馬帝國的奧地利世系，由其子繼承西班牙王國的西班牙世系。

於一五五六年登基的腓力二世（Felipe II），是打造西班牙全盛時期的國王，他不僅取得了美洲大陸、荷蘭、義大利、比利時及菲律賓等廣大的領地，更在勒班陀戰役（Battle of Lepanto）中擊敗了鄂圖曼帝國。西班牙因此成為享有「日不落國」美譽的泱泱大國，西班牙的艦隊則被稱為「無敵艦隊」。

不過，腓力二世為了統治新教徒（參考P143）眾多的荷蘭，不僅強迫民眾改信天主教，又奪走其自治權，還向他們課收重稅，因而引發荷蘭民眾的叛亂，最後建立了「尼德蘭聯邦共和國」（Netherlands）。再加上，西班牙的無敵艦隊在格瑞福蘭海戰（Battle of Gravelines）中敗給了英國而喪失制海權，西班牙的昌盛時期並不長久。

偉人特寫

腓力二世（一五二七～一五九八）
查理五世的兒子，打造被譽為「西班牙黃金世紀」的顛峰時期的國王。他也以腓力一世的身分兼任葡萄牙國王。

伊莉莎白一世（一五三三～一六〇三）
母親安妮・博林（Anne Boleyn）以通姦罪被處死（譯註：安妮原為亨利八世第一任妻子凱瑟琳的女侍官，後來亨利八世與凱瑟琳離婚，迎娶安妮）。她雖曾因爭奪王位而入獄，受盡苦楚，但最後終於成為英格蘭的女王。

德瑞克（Francis Drake）（一五四三前後～一五九六）
英國的海軍提督。初次成功繞世界一周的英國人，在格瑞福蘭海戰中擊敗西班牙的無敵艦隊。

親近世界史

為何稱「尼德蘭」為「荷蘭」呢？

荷蘭儘管自十五世紀末起因政治聯姻而被編入哈布斯堡家族領土內，但當西班牙獨立後，就成為尼德蘭聯邦共和國。日本稱「尼德蘭」（Netherlands）為荷蘭，原因是「荷蘭」（Holland）領區正是其獨立運動的中心地。隨後荷蘭在南非、錫蘭（今天的斯里蘭卡）、爪哇島及台灣等地構築據點，掌握了亞洲貿易的霸權，取代西班牙成為海上霸主。荷蘭和西班牙及葡萄牙不同，沒有非傳教不可的企圖，所以嚴禁基督教的日本江戶幕府才會選擇荷蘭做為進行貿易的國家。

當時的日本　**天正遣歐少年使節／1582～1590年**　九州藉由以大友宗麟為首的吉利支丹大名的名義，四名少年被派遣至歐洲。他們在西班牙受到腓力二世的款待，又在義大利謁見了羅馬教宗格里哥利十三世。

當時的台灣　**日本欲招諭台灣入貢／1592～1593年**　日本領導者豐臣秀吉於1592年入侵韓國，且傳出征服高山國（當時日本對台灣的稱呼）的計畫。為了防備日本的侵略，明朝加強海岸防衛，且派出艦隊定時巡邏澎湖群島。1593年，豐臣秀吉派遣使者帶著諭令文書前往高山國，想令台灣納貢，但最後因沒有溝通管道而無功而返。

HISTORIC EVENT

41

英格蘭的立憲政治

十七世紀初，英格蘭面臨重大的變革時期。
王權是神所給予的！
因此，人民不能忤逆國王的作為。

耳語嘈雜
別說蠢話啦！
也不想想國家是靠誰才興盛起來的！
詹姆士一世
採取專制王權的國王與議會形成對立——

最終發展成「清教徒革命」。
懷特霍爾宮國宴廳
哇
哇
ワイ
ワイ
ワイ

於是——
……
一六四九年，當時的國王查理一世被判處死刑。
查理一世

PLACE
英格蘭

AGE
17世紀

KEY WORD
專制王權
清教徒革命

接著在一六八八年，議會掀起「光榮革命」的運動。
國王詹姆士二世被驅逐，改由公主瑪麗二世及其夫婿奧蘭治親王威廉兩人共同登基。

此時，議會也制定了《權利法案》。
從今以後，法律、預算、軍事與課稅等，都由我們議會來決定！

到了十八世紀，更確立了「君王統而不領」的議會制民主主義。
ワァァァァァ
熱烈掌聲

絕不允許專制王權的存在！

擊破西班牙無敵艦隊的伊莉莎白一世（Elizabeth I）逝世後，英國也面臨轉換期。由出身於蘇格蘭王國（The Kingdom of Scotland）的斯圖亞特家族（Stuart）即任王位、成立斯圖亞特王朝，英格蘭與蘇格蘭因此形成「共主邦聯」（personal union，由同一位國王統治的體制）。

當時的國王詹姆士一世（James I）倡導君權神授說，認為「國王的權力是神授予的，不受人民所束縛」，施行專制政治。因為國王無視於議會的存在，強行設立新稅制，給予少數的大商人獨占權，更加深了他與由地主（gentry）、獨立自耕農（Yeoman）及新興商人所成立的議會的衝突。之後，議會以國民的權利為基礎，批判國王的專制政治而要求簽署《權利請願書》（Petition of Right，譯註：要求限制王權），但國王查理一世（Charles I）卻充耳不聞、不予理會，甚至解散議會，監禁議會的領導者。自此，議會派與保皇派爆發衝突，終於演變成英國革命。由於主導議會派的是清教徒，所以也稱為「清教徒革命」（Puritan Revolution）。結果保皇派敗北，查理一世被處死，英國由王權轉成共和政治。

偉人特寫

查理一世（一六〇〇～一六四九）
與父親詹姆斯一世同樣信奉君權神授說，與議會爆發衝突後立刻解散議會，因而爆發革命。最後被公開斬首。

克倫威爾（一五九九～一六五八）
打倒了率領以騎士黨為首的保皇派，以護國主（Lord Protector）的身分成為英國共和政制的領導者。但他的統治方式相當嚴酷，過於教條主義。

威廉三世（一六五〇～一七〇二）
又名奧蘭治親王威廉（William of Orange）。擔任過荷蘭總督，因光榮革命而登基為英國國王。

世界史祕辛

不會說英文的國王與議會內閣制

形成共主邦聯體制的英格蘭與蘇格蘭，於一七〇七年合併為大不列顛王國。七年後，因安妮女王逝世，斯圖亞特王朝也隨之終結。於是，自德國迎來了斯圖亞特家族的遠親漢諾威（Hanover）選帝侯喬治．路德維希（Georg Ludwig），以喬治一世（George I of Great Britain）的身分即位，成立新的漢諾威王朝。然而，在日耳曼地區土生土長的喬治一世根本不會說英文，對政治也不怎麼熱情，因此由輝格黨（Whig）的羅伯特．沃波爾（Robert Walpole）成為第一代英國首相，代替國王處理政務；因此演變成不是由國王、而是由議會內閣來負責的形式。這正是今天的議會內閣制的開端。

當時的日本

鎖國的完成／1641年　江戶幕府以禁止基督教為核心，而實施海外貿易管制以及日本人出入境的禁令。最後更強制荷蘭人移居長崎出島，如此完備的鎖國體制，在1854年簽訂《日美和親條約》之前，持續了超過200年。

議會制民主主義來自於光榮革命

革命後就任為護國主、掌握實權的克倫威爾（Oliver Cromwell）是名獨裁者，他將清教徒所遵循的勤勉與禁欲等教義強壓在國民身上，令國民怨聲載道。於是在克倫威爾死後，英國便恢復王權（王朝復辟），由查理二世登基。不過，由於他打算恢復專制王權與舊教天主教，於是議會又決議驅逐查理二世。反天主教的先鋒、同時也是公主瑪麗二世（Mary II）夫婿的奧蘭治親王威廉獲邀從荷蘭而來，並以威廉三世（William III）的身分與瑪麗二世共同登基為國王，史稱「光榮革命」（Glorious Revolution）。

同時，議會也制定了保護國民生命與財產的《權利法案》（English Bill of Rights）。於是在英國，確立了以議會主權為基礎君主立憲制，也就是所謂的「君王統而不領」，成為近代以民主主義與多數決原則組織內閣的議會內閣制（Parliamentary Cabinet System）的先驅。

看圖解了解世界史

斯圖亞特王朝

斯圖亞特王朝最後的國王安妮女王死後，改由斯圖亞特家族的親戚、漢諾威選帝侯路德維希以喬治一世即位，成立漢諾威王朝。漢諾威王朝是現今英國王室（溫莎王朝，House of Windsor）的直系祖先。

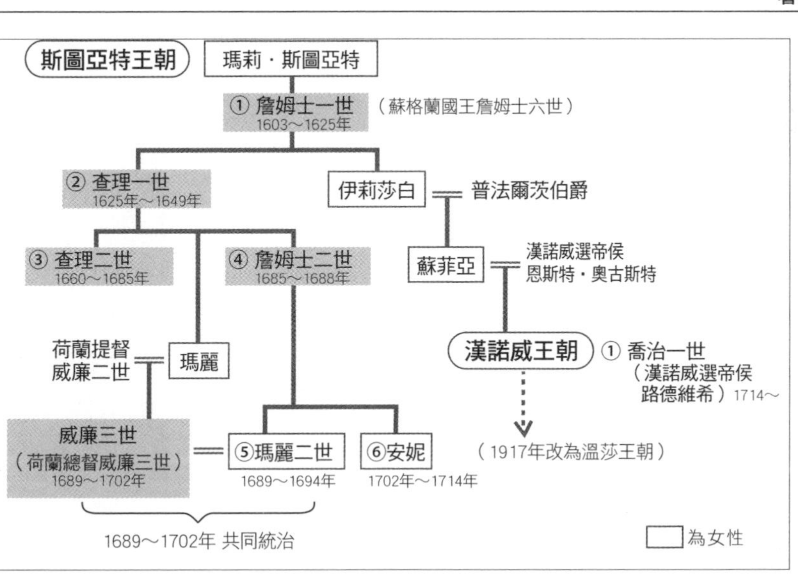

斯圖亞特王朝
瑪莉・斯圖亞特
① 詹姆士一世 1603～1625年
（蘇格蘭國王詹姆士六世）
② 查理一世 1625年～1649年
伊莉莎白
普法爾茨伯爵
③ 查理二世 1660～1685年
④ 詹姆士二世 1685～1688年
蘇菲亞
漢諾威選帝侯 恩斯特・奧古斯特
荷蘭提督 威廉二世
瑪麗
漢諾威王朝
① 喬治一世（漢諾威選帝侯 路德維希）1714～
威廉三世（荷蘭總督威廉三世）1689～1702年
⑤瑪麗二世 1689～1694年
⑥安妮 1702年～1714年
（1917年改為溫莎王朝）
1689～1702年 共同統治
為女性

當時的台灣

荷蘭、西班牙分占台灣／1624～1662年 1624年荷蘭人在明朝默許下，退出屬明朝疆域的澎湖，轉占大員（今台南安平），建立台灣史上第一個統治政權。1626年西班牙人也占領雞籠（今基隆），荷、西分治台灣南、北，各自發展與中、日的經貿關係。1642年西班牙撤兵後全台皆由荷蘭統治，直到1662年被鄭成功擊敗，才離開台灣。

HISTORIC EVENT

42 各國的專制主義

PLACE 法國 奧地利 俄羅斯

AGE 16世紀以後

KEY WORD 富國強兵

法國的專制主義

自一五六二年起長達三十六年間，在法國發生了天主教與新教徒的內戰（法國宗教戰爭）。

看來得趕緊平息內戰才行呢。
哇啊！
亨利四世

一五九八年發布《南特敕令》

對於新教徒，也給予他們和天主教徒同等的權利。

內戰因此平息，於是王權急速被強化，在路易十三世時確立了專制王權。

奧地利的專制主義

一七四〇年在奧地利，查理六世的女兒瑪麗亞・特蕾西亞繼承王位，不認同此事的周邊各國紛紛進攻。

怎麼辦才好？

瑪麗亞・特蕾西亞

結果，普魯士奪下了原為哈布斯堡領土的西利西亞。

再這樣下去是不行的！
奧地利必須成為更強的國家！
媽媽！
嗚

以富國強兵為目標，全國人民都要服兵役。
不僅如此，瑪麗亞・特蕾西亞也進行其他行政或稅制上的改革，但最終仍是失敗。

俄羅斯的專制主義
一五六五年前後，在俄羅斯莫斯科，沙皇伊凡四世斷然施行名為「特轄區」的恐怖政治。
伊凡四世

我絕不允許勢大力大的貴族崛起！

因此伊凡四世獲得貴族以下的下層戰士們的支持，成為專制主義的先鋒。
刺殺
斬首
虐殺

⚜路易十四誇言「朕即國家！」

在十八世紀，專制主義（Absolutism，由君王掌握絕對權力進行支配的專制政治形態）紮根於歐洲各國。百年戰爭後的法國，由於相繼發生「法國宗教戰爭」（參考P143）及聖巴托羅繆大屠殺（Massacre de la Saint-Barthélemy）等源於宗教因素的戰爭或事件，比起宗教問題，國家的統一更是當務之急。於是亨利四世（Henri IV）即位、成立波旁王朝（Bourbon dynasty）後，便發布了《南特敕令》（Édit de Nantes），給予「同盟者」（Huguenot，喀爾文派的新教徒）信仰自由，終結了法國宗教戰爭。國內情勢就此安定下來的法國，便在波旁王朝中迎接專制王權的顛峰時期。

之後，路易十四（Louis XIV）更透過打造絢爛豪華的凡爾賽宮（Château de Versailles）等事蹟，提昇了國王的權威。他曾豪氣干雲地說：「朕即國家！」這句話也成為法國專制主義的象徵。當西班牙的哈布斯堡王朝（Habsburg）終結後，路易十四將自己的孫子以西班牙國王的身分送往西班牙，因而與反對此事的各國展開戰爭，史稱「西班牙王位繼承戰爭」（Guerra de Sucesión Española）。最後，各國才承認了波旁家族的西班牙王位繼承權。

偉人特寫

路易十四（一六三八～一七一五）
年僅四歲時便登上王位，一六六一年起開始親政。打造法國專制王權的榮盛時期，擁有「太陽王」的稱號。

瑪麗亞・特蕾西亞（一七一七～一七八〇）
神聖羅馬皇帝查理六世的女兒。儘管她並非實質上的皇帝，但因身為哈布斯堡家的家業繼承人而被稱為「女皇」。

彼得一世（一六七二～一七二五）
俄羅斯帝國皇帝。因為使俄羅斯從屈居東方的邊境國家成功蛻變成為泱泱大國，而被譽為「彼得大帝」。

親近世界史

路易十四是「路易斯安那之父」？

在十七世紀握有世界貿易霸權的荷蘭，於一六二一年設立了西印度公司，緊接著四年後又在北美東岸設置殖民地新阿姆斯特丹。然而，在十七至十八世紀時與英國進行的三次戰役都以失敗告終，新阿姆斯特丹因而落入英國手中（英荷戰爭，參考P161）。這時期中，另一個在北美擁有殖民地的國家是則法國，其擁有橫跨密西西比河東西岸、面積廣大的殖民地，並稱之為路易斯安那州（Louisiana）。這個名稱的由來，正是因為當時法國國王是路易十四（Louis XIV）。

當時的
日本

享保改革／1716年～1745年　江戶幕府八代將軍德川吉宗，為了修正財政而獎勵節約，實施「上貢稻米制」與開發新田等各項政策。除此之外，德川吉宗還設立「目安箱」、「小石川養生所」，制定《公事方御定書》及其他成文法典等（譯註：「享保」為德川吉宗的年號，「目安箱」是指收集民眾意見的箱子，《公事方御定書》則是江戶幕府第一部法典），進行了數項改革。

從地圖上消失的波蘭

另一方面，奧地利在一七四〇年由瑪麗亞・特蕾西亞（MariaTheresia）繼承哈布斯堡家的整個領土。反對此事的新興國家普魯士與法國聯手，與和英國等國合作的奧地利開戰，史稱「奧地利王位繼承戰爭」（War of the Austrian Succession），並獲得勝利。隨後，奧地利轉而與長年處於敵對關係的法國、以及俄羅斯締結同盟，開始展開反擊。為了準備與普魯士的戰爭，瑪麗亞・特蕾西亞進行了數項改革，像是採用新的徵兵制度等等；但在她的兒子約瑟夫二世（Joseph II）統治期間，卻招來欲維持既有權利的貴族及地區社會的反彈，以致大部分改革最終都宣告失敗。

至於俄羅斯，則是在羅曼諾夫王朝（Romanov）彼得一世（Peter I）的統治期間確立了專制主義。他在擊敗瑞典、獲得波羅的海的制海權後，又往南進攻，從鄂圖曼帝國手中奪下克里米亞半島（Crimea）。接著，在凱薩琳二世（Catherine II）時，俄國又和普魯士、奧地利一同三度瓜分了鄰接三國的波蘭，併入各自的領土版圖。

看地圖了解世界史

歐洲的勢力圖（十八世紀中葉）

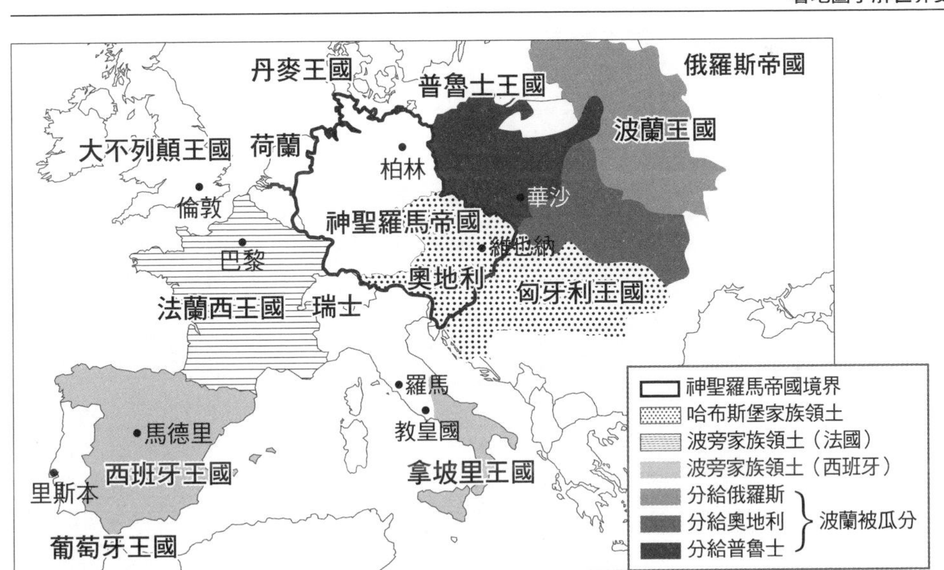
丹麥王國
普魯士王國
俄羅斯帝國
波蘭王國
大不列顛王國
荷蘭
柏林
倫敦
華沙
神聖羅馬帝國
巴黎
維也納
奧地利
匈牙利王國
法蘭西王國
瑞士
羅馬
教皇國
馬德里
西班牙王國
拿坡里王國
里斯本
葡萄牙王國
神聖羅馬帝國境界
哈布斯堡家族領土
波旁家族領土（法國）
波旁家族領土（西班牙）
分給俄羅斯
分給奧地利
分給普魯士
波蘭被瓜分

當時的台灣

東寧國／明鄭時期 明鄭時期又稱東寧國，指南台灣在1661年至1683年間，由南明延平王鄭成功所建立之鄭氏政權統治的時期，歷經鄭成功、鄭經及鄭克塽三世，統治時期共22年。

HISTORIC EVENT

43 三十年戰爭

PLACE 歐洲

AGE 1618年

KEY WORD 神聖羅馬帝國 哈布斯堡家族

一六一八年，確立歐洲霸權、主掌神聖羅馬帝國的哈布斯堡家族發生了大事。

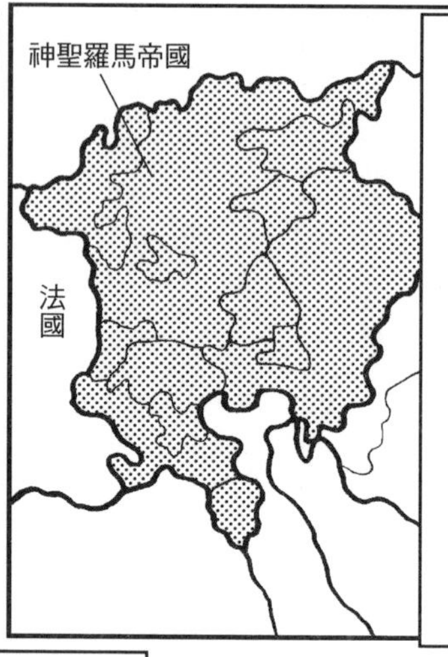
神聖羅馬帝國
法國

波西米亞王國布拉格城堡
住手啊！
ギャあああ
呀啊啊！

住……

很好，直接丟下去吧！

好！

波西米亞民眾因反對出身於神聖羅馬帝國哈布斯堡家族的波西米亞國王斐迪南，入侵了布拉格城堡，並將其五名使者一個個從城堡的窗戶丟下去。

在這事件之後，波西米亞就改由腓特烈五世即位。

背後有股討厭的氣氛……

可惡的波西米亞人，這件事絕不能就此罷休！！

——然而，獲選就任為神聖羅馬皇帝卻在這次王位之爭中落敗的斐迪南二世對此強烈反彈。

之後，反抗哈布斯堡家族的各國也紛紛介入了這兩國之間的對抗，

引發了長達三十年的戰爭。

臨終前夕的神聖羅馬帝國

在十七世紀的歐洲，荷蘭、法國及英國等國陸續崛起，神聖羅馬帝國卻逐漸衰退。神聖羅馬帝國轄下的諸侯變成君王，趁著局勢紛亂，成立起大大小小的各個國家，但它們卻很晚才形成與其他歐洲各國相同的主權國家。

就在這樣的情勢中，身為虔誠天主教徒、哈布斯堡家族（Habsburg）的斐迪南（Ferdinand II），登基成為奧地利屬地的波西米亞（Bohemia）國王。波西米亞的新教徒對此事大為反彈，不承認他是國王，而將國王的使者從城堡的窗戶扔下。也因為這件事，正式引發了「三十年戰爭」。這既是舊有的天主教國與新興的新教徒國之間的戰爭，也是由哈布斯堡家族與波旁家族（Bourbon）等歐洲大國的王室所掀起的戰爭。

戰爭結束後，神聖羅馬帝國內各諸侯們的主權獲得認同，帝國轉而成為超過三〇〇個大大小小的主權國家的同盟組織。皇帝只被允許在奧地利或波西米亞等自有領土上執行支配權，其過去身為「西羅馬帝國」這個基督教世界守護者的龐大權威已蕩然無存。

偉人特寫

斐迪南（一五七八～一六三七）
日後的神聖羅馬皇帝斐迪南二世。他對新教徒所採取的強硬態度，也成為爆發三十年戰爭的契機。

腓特烈五世（Friedrich V）（一五九六～一六三二）
取代斐迪南、被選為波西米亞國王，但由於波旁家族以戰爭為優先而痛失王位，因而被稱為「冬王」。

古斯塔夫二世・阿道夫（Gustav II Adolf）（一五九四～一六三二）
身為新教徒國的瑞典國王，不僅解放了新教徒，也為了獲得波羅的海的霸權，而參與三十年戰爭。

世界史祕辛

誕生於三十年戰爭的國際法

自一六一八年持續到一六四八年的三十年戰爭，促使了歐洲主權國家體制的建立。但在另一方面，卻也因戰亂出現多達一〇〇〇萬人的犧牲者，由於德國的許多城市與鄉村遭到破壞，反而延遲了近代化的腳步。受到這場悲劇性戰爭的刺激，荷蘭法學家胡果・格勞秀斯（Hugo Grotius）撰寫了《戰爭與和平法》。書中明訂關於戰爭的禁止、限制、容許，也論及了戰爭中必須遵守的規則，如「制定禁止官兵略奪財物的法律，國家必須遵守此法」等，對日後國際法的發展帶來很大的影響。也因此，胡果・格勞秀斯被稱為「國際法之父」。

當時的日本

島原之亂／1637～1638年 在島原（今日的長崎縣），受強權政治所苦、主要為基督教徒的農民，在天草四郎貞的率領下起義。約四萬人的農民、浪人占據原城，幕府軍為抵抗叛亂而陷於苦戰，戰爭長達四個月。

當時的台灣

傳教造成的衝突與壓迫／荷西時期 荷蘭人大力向原住民宣傳基督教信仰，雖然透過學校教育、生活方式的改善取得可觀成果，但仍時有憑藉政治勢力造成的壓迫事件，如1637年強制新港等四大社焚毀所有偶像，要求派大表宣示信教；1641年放逐平埔族300名女巫，餓死200多名，只有50多名在改信洗禮後才獲釋。

HISTORIC EVENT

44 殖民地戰爭與世界貿易

PLACE 歐洲

AGE 17世紀

KEY WORD 東印度公司 英荷戰爭 殖民地

十七世紀，荷蘭握有全世界的商業霸權。
為了買賣老是遇上危險的事啊。
招攬人才也很辛苦。
出資造船……就不能更有效率點嗎？

那麼，何不就把分散在每間公司的各種事務，匯整起來一起執行呢？
哦哦！
繼續交換意見…

於是，便成立了荷蘭東印度公司。
總裁・國王
超愛胡椒的！
手續辦理實在太麻煩啦，乾脆直接把軍事、外交及行政的權利都交給你們吧。

因此確立了絲綢織物及辛香料的獨占體制。

接著，在一六二一年又設立了荷蘭西印度公司。
分公司
阿姆斯特丹
荷恩
鹿特丹
米德爾堡
格羅寧根

在殖民地新阿姆斯特丹獲得了極大的貿易利益。
新阿姆斯特丹（現今的紐約）
奪下葡萄牙在非洲的殖民地，並展開奴隸貿易。

眼見荷蘭商人氣勢高漲，英格蘭共和國國會也修訂了以往將重點放在蓬勃海運與強化海上防禦的航海條件。
「其他非本國的船舶，
不得進入英格蘭及其殖民地的領域……」
……呃！？
克倫威爾
（英國護國主）
克倫威爾雖然握有英國共和國的實權，卻不得碰觸法案。
這法案通過了嗎？
法案簽訂時，他因帶領國王軍隊遠征而不在國內。
這究竟是怎麼回事？
擺明了要毀掉荷蘭啊！？
請給個解釋！
氣呼呼的荷蘭人
因而爆發了英荷戰爭。
ズドドオオン
砰砰砰！
英國獲勝，並奪下新阿姆斯特丹。
此時，法國也在北美擁有殖民地而與英國對立，
為爭奪在北美的霸權而爆發了英法殖民地戰爭。
WIN
英軍
VS
法軍
&
美國印地安
這場戰爭因一七六三年的巴黎條約而終結，最終由英國掌握了北美殖民地的霸權。

激烈的殖民地爭奪戰

經過大航海時代（參考P136），歐洲各國為尋求財富而乘船遠洋。

在亞洲開拓印度航路的葡萄牙，以印度的果亞（Goa）為據點，在辛香料貿易上獲得成功，甚至更進一步將斯里蘭卡、麻六甲及摩鹿加諸島全部納入管轄，進行通商。然而，由於葡萄牙的貿易是國王的獨占事業，無助於國內產業的發展，所以時間並不長久。相對於葡萄牙，西班牙則是占領了菲律賓，以馬尼拉（Manila）為據點，展開亞洲貿易。

荷蘭也設立了東印度公司，以爪哇島（Java）的巴達維亞（Batavia，現今的雅加達）為據點，另外又在摩鹿加諸島的安汶島（Pulau Ambon），以企圖襲擊荷蘭商館的欲加之罪殺害英國商館人員（即「安汶島屠殺事件」，Amboyna Massacre），並將英國趕出印尼，奠定了日後荷屬東印度的基礎。另一方面，英國也以印度的馬德拉斯（Madras）、孟買（Bombay，現稱Mumbai）及加爾各答（Calcutta）等地為據點展開通商。英國並先後發動三次的英荷戰爭反擊荷蘭，因而在十八世紀時，英國成了世界貿易的大國。

偉人特寫

耶楊子（やようす，Jan Joosten）（一五五六前後～一六二三）

在長崎設立荷蘭東印度公司的日本分公司，成為德川家康的顧問。東京的八重洲（やえす）就是以他的名字所命名（譯註：他原是荷蘭籍船員，因本名太過饒口，日本人將其本名簡化為容易發音的yayoosu）。

杜布雷（Joseph François Dupleix）（一六九七～一七六三）

法國的印度總督。由於奧地利王位繼承戰爭（參考P157）所產生的連鎖效應，在印度發動戰爭，對待英軍頗為殘忍。

克萊夫（Robert Clive）（一七二五～一七七四）

英國的軍人、政治家。在印度的普拉希戰役中擊敗法國與印度地方政權的聯軍，奠定英領印度的基礎。

親近世界史

「我思，故我在」是什麼意思？

十七至十八世紀被稱為「科學革命的時代」，也是在歐洲確定了近代理性主義思想與學問的時代。在自然科學領域中，有發現萬有引力法則、建立近代物理學基礎而家喻戶曉的牛頓。哲學領域中，則有依據歸納法（從事實的觀察引導出一般法則）而提出古典經驗論的培根；另外，還有使用數學論證的演繹法而提倡懷疑論的笛卡兒。笛卡兒的名言：「我思，故我在。」簡單來說，就是指「即使懷疑一切，也無法否定懷疑這一切的自己的存在」。從此展開了近代的理性主義哲學。

當時的日本

德川綱吉的治世／1680～1709年 就任於江戶幕府第五代將軍綱吉，起初實施德政而被讚譽為「天和之治」，但後來由於生不出繼承人而實施「生類憐憫令」（譯註：嚴禁虐待、殺生所有一切牲畜，甚至蚊子也禁止撲殺，反映其果報思想），加上對振興學問及寺社的支出過於龐大，後半期的政策可說相當極端。

北美落入英國手中

在美洲大陸，除了成為葡萄牙領地的巴西之外，西班牙的殖民地占了大半數。十七世紀時荷蘭也設立了西印度公司，開始在北美洲的西岸通商；接著，荷蘭又在東岸拿下新尼德蘭（New Netherland）為殖民地，並命名為新阿姆斯特丹（New Amsterdam）。新阿姆斯特丹在英荷戰爭後變成英國的領地，改名為紐約（New York）而延用至今。英國也將同樣位於北美東岸的維吉尼亞州（Virginia）當做殖民地。因迫害而逃至北美的新教徒移居在此地，形成新英格蘭（New England）殖民地，這也成為日後美利堅合眾國的基礎。

法國也在北非建立廣大的殖民地路易斯安納州（Louisiana），但在史稱「法國—印第安人戰爭」（French and Indian War，譯註：這場戰爭中法國與印地安人與結盟，與英國對戰）的殖民地戰爭中敗給了英國，於是北美的霸權自此轉移至英國手中。

看地圖了解世界史

歐洲各國主要的殖民地（十七世紀中葉）

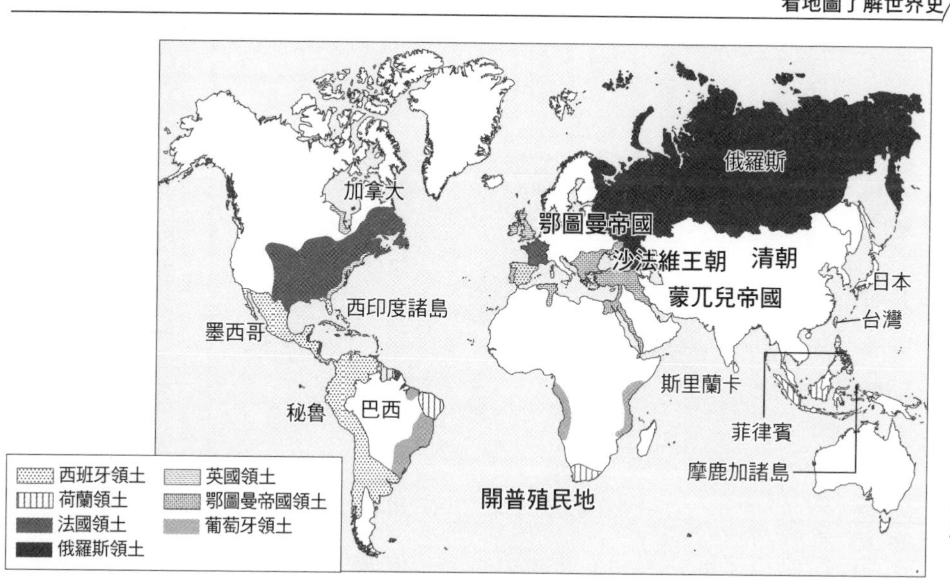
俄羅斯
加拿大
鄂圖曼帝國
沙法維王朝
清朝
蒙兀兒帝國
日本
台灣
西印度諸島
墨西哥
斯里蘭卡
菲律賓
秘魯
巴西
摩鹿加諸島
開普殖民地
西班牙領土
英國領土
荷蘭領土
鄂圖曼帝國領土
法國領土
葡萄牙領土
俄羅斯領土

當時的台灣

東印度公司在台灣／17世紀 荷蘭東印度公司在亞洲約有35個據點，排名第一的是獲利38.8%的日本據點，台灣則以獲利25.6%排名第二。但荷蘭東印度公司在這些地方的獲利主要是當做荷蘭股東的分紅，而非回饋當地人或用於當地的建設。

一三五一年元朝的失政導致民怨四起，朱元璋及佛教的白蓮教團於是挺身而出，發起紅巾之亂。
衝啊！打倒元朝，我們來實現理想家園吧！
喔喔喔喔！
紅巾之亂過後，朱元璋與長江流域的江南地主聯手，在金陵建立起以漢民族為中心的明朝。
明朝
金陵
（現今的南京）

成為初代皇帝洪武帝的朱元璋逐一制定了大型政策，企圖安定國家。
制定一代皇帝只用一個年號的「一世一元制」！
哈哈！
此外，還廢掉自秦朝以來居閣僚最高官位的宰相一職，以往負責草擬皇帝詔令的中書省也被廢止，以強化皇帝的獨裁。

HISTORIC EVENT
45
明朝
PLACE
中國
AGE
1351年以後
KEY WORD
紅巾之亂
一世一元制

接著，第三代皇帝永樂帝更實行了空前絕後的大膽政策。
朕要讓明朝成為這個世界的中心，建立世界帝國！
鄭和，你就乘船繞行世界，為明朝探路吧。
臣遵旨！

因此，鄭和在歐洲大航海時代開始之前，便已遠征南海多達七次。

他曾到達印度、波斯及非洲大陸，使明朝的威望名揚四海。

然而，明朝卻頻頻受到異民族入侵的威脅。

最後在一六四四年因李自成之亂而滅亡。

積極對外發展的明朝

自豪於擁有龐大勢力的元朝，在忽必烈死後卻因天災、飢荒與通貨膨脹等事件相繼發生，增加了社會的不安。接著，又因名為「白蓮教」的宗教結社發起史稱「紅巾之亂」的大規模起義事件，國勢日漸衰微。就在此時，率領反叛軍起義的，是農民出身的朱元璋。他以江南（長江地區）為根據地統一了中國，並以南京為首都、建立起「明朝」。他以初代皇帝「洪武帝」的名號登基後，更把元朝勢力驅趕回北方的蒙古高原，把中國奪回漢族手裡。

不過，洪武帝晚年為了維持皇帝的權力，肅清了許多建國有功的功臣。趁著混亂的政局，洪武帝第四個兒子發動政變奪下政權，成為第三代皇帝「永樂帝」。永樂帝除了遷都於北京、建造紫禁城之外，也積極地向海外發展。在其多達五次的遠征中，不僅攻打蒙古勢力的韃靼與瓦剌，也對大越國（現今的越南）進行侵略。除此之外，永樂帝還命令鄭和七次遠征南海諸國。鄭和所率領的大艦隊先是從東南亞到達印度洋，之後更進一步來到了波斯灣與非洲沿岸。

偉人特寫

朱元璋（一三二八～一三九八）
明朝的初代皇帝「洪武帝」。由於其身為皇太子的長男早逝，而由長男之子（洪武帝的孫子）繼任皇位。

永樂帝（一三六〇～一四二四）
發動史稱「靖難之變」的政變，打倒其侄兒、即第二代皇帝建文帝，成為第三代皇帝。

鄭和（一三七一～一四三四）
明朝的政治家。由於出身於元朝特權階級而被任為宦官（參考P67），但因協助永樂帝即位有功，而獲重用，擔任遠征南海的指揮官。

世界史祕辛

第二次出兵朝鮮的原因？

明朝因豐臣秀吉出兵朝鮮（文祿之役）而與日本對戰，在休戰後開始進行和平談判。當時秀吉接到「明朝已投降」的報告，但明朝皇帝接到的報告卻是「日本投降的條件是要求再度展開勘合貿易」（譯註：「勘合貿易」又稱明日貿易，是指明朝與日本之間的商業交易活動，名稱來由是因為需要使用稱為「勘合符」的許可證）。這是因為，日本與明朝雙方負責談判的人為了使談判順利，各自製作了假投降書並分別送回本國。接到假報告後，明朝派遣使者來到日本傳達回覆：「雖認同日本納入明朝的冊封體制裡，卻不認同勘合貿易。」由於與假投降書的說詞不一，秀吉因而勃然大怒，為了追討使者而下令第二次出兵（慶長之役）。

當時的
日本

日明貿易／室町時代（1338～1543） 室町幕府三代的將軍足利義滿，恢復了曾經斷絕的中國外交。從日本輸出硫磺、銅等礦物與美術品，而從明朝輸入銅錢「永樂通寶」、蠶絲等。

明朝的貿易是「朝貢」與「冊封」

在對外政策上，明朝也積極與海外國家進行貿易。明朝貿易的特色在於「朝貢」與「冊封」。「朝貢」是周邊各國向中國進獻貢物，「冊封」則是中國的屬國經由朝貢以獲得中國許可而進行貿易的體制（實行朝貢的國家不必一定是屬國，這點與冊封不同）。

不過，到了十五世紀，卻發生北虜南倭的問題。「北虜」指的是北方的韃靼與瓦剌，「南倭」則是指橫行於朝鮮半島與及中國沿岸地區的海盜集團「倭寇」；這兩大外患使明朝與其他國家的貿易受到威脅。尤其以倭寇所造成的威脅極為嚴重，明朝因而實行海禁，禁止出航遠行與民間私下的跨海貿易與漁業，使沿岸地區民眾的生計大受打擊。並且，由於取締倭寇、派遣軍隊援助遭日本進攻的朝鮮等事都使軍事預算增加，為了籌措資金，當廷又向民眾課重稅。民眾的不滿因此日益高漲，致使叛亂頻繁，終於也使明朝步向黃昏時期。

看地圖了解世界史

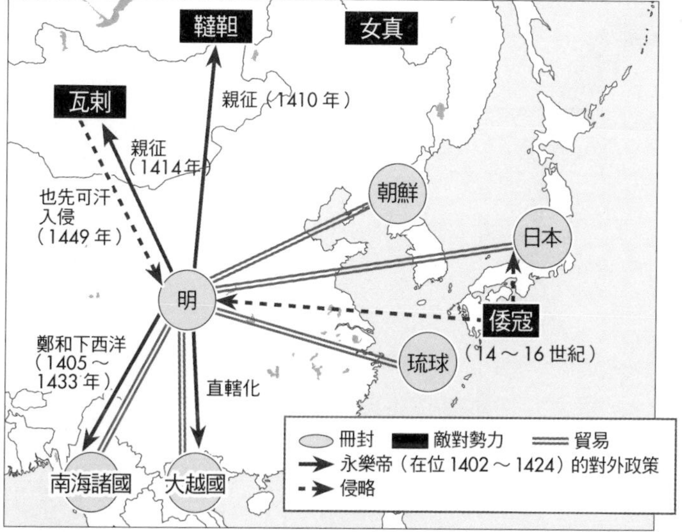
韃靼
女真
瓦剌
親征（1410年）
親征（1414年）
也先可汗入侵（1449年）
朝鮮
日本
明
倭寇
（14～16世紀）
琉球
鄭和下西洋（1405～1433年）
直轄化
南海諸國
大越國
冊封
敵對勢力
貿易
永樂帝（在位1402～1424）的對外政策
侵略

明朝的對外政策（十五世紀前後）

明朝的對外貿易在東亞、東南亞到印度洋的廣大範圍間相當活躍地進行著。尤其是琉球（現今的沖繩縣）因與明朝進行貿易而繁榮起來，成為連結東海與南海的海路交通要塞。在鄭和下西洋的南海各國之中，成立於馬來半島西南部的麻六甲蘇丹王朝（今日的馬來西亞）成長尤其急速，也享有地利之便，是連結印度洋與東南洋的「中繼點」，從而成為東南亞最大的貿易據點。

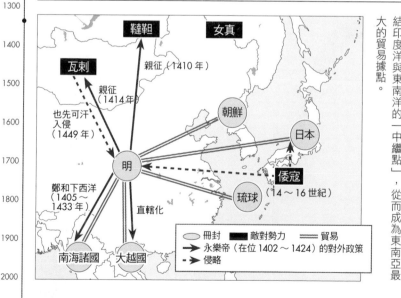

當時的台灣

早期的海洋貿易／14～15世紀 14世紀後半葉起，東亞商路益發興盛，商船、海盜往來不絕，澎湖、台灣成漢人、日人從事貿易和海盜活動的據點。雞籠、淡水成為重要的指標點與飲水補給站，前來的中日商人透過以物易物的方式，與原住民交換黃金、硫磺、鹿皮。加上豐臣秀吉1596年第二次出兵侵略朝鮮，明朝也加強澎湖軍防以防備日人入侵澎湖，更使得中、日的走私會合地漸從澎湖轉為台灣。

HISTORIC EVENT

46

清朝

一六三六年後金國第二代皇太極征服了察哈爾（內蒙古），並建立清朝。隔年又納朝鮮王朝（李朝）為屬國。一六四四年順治皇帝更占領了北京。
後金
察哈爾（內蒙古）
呵呵呵……朕終於成為全中國的統治者了。
清朝的皇太極也跟先前各朝一樣，制定各種統治政策，
其中之一就是「辮髮」。
強迫漢民族沿用滿州民族的習慣，將頭頂中央剃成圓弧狀，剩下的頭髮辮成辮子垂落在身後。
然後，在康熙皇帝時，清朝更確立了一統中國的統治體制。

PLACE
中國

AGE
1636年以後

KEY WORD
滿州民族
科舉

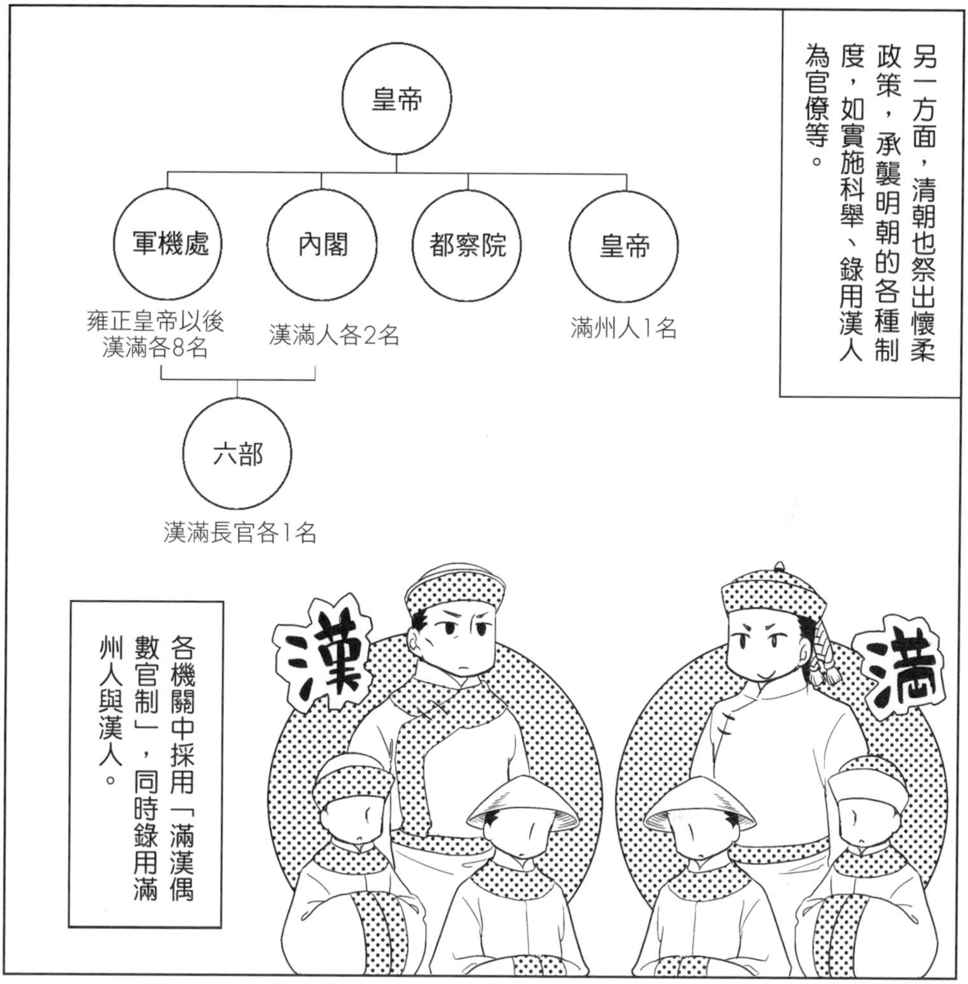

另一方面，清朝也祭出懷柔政策，承襲明朝的各種制度，如實施科舉、錄用漢人為官僚等。

皇帝

軍機處
雍正皇帝以後
漢滿各8名

內閣
漢滿人各2名

都察院

皇帝
滿州人1名

六部
漢滿長官各1名

漢
滿

各機關中採用「滿漢偶數官制」，同時錄用滿州人與漢人。

清朝透過如此徹底的懷柔政策，得以在中國成功維繫了長達二七六年的國祚。

辮髮是征服中國的印記

正當明朝衰退、統治體制動搖之際，在中國東北方的滿州族的努爾哈赤統一了各部族，於一六一六年建立金國（為與P107提到的金區別，而稱「後金」）。後金在薩爾滸之戰中打敗明朝，在第二代皇帝皇太極在位期間將察哈爾（內蒙古）併入版圖，定國號為「清」。

一六四四年，當明朝因農民起義、即「李自成之亂」而終於滅亡，清軍也在已臣服的明朝武將吳三桂的帶路下，越過萬里長城，蜂擁來到華北（中國北部），最後打倒李自成並占領了北京。於是，清朝以北京為首都，在第四代皇帝康熙皇帝時成為統一中國的國家。

除了吳三桂以及台灣為據點的鄭成功之外，仍有其他明朝遺臣持續反清，但最後清朝鎮壓了反叛軍，穩固國家的局勢。甚至，清朝為了讓以往統治中國的漢族在精神上也降服於己，而強迫他們改成滿州族等北方民族獨特的髮型「辮髮」。為什麼清朝要這麼做呢？說到底，其用意正是透過強迫占中國人數大多數的漢民族承襲滿州族的習慣，以「辮髮」為印記來彰顯清朝征服了中國啊。

偉人特寫

努爾哈赤（一五五九～一六二六）
出身於滿州族（原本為女真族，由努爾哈赤改變名稱）的愛新覺羅氏。統一各部族建立「後金」，成為初代皇帝。

皇太極（一五九二～一六四三）
清朝第二代皇帝。皇太極是「皇太子」的意思，所以在其同時代中還有許多人被稱為皇太極，但通常就是指後來成為皇帝的他。

鄭成功（一六二四～一六六二）
出生長崎，母親為日本人。近松門左衛門的人形淨瑠璃作品中為人所知的《國姓爺合戰》，就是描寫他的事蹟。

親近世界史

清朝與中國國旗的祕密

中華人民共和國目前所使用的國旗為「五星旗」，旗子的圖案是紅色的底上畫有五顆星。大星星代表的是人口占了90%以上的漢族，環繞在大星星旁的四顆小星星則分別代表滿州族、蒙古族、維吾爾族與藏族。中國的國旗帶有這樣的意味：現今的中國正是繼承了清朝所征服的領土。

當時的
日本

水戶黃門／1628～1700年　鄭成功在以反清復明為號召的南京之役中戰敗後，曾向鎖國中的日本請求支援。朱舜水身為鄭成功的遺日使者，之後便流亡至日本，與水戶藩中以「水戶黃門」別名著稱的德川光圀（譯註：他曾任黃門官，故稱水戶黃門）成為很好的朋友。

BC 100 200 300 400 500 600 700 800 900 1000 1100 1200 1300 1400 1500 1600 1700 1800 1900 2000

軟硬兼施的清朝統治體制

十七至十八世紀，清朝壓制了整個中國領土。以滿州（中國東北部）、中國本土及台灣為直轄地，蒙古、察哈爾及維吾爾族為藩部（自治區）、朝鮮、琉球、越南、泰國及緬甸等為屬國，掌控著廣大的領土。稱為「五族」（漢、滿、蒙、回、藏）的五個主要民族雖然都受到清朝的統治，但為了確實掌控人數占大多數的漢族，清朝除了以強硬的手段使他們屈服之外，同時也實施了巧妙的政策。那就是，清朝幾乎完全承襲了明朝的統治體制，如透過科舉錄用與滿族官僚人數相同的漢族官僚人數、振興漢族所重視的儒學等等。

第四代皇帝康熙皇帝改變了明朝所實施的「一條鞭法」（按土地及人丁勞役徵收貨幣的稅制），轉而採行「地丁銀制」（譯註：「地丁」是清代田賦收入，用銀兩徵收的叫「地丁銀」）。這是將丁銀（即人頭稅，是無關土地、就個人所課收的稅）編入地銀（土地稅）中，將稅目整合為一以進行徵收的制度。

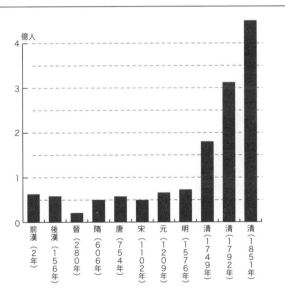

看圖解了解世界史

清朝發生人口爆炸？

今日的中國人口已經超過了十三億。翻開歷史記載，至明朝為止人口還不滿一億，但到了清朝人口卻爆炸性地增加。這或許是由於清朝採行地丁銀制、廢止人頭稅，使之前並未申報戶口的人也去登記戶籍的緣故。然而，由於清朝的統治安定，當時的經濟有了飛躍性的成長，的確也使得實際人口有所增加。

億人
4
3
2
1
0
前漢（2年）
後漢（156年）
晉（280年）
隋（606年）
唐（754年）
宋（1102年）
元（1209年）
明（1576年）
清（1749年）
清（1792年）
清（1851年）

當時的
台灣

郭懷一事件／1652年 荷蘭統治時期，農民因甘蔗業衰退而謀生困難，又不滿荷蘭東印度公司的苛政，從而引發了1652年漢人農民武裝反抗荷蘭人統治的「郭懷一事件」，但最終因消息走漏而失敗。這是台灣史上第一起大規模反抗統治政權的事件。

HISTORIC EVENT

47 朝鮮半島的歷史

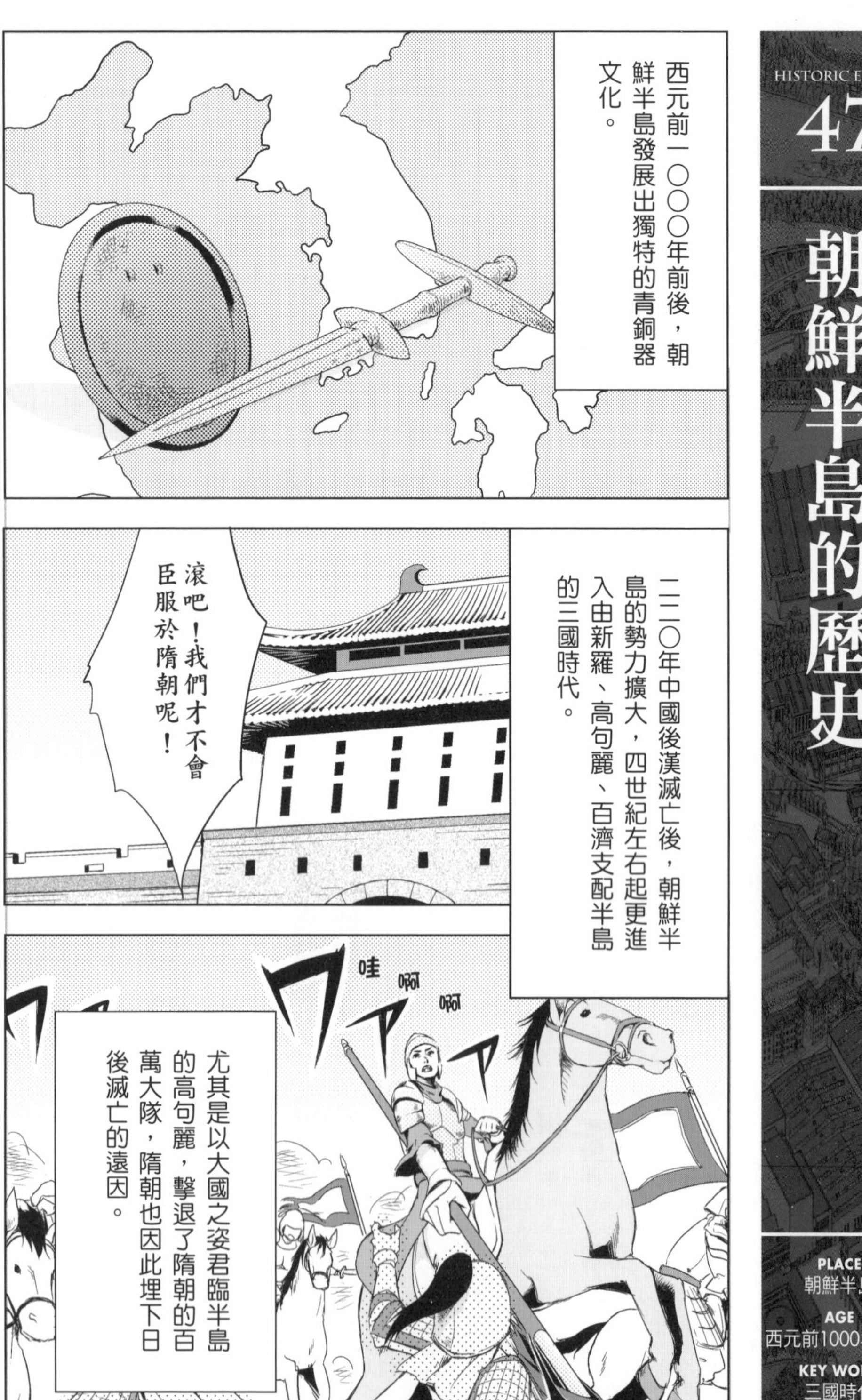

西元前一〇〇〇年前後，朝鮮半島發展出獨特的青銅器文化。
二二〇年中國後漢滅亡後，朝鮮半島的勢力擴大，四世紀左右起更進入由新羅、高句麗、百濟支配半島的三國時代。
滾吧！我們才不會臣服於隋朝呢！
哇
啊
啊
尤其是以大國之姿君臨半島的高句麗，擊退了隋朝的百萬大隊，隋朝也因此埋下日後滅亡的遠因。

PLACE
朝鮮半島

AGE
西元前1000年以後

KEY WORD
三國時代
高麗
李氏朝鮮

自九一八年起新羅開始面臨衰退期，高句麗的大族王建驅逐了施政殘暴的弓裔。
弓裔，你已經不是這國家的國王了。
王建
快滾！
他所建立的高麗，成了支配著整個朝鮮半島的大國。
到了一三九二年，高麗的武將李成桂廢掉第三十四代恭讓王，自行登基為王，成立朝鮮半島最後的王朝——朝鮮王朝。
呵呵呵呵呵！
李成桂
朝鮮王朝在一八九七年更名為「大韓帝國」。之後於一九一〇年被大日本帝國併吞。

朝鮮半島也有三國時代

在朝鮮半島上一般認為最早出現的國家，是由考古發現、存在於西元前二世紀的「衛氏朝鮮」。衛氏朝鮮被中國的前漢（參考P67）所滅，漢朝在朝鮮半島設置了樂浪郡等四個行政機關（漢四郡），被納入前漢的統治底下；但之後前漢衰退，支配朝鮮半島的體制崩盤，朝鮮半島上開始建立起新的國家。其中，嶄露頭角的是新羅、高句麗、百濟三國，隨著他們爭奪朝鮮半島霸權而形成的三國時代，從四世紀左右延續至七世紀中；之後新羅因為和中國的唐朝結盟，而滅掉百濟與高句麗，成功統一了半島，史稱「統一新羅時代」。在新羅的北方，舊高句麗的遺民與北方民族則聯手建立了「渤海國」。

當新羅的統治體制也崩壞後，朝鮮半島又進入了群雄割據的時代。後百濟、後高句麗等國以復興過去曾存在的國家的名義相繼成立，使得島上烽火連天。在這場戰爭中獲勝的是後高句麗的重臣王建，接收後高句麗政權的他併吞了新羅，接著再打倒後百濟，建立起統一國家「高麗」。朝鮮半島的英文寫法是「Korea」，正是源自於高麗一詞。

偉人特寫

乙支文德（生卒年不詳）
高句麗的將軍。捉弄隋朝的大軍，成功阻止隋朝的侵略。首爾市中重要的乙支路，便是為了讚揚他的功績而命名的。

王建（八七七～九四三）
在史稱「後三國時代」的群雄割據時代中脫穎而出，統一朝鮮半島建立高麗（王氏朝鮮），成為初代國王「高麗太祖」。

李成桂（一三三五～一四〇八）
朝鮮王朝（李氏朝鮮）的創立者。原本是高麗軍人，發動政變奪下政權後將國號改為「朝鮮」，為初代國王。

世界史祕辛

反映鮮明人性的朝鮮國王們

《大長今》、《同伊》、《李赫》等韓國古裝劇在日本也很受歡迎。不過，相對於日本時代劇中幾乎沒有什麼作品是以一國之君的天皇為主角，韓國古裝劇以李氏朝鮮的歷代國王做為主角、或主要登場人物而放入故事中的情形卻非常多。這或許是因為，朝鮮歷代君王中許多人的個性都很強勢吧。舉例來說，不僅有創立朝鮮語的世宗（第四代）與對大眾文化發展有所貢獻的正祖（第二十二代）等，也有為了固守權力不惜造成流血衝突的燕山君和光海君（第十五代）等暴君。

當時的
日本

佛教的傳入／6世紀　佛教傳入日本是從538年時，百濟的聖明王贈送佛像給欽明天皇開始。據說聖明王的孫子阿佐太子，來訪日本之後透過佛教與聖德太子建立深厚的交情。

歷經二次的長期政權

高麗政權持續了約五〇〇年，但在末期時國土卻遭到元朝的大軍侵略（P111），不得不成為臣從。高麗也跟著元朝過海攻打日本，即「元寇」事件。

當元朝因紅巾之亂而衰退後，高麗便與元朝斷交。廢掉元朝干預之下所設置的行政機關，並重建高麗時代的各種制度。然而，隨著明朝在中國的崛起，高麗的政權也分成親明派與親元派而混亂不堪，親明派的國王被親元派所暗殺、喪失了統治能力。親明派的高麗武官李成桂眼見情勢不妙，於是當機立斷地發起政變、廢黜親元派的國王。接著，更迫使做為傀儡被拱上王位的國王讓位，建立朝鮮王朝，成為初代國王「朝鮮太祖」。李成桂所成立的朝鮮，也被冠上其家族姓氏而稱為「李氏朝鮮」。繼高麗之後，李氏朝鮮也存續了五〇〇年。

看地圖了解世界史

朝鮮半島的變遷

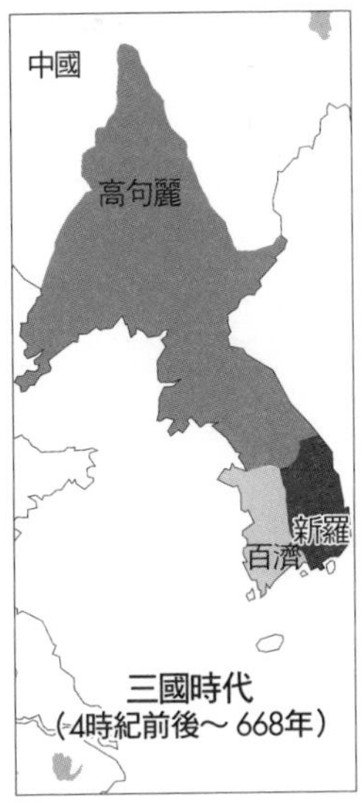
中國
高句麗
百濟
新羅
三國時代
（4時紀前後～668年）

中國
開京
（現今的朝鮮民主主義人民共和國開城市）
高麗
高麗時代
（918～1392年）

中國
漢城
（現今的韓國首爾市）
李氏朝鮮時代
（1392～1897年）

當時的台灣

台灣納入清朝版圖／清領時期　在康熙皇帝之前，清朝還未將台灣視為是自己的領土，即使在鄭克塽降清以後，清朝官員對於台灣是否收入版圖這問題的看法，也仍然分成正反兩派。1684年，康熙皇帝在統整兩派意見後，才決定接受施琅等贊成派官員意見，將台灣納入版圖。

HISTORIC EVENT

48 蒙兀兒帝國

一五〇四年，帖木兒帝國的第五代皇帝巴布爾於今日阿富汗的首都喀布爾登場。
喀布爾
巴尼伯德
德里
一五二六年在北印度的巴尼伯德戰役上，他大量使用火繩槍與大炮而擊敗伊斯蘭的洛提王朝，占領德里，建立了蒙兀兒帝國。
火繩槍
大炮
巴布爾

一五五六年，蒙兀兒帝國的第三代皇帝阿克巴在十三歲時登基。
為了使政權穩定且妥善運行，得執行幾項改革！
賈吉爾制
Jágír
（領地、俸祿地）
曼薩布達爾制
Mansabdari
（官位、階級）
除了實行中央集權而採州縣制之外，也制定了名為「曼薩布達爾制」的軍事制度，以及名為「賈吉爾制」的稅制，打下使帝國繁榮的根基。
阿克巴一世

然而一八五八年英國入侵印度，皇帝被驅逐至今日的緬甸，存續三〇〇年以上的蒙兀兒帝國就此滅亡。

PLACE
印度

AGE
1504年以後

KEY WORD
曼薩布達爾制
賈吉爾制

BC 100 200 300 400 500 600 700 800 900 1000 1100 1200 1300 1400 1500 1600 1700 1800 1900 2000

熱衷於文化融合的皇帝

在十六世紀初的印度，出身於中亞的巴布爾（Babur）以喀布爾（Kabul，現今的阿富汗）為根據地，開始侵略北印度。一五二六年，巴布爾在巴尼伯德戰役（Battle of Panipat）中打倒了洛提王朝（Lodi dynasty），占領德里（Delhi）。於是蒙兀兒帝國就此誕生，伊斯蘭勢力開始支配印度傳統的印度文化圈（Hindu）。

而蒙兀兒帝國實質上確立起其帝國地位，是在第三代皇帝阿克巴（Akbar）在位期間。阿克巴將首都遷至阿格拉（Agra）後，透過授予官階並配給相等的騎兵與坐騎數量，將統治階層組織化；並且，又進行全國性大規模的測量來整頓稅收系統，鞏固了統治體制。接著，阿克巴又在十五～十六世紀的印度社會實行起伊斯蘭教與印度教的融合政策，他不僅不強迫民眾改信伊斯蘭教，甚至自己也娶印度教徒女性為妻，從信仰與政治兩方面致力於伊斯蘭教與印度教的融合。

偉人特寫

巴布爾（一四八三～一五三〇） 自稱為帖木兒（參考P115）第五代的孫子並建立蒙兀兒帝國，成為初代皇帝。他之所以自稱是帖木兒的子孫，也是為了強調自己是成吉思汗的末裔，以取得統治的正當性。

阿克巴（一五四二～一六〇五） 蒙兀兒帝國第三代皇帝。不僅不強迫民眾改信伊斯蘭教，還撤除了對非伊斯蘭教徒所課徵的人頭稅（Jizya）。他藉此攏絡了印度教徒，鞏固支持的根基，成功穩定了其政治體制。

親近世界史

反映文化融合的美麗陵寢

從融合伊朗與印度文化的蒙兀兒圖畫等看來，在蒙兀兒帝國中不只宗教與政治，文化方面的融合也很積極。印度著名的觀光盛地泰姬瑪哈陵（Taj Mahal），是第五代皇帝沙賈汗（Shah Jahan）為了已逝的王妃所建的陵墓，這座陵墓的建築樣式也融合了印度與伊斯蘭的元素。

印度的泰姬瑪哈陵（Photo by tehzeta）

當時的日本　**秀吉的統一天下／1590年**　曾是織田信長家臣的羽柴秀吉（日後的豐臣秀吉），在本能寺之變中打敗信長並討伐明智光秀，而鞏固其做為信長接班人的地位。他率領全國的戰國大名（譯註：參考P146），平定了奮戰到底的關東北条氏，終於完成統一大業。

當時的台灣　**西班牙人覬覦台灣／1598年**　已占領菲律賓的西班牙，擔心當時勢力壯大的日本豐臣秀吉政權將持續向南擴張，因此想要搶先占領台灣，以阻止日本的發展。於是於1598年率軍乘船攻台，但卻受到颱風的阻礙，被吹回菲律賓群島。

HISTORIC EVENT

49

非洲的歷史

PLACE
非洲

AGE
19世紀為止

KEY WORD
盛產黃金
奴隸

迦納帝國
庫什王國
做為人類發源地的非洲，也出現各王國相繼興亡的情形。

西元前八世紀前後
庫什王國
首都麥羅埃
（Meroe）
尼羅河上游的庫什王國攻打下游地區，曾統治埃及一段時期。

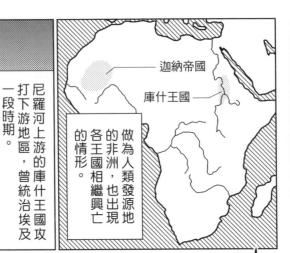

鏘鏘！

很好，這樣就完成強韌的鐵了！
晶亮
晶亮
庫什王國的首都麥羅埃發展出優越的鑄鐵技術。

誕生於西非尼日河中游的迦納帝國盛產黃金，成為貿易的中心地。
沙！
哦！又撈到黃金了！

這樣就能交換岩鹽了！

鏘啷！

然而在十五世紀初進入大航海時代後，葡萄牙與西班牙進攻非洲，非洲於是淪為奴隸貿易的據點。

快走！

我們的命運會怎麼樣呢……？

大概會被帶去新發現的美洲大陸當勞工吧……

這種狀況一直持續到十九世紀對於奴隸貿易的批評聲浪高漲後，才告一段落。

也曾出現統治過古埃及一帶的國家

在非洲歷史上，成立年代最為古老的國家是古埃及，其後也同樣被視為是古國的，是西元前九二〇年，於現今的南埃到北蘇丹附近一帶建國的庫什王國（Kush）。憑著鑄鐵技術與商業而繁榮昌盛，並使用獨特的麥羅埃文（Meroitic script）的庫什王國，在西元前八世紀時也曾統治埃及，但卻在四世紀時被衣索比亞的阿克蘇姆帝國（Aksumite Empire）所消滅。

西非地區則成立了迦納帝國（Ghana Empire）、馬利帝國（Mali Empire）、桑海帝國（Songhai Empire）等國家。穆斯林商人（伊斯蘭教的商人）至迦納帝國與馬利帝國等地，尋求當地盛產的黃金，以岩鹽來交換黃金、進行貿易。但在十一世紀，迦納帝國受到興起於北非的伊斯蘭穆拉比特王朝（Murabitun dynasty）的攻擊而衰退；也因為這緣故，西非伊斯蘭化的傾向愈來愈嚴重。桑海帝國則因與北非進行貿易而日益繁榮，尤其是尼日河（Niger River）中游的廷巴克圖（現名通布圖，Tombouctou），起先是做為貿易城市而興起，之後又成為非洲內陸伊斯蘭文化圈的學術中心地。

偉人特寫

曼薩・穆薩（Mansa Musa）（?～一三三七?）

馬利帝國的第十代國王。替因盛產黃金而有「黃金之國」的馬里帝國締造了巔峰期，被視為是人類史上擁有最多資產的人，其資產經換算後可謂約有四〇〇〇億美元（約三十五兆日元）。據說他於巡禮麥加時在開羅發送了大量的黃金，因而造成黃金市價的暴跌。

阿斯基亞・穆罕默德（Askia Muhammad I）（一四四三～一五三八）

建立桑海帝國全盛時期的人。在馬利發現了被認為是阿斯基亞陵寢、採用伊斯蘭元素打造的遺跡建築物，並被聯合國教科文組織（UNESCO）登錄為世界遺產。

親近世界史

因穆斯林貿易而產生的斯瓦希里語

如大型噴射機（jumbo jet）等名稱中形容大型事物的「jumbo」的通稱，也英國倫敦動物園中享有高人氣的非洲象名字「金寶」（Jumbo）的來源。這個名字其實是源自斯瓦希里語（kiswahili）中的招呼語，相當於「你好」、「你好嗎」的意思。肯亞、坦尚尼亞及烏干達等現今東非各國中做為官方語言所使用的斯瓦希里語，其實是穆斯林商人在當地進行貿易時，受到阿拉伯語與波斯語的影響而產生的。誕生於非洲東岸的斯瓦希里語，在東岸地區與內陸的貿易頻繁之後，也傳播至內陸地區。

當時的日本　**江戶幕府成立／1603年**　豐臣秀吉死後，由其心腹石田三成召集豐臣旗下的大名，對抗德川家康與反三成派的勢力進行戰爭（關原之戰）。戰勝的家康就任為征夷大將軍，在江戶設立幕府，確立了德川氏的霸權。

⚜與伊斯蘭商人的貿易帶來繁榮

在非洲東岸，摩加迪休（Mogadishu）以北一帶自古以來便與阿拉伯與伊朗進行海上貿易，十世紀以後在南方的馬林迪（Malindi）、桑吉巴（Zanzibar）、基爾瓦（Kilwa）等海岸城市中也有穆斯林商人居住，並因成為印度洋貿易據點而相當繁榮。尚比西河（Zambezi River）以南，則有一些從十一世紀前後繁榮起來的國家，譬如在印度洋貿易中輸出黃金與象牙的莫諾莫塔帕王國（Monomotapa）。做為世界遺產的大辛巴威（Great Zimbabwe）遺址，則說明了當時的繁榮景致。

然而，隨著大航海時代的到來（參考P136），在西印度諸島及美洲大陸流行起大型栽培農場（Plantation），因此歐洲列強開始從非洲引進做為勞動力使用的奴隸，進行奴隸貿易。這麼一來，便形成了三角貿易的形式：先從歐洲將武器或雜貨運送至非洲，以此為交換而將奴隸運送至西印度諸島或美洲大陸，最後再將收成的甘蔗或棉花等農產物帶回歐洲。

看地圖了解世界史

主要的非洲各國（十六世紀為止）

伊斯蘭教傳入非洲大陸的時期是在七世紀。非洲最早伊斯蘭化的地區是埃及，首都開羅如今仍林立著許多伊斯蘭的清真寺，因為清真寺太多而有「千塔之都」的稱號。儘管西非的伊斯蘭化是伴隨著征服所產生的影響，但非洲東岸的海岸城市的伊斯蘭化則是因為貿易所造成的結果，可以說非洲的伊斯蘭化主要原因在於商人的商業活動。穆斯林商人也以阿拉伯海、印度洋做為舞台與印度進行貿易，甚至還挺進東南亞及中國。

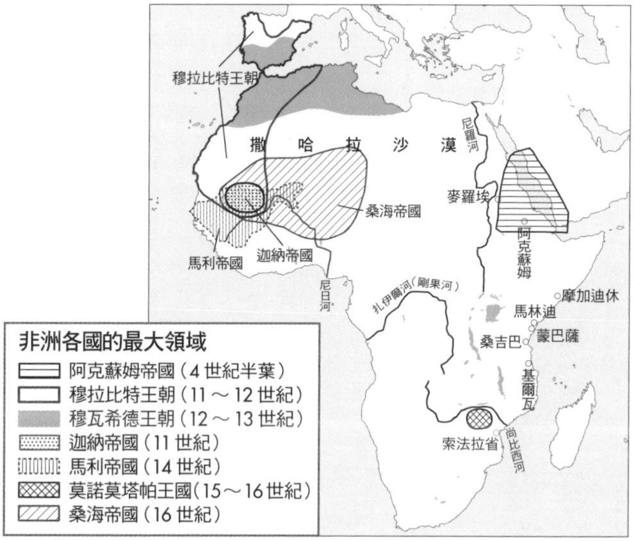

穆拉比特王朝
撒哈拉沙漠
尼羅河
麥羅埃
桑海帝國
阿克蘇姆
迦納帝國
馬利帝國
尼日河
扎伊爾河（剛果河）
摩加迪休
馬林迪
蒙巴薩
桑吉巴
基爾瓦
索法拉省
尚比西河

非洲各國的最大領域
- 阿克蘇姆帝國（4世紀半葉）
- 穆拉比特王朝（11～12世紀）
- 穆瓦希德王朝（12～13世紀）
- 迦納帝國（11世紀）
- 馬利帝國（14世紀）
- 莫諾莫塔帕王國（15～16世紀）
- 桑海帝國（16世紀）

當時的台灣

大肚王國的存在／17世紀 最早在1638年荷蘭人《熱蘭遮城日誌》中便有關於「大肚王國」的記錄，是當時在台灣中西部（約今日大甲到彰化一帶）由平埔族建立的政權。大肚王國在1644年被荷蘭人重創後，仍維持一定的自主權，直到清領時期勢力才逐漸衰弱。目前對這個「王國」的成立年代、組織形式仍難有定論，一說認為或許只是個較龐大的部落聯盟。

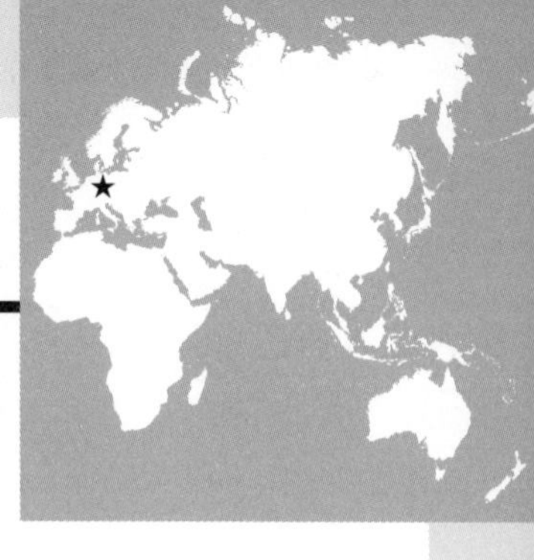

保險和政黨政治都是源自於咖啡的副產品？

早期做為藥物食用的咖啡

起初，人類並不是將咖啡當成飲用的飲料，而是將咖啡果實搗碎、和油攪拌，做成丸子來吃的。雖然不清楚咖啡是從何時變成飲料的，但有這樣的一則傳說：在六世紀非洲的衣索比亞，有位山羊飼主看到吃了紅色果實的山羊變得很興奮，覺得很不可思議，於是發現這個紅色咖啡的果實具有趕走睡意的作用，因而將咖啡當成提神藥物使用，並流傳開來。另外，也有一則傳說，認為咖啡是十三世紀初在阿拉伯的摩卡（Mokha，現在的葉門）由名為歐瑪（Omar）的伊斯蘭教僧侶所發現的。

關於咖啡最古老的記錄，是在九〇〇年左右第一次被阿拉伯的醫師所使用。那位醫師知道咖啡有助於消化、可強化心臟功能，也有利尿的效果，而將野生咖啡種子熬煮成汁液，讓患者飲用。在伊斯蘭圈廣泛被飲用的咖啡，人們是將它當成藥品，或是為了宗教目的當成伊斯蘭教深夜修行時的提神劑來使用；終於在十五世紀末，咖啡成了奉行禁止飲酒此一教義的穆斯林（伊斯蘭教教徒）間眾所愛好的飲品，廣泛地被飲用。

「把咖啡當成是基督徒的飲品吧！」

做為飲料的咖啡傳至歐洲的契機是，已有品嘗咖啡習慣的埃及被鄂圖曼帝國所征服，於是，咖啡也被帶進鄂圖曼帝國的首都君士坦丁堡，並在十六世紀開了全世界第一家的咖啡店。咖啡隨後也傳到羅馬，據說，喝了咖啡的羅馬教宗克萊門八世（Pope Clement Ⅷ）宣布：「咖啡只做為異教徒（穆斯林）的飲料實在太可惜了，也把它當成是基督徒的飲品吧！」於

歐洲篇

是咖啡便從羅馬傳播到整個歐洲，隨著資本主義及世界貿易的發達，而有爆發性的擴展。

起初，飲用咖啡的階層是有限制的，但在十七世紀時，義大利、英國、德國及法國等歐洲各地紛紛開起了咖啡店；接著咖啡更進一步被帶進北美大陸，漸漸地，全世界都開始喝起咖啡。咖啡最早進到日本的紀錄，則是在一六四一年由荷蘭人帶到長崎的出島。

新聞業與保險業也都誕生於咖啡店

大致而言，在英國出現了飲用咖啡蔚為流行的情況，據說在十八世紀的倫敦開了超過三〇〇〇家的咖啡店。咖啡店不只是單純喝咖啡的地方，也是可自由閱讀報章雜誌、採取會員制以允許男性常客們熱烈談論政治話題的社交場所；於是，咖啡店最終也發展出政治功能，成為公共輿論與民主主義的根基，支持著近代的市民社會。談論政治話題的常客們提議「來搞政治吧！」，並在咖啡店裡聚會，由此開始發展的正是英國的政黨政治；此外，常客之間的政治議論也形成輿論，進而發展出新聞業，並促使報紙及雜誌等大眾媒體的成長。而世界現存最古老的科學研究院「皇家學會」（Royal Society），也是自咖啡店誕生的產物。

不僅如此，由於咖啡店成為收集情報的場所，因此也有許多商人為了尋求情報而群聚一堂。譬如某家咖啡店因為同樣是常客的商人、船員及船主等經常在那裡交換海運資訊、分擔航海資金，進而發展成一起出資的場所。這家店的店名正是「勞依茲」（Lloyd's，譯註：英國個人保險業者集團）。這家全球最大的保險公司，其實原本只是家咖啡店呢。

簡明圖解 世界的動向

歷經了為尋求辛香料而從十五世紀末開始的大航海時代，
開拓航路的歐洲人逐漸掌握世界經濟的大權。
列強激烈地爭奪殖民地，成功落實近代化的國家則急速擴張其勢力。

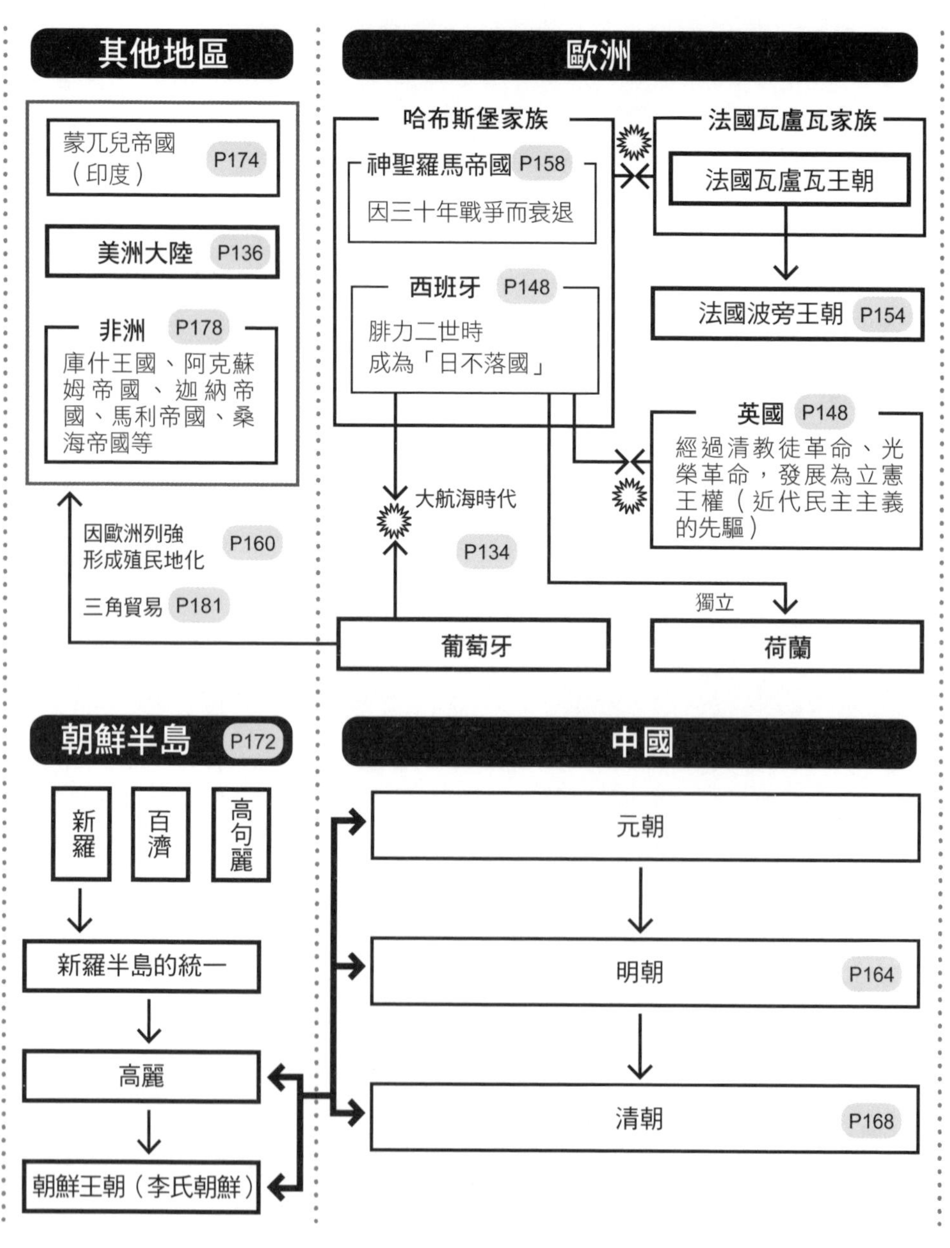
其他地區
蒙兀兒帝國（印度） P174
美洲大陸 P136
非洲 P178
庫什王國、阿克蘇姆帝國、迦納帝國、馬利帝國、桑海帝國等
因歐洲列強形成殖民地化 P160
三角貿易 P181
歐洲
哈布斯堡家族
神聖羅馬帝國 P158
因三十年戰爭而衰退
西班牙 P148
腓力二世時成為「日不落國」
法國瓦盧瓦家族
法國瓦盧瓦王朝
法國波旁王朝 P154
英國 P148
經過清教徒革命、光榮革命，發展為立憲王權（近代民主主義的先驅）
大航海時代
P134
獨立
葡萄牙
荷蘭
朝鮮半島 P172
新羅
百濟
高句麗
新羅半島的統一
高麗
朝鮮王朝（李氏朝鮮）
中國
元朝
明朝 P164
清朝 P168

第三章
中世紀的世界(後半期)
考察

本章介紹的是胸懷淘金大夢的人們大幅描繪世界地圖的時代。大航海時代之所以於十五世紀末揭開序幕，是因為以胡椒等辛香料為代表的、從海外進口的貿易品需求量增加，促使歐洲人從而尋求新航路的開拓。尤其是經歷了「收復失土運動」、從伊斯蘭勢力手中將伊比利亞半島奪回基督教圈之後才建立起的葡萄牙與西班牙這兩個王國，它們為了想要不經穆斯林商人轉手、直接拿到亞洲的辛香料，於是各自展開向東與向西的航行，兩派人馬皆以印度為目標而互相爭戰。

經過文藝復興洗禮的歐洲人們從基督教會的世界觀解放出來，掌握了重視實驗與觀察的合理性，這因素也驅策著歐洲朝全世界擴張勢力。主張地球是圓形球體、並握有羅盤的歐洲人們，遠洋航行的航海技術也十分發達。於是，他們發現了新航路和新大陸（即美洲大陸），美洲大陸進而淪為歐洲的殖民地。

相較之下，在亞洲，過去曾建立元朝這般龐大帝國的蒙古帝國衰退之後，在混亂的時代裡相繼興起的是帖木兒帝國、鄂圖曼帝國、蒙兀兒帝國等；而中國則是先出現明朝，接續其後的清朝也興盛地發展著。鄂圖曼帝國在十六世紀前半，勢力已擴張到成為橫跨亞洲、非洲及歐洲的大帝國，並對歐洲人們造成威脅；但世界的經濟卻仍由大航海時代時便已進軍全球的歐洲一手掌握。世界各地受歐洲的勢力發展所左右，確立起以歐洲為中心的世界版圖，也因此導致日後的亞洲處於劣勢。

近代的世界

第四章
列強的崛起

「革命的時代」應該是最適合形容這個時代的一句話。
與統治階層相抗衡的市民開始反擊，在各地發動革命。
另外，也是在這個時代中，為了蓄備經濟能力與軍事能力，
幾個國家朝殖民地政策邁進，被冠上了「列強」名號。
在這樣的背景中，更不能遺漏的是
大大改變了人類生活的工業革命。

FLYING SCOTSMAN
1783年
美國獨立
▸P188
英VS米
1789年
法國革命
▸P192

おおお
おお
1789年
拿破崙的時代
▸P194
1894年
清朝的半殖民化
▸P218

HISTORIC EVENT

50

美國獨立戰爭

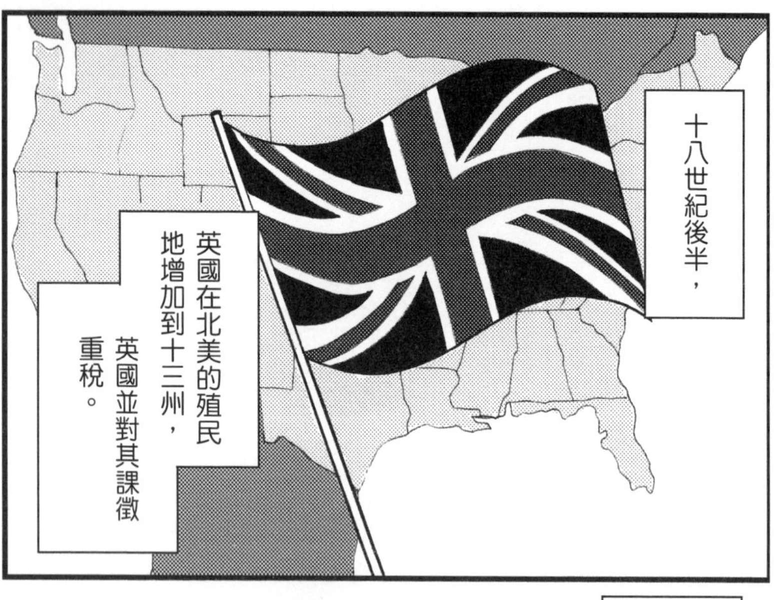
十八世紀後半，
英國在北美的殖民地增加到十三州，英國並對其課徵重稅。

為了出清英國本國大量的紅茶庫存，
「茶稅法」成立！
英國於一七七三年成立「茶稅法」，給予東印度公司在美國殖民地的獨賣權。
英國萬歲
喧囂
喧囂
拍手
鼓舞
拍手
拍手
拍手
鼓舞
拍手
鼓舞
拍手
鼓舞

於是，大批免關稅的紅茶便從本國流入殖民地，使當地商人及農民因而困頓不堪。
進口的價格那麼便宜，我們的紅茶就賣不出去了啦！
母國的那些人到底在想什麼啊？
TEA
TEA

PLACE
美國

AGE
西元前18世紀後半

KEY WORD
東印度公司
殖民地
茶稅法

於是同年十二月殖民地的怨氣爆發。

波士頓傾茶事件
這種東西就丟掉吧！
ええいっ
呀！
TEA
TEA
咚！

約六十名商人從本國送來的紅茶，一箱箱被扔入大海。

TEA

英VS美

之後英國母國與美國殖民地的衝突益發激烈。

英VS米

接著各國也捲入這場紛爭，發展成美國獨立戰爭。

因母國的高姿態而震怒的殖民地

由於長期持續爭奪著殖民地，導致英國與法國陷入了嚴重的財政困境。但是，英國在北美東部所擁有的十三個殖民地無論是農、工、商業都蓬勃發展，在政治方面也很快就建立起自治區的體制。於是英國為了向做為殖民地的美洲尋求財源，在一七六五年發布了「印花稅法」（出版品貼上政府所發行的印花，以此為據進行繳稅的法律，Stamp Act）。這時期的歐洲各國，為了累積國家的財力，採取了允許國家介入經濟的經濟政策（即重商主義，Mercantilism），英國也從很早以前就為了抑制美國工商業的發展而施予壓力，十三個殖民地因而強烈反彈。反對運動的指導者派屈克・亨利（Patrick Henry）主張「無代議士，無納稅」（No taxation without representation），認為殖民地代表既然無法參加英國母國的會議，就沒有納稅的義務。

一七七三年，發生了重大事件：進入十三殖民地之一的麻薩諸塞州（Massachusetts）波士頓港的東印度公司船隻被襲擊，船上裝載的紅茶全被扔入大海，史稱「波士頓傾茶事件」（Boston Tea Party）。那是由美洲殖民地一方反對茶稅法（Tea Act）——英國同意東印度公司無需繳納關稅便能販賣紅茶的法律——的激進派所

偉人特寫

富蘭克林（Benjamin Franklin）（一七〇六～一七九〇）

美國《獨立宣言》的草擬者之一，也是名科學家。他因為以實驗證明了雷原來就是電，並發明出避雷針而為人所知。

托馬斯・潘恩（Thomas Paine）（一七三七～一八〇九）

他批判君主制，主張共和制度與獨立的合理性而出版了《常識》（*Common Sense*）。這本書的出版，也使美國獨立的發展趨勢更為高漲。

傑佛遜（Thomas Jefferson）（一七四三～一八二六）

他擬定了《獨立宣言》，文中敘述了有關自由與平等、反專制的正當性等近代民主主義基本原理。之後成為美國第三任總統。

親近世界史

這是哪國的國旗呢？

建國之初的美利堅合眾國國旗，旗幟上星星的數量比現在少，而且排列成圓形。圖中的十三顆星星與紅白十三條橫條，代表的是獨立之際的十三州。之後，由於州數的增加，星星數量也跟著增加，一八九八年被併入美國的夏威夷（當時是夏威夷共和國）在一九五九年昇格成第五十州，美國國旗也成為現在的樣式。

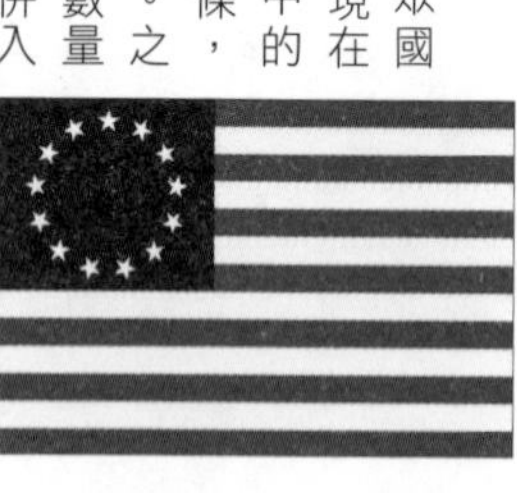

當時的
日本

田沼意次的治世／1767～1786年 成為江戶幕府最高負責人的田沼，為了能夠不依賴年貢就鞏固好財政而採用重商主義。雖因收賄而有貪汙的惡名，但因實施給予商人獨賣權以及株仲間（譯註：「株仲間」類似公會的組織）的獎勵，成功扶植了財政。

為。對此，英方採取強硬的姿態，關閉波士頓港又剝奪麻薩諸塞州的自治權；因而發展成武力衝突。殖民地一方在各州代表會議上任命華盛頓（George Washington）為總司令官，於一七七六年在費城（Philadelphia）宣告獨立。

終於爭取到獨立！

由於與英國對立的法國及西班牙也參與戰爭，並且又搭上北歐各國以俄羅斯為中心成立了武裝中立聯盟（Second League of Armed Neutrality）的順風車，這場獨立戰爭由殖民地軍占優勢。遭到國際孤立的英國不得不承認美國的獨立，根據一七八三年簽訂的巴黎條約，美國成為正式的獨立國家。之後，密西西比河（Mississippi River）以東的路易斯安那州與十三州共同以聯邦制國家的形式，成立「美利堅合眾國」（簡稱「美國」），並制定憲法，選出聯邦政府第一任總統華盛頓。

看地圖了解世界史

殖民地時代的北美東部（十八世紀中葉）

做為美利堅合眾國元祖的英國十三州殖民地，是以一六二〇年搭乘了「五月花號」（Mayflower）、登陸普利茅斯（Plymouth）的一百〇二名新教徒（拓荒先祖，Pilgrim Fathers）為起點的。他們在船上簽訂了《五月花號公約》（The Mayflower Compact）。雖然這份公約是為了向英國母國的國王發誓忠誠，但同時也表明了殖民地的建設與營運將由他們自己心協力來創造，可說是美國的自治與獨立精神的源流。

五大湖
英國領地
法國領地
大西洋
墨西哥灣
西班牙領地
英國的13州殖民地
①新罕布夏州
②麻薩諸塞州
③羅德島州
④康乃狄克州
⑤紐澤西州
⑥德拉瓦州
⑦紐約
⑧賓夕法尼亞州
⑨馬里蘭州
⑩維吉尼亞州
⑪北卡羅來納州
⑫南卡羅來納州
⑬喬治亞州

當時的台灣

宜蘭的開墾／1796年 宜蘭古稱「蛤仔難」，1768年漳州人林漢生曾嘗試移居此地，但隨即被原住民所殺。吳沙則是開墾宜蘭的第一人。他在1787年先以三貂社為基地，與蛤仔難僅有一山之隔；並於1796年率領兩百多位漳州移民進入蘭陽平原進行開墾。清朝則到了1810年才核准設「噶瑪蘭廳」，將宜蘭正式納入清朝版圖。

網球場宣言
一七八九年，在法國的平民們與反對舊有制度的少數貴族及教士們團結起來，組織起制定憲法的國民會議。
這股聲浪從城市民眾廣泛傳布至農民間，終於爭取到封建特權的廢止，貴族及聖職者們也需被課稅。
おー！
是！
沒制定憲法之前絕不解散！
隨後，在一七九二年透過普選，成立法國第一個共和制度（第一共和政時期）。
就在今日，國民國家正式誕生！
法國大革命孕生出了「自由平等的個人」的概念，就今日社會的形成而言，是非常重要的轉變期。
わぁぁぁぁぁぁっ
歡聲雷動！

HISTORIC EVENT

51 法國大革命

PLACE
法國

AGE
1789年

KEY WORD
網球場宣言
普通選舉

加入「人權」的革命

相對於英國打算透過向殖民地增稅來解決財政困難，法國則是透過向教士及貴族等特權階級課稅來度過難關。一七八九年五月，教士、貴族、平民等三方代表針對課稅問題共同召開了睽違一百七十四年未舉行的三級會議（譯註：傳統三級會議中每一級有一票，前兩個等級往往握有主導權；但這次第三等級爭取更平等的投票方式），但最後結果卻是決裂。聚集在凡爾賽宮網球場的平民們宣告成立代表國民的國民會議，史稱為「網球場宣言」（Tennis Court Oath）。並且，由於國王及貴族派出武力鎮壓，更令不滿於專制王權的民怨頓時爆發。象徵強權政治的巴士底監獄（Bastille）因此遭到襲擊，並成為導火線，隨後因農作物歉收而生活困苦的農民在各地相繼暴動，叛亂範圍擴大至整個國家。法國因此事件而廢止了身分制度與聖職者、貴族的特權，並於同年八月通過《人權宣言》。《人權宣言》所主張的：所有人的自由、平等，言論的自由以及不可侵占私有財產等概念，正是近代資本主義社會的基本原理。一七九二年廢止王權後，法國自此以共和制國家的身分展開新的起點。

偉人特寫

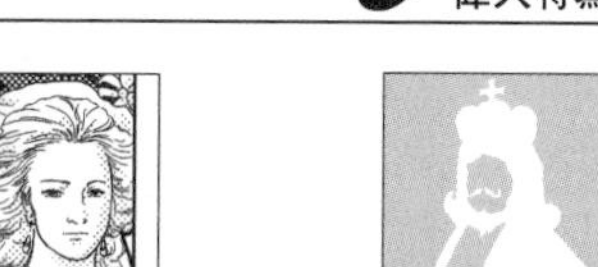

路易十六（Louis XVI）（一七五四～一七九三）

法國波旁王朝的國王。法國大革命爆發時他企圖逃亡，卻失敗被捕，在協和廣場（Place de la Concorde）被公開處刑。他的興趣是冶鐵。

瑪麗・安托瓦內特（Marie Antoinette）（一七五五～一七九三）

路易十六的王妃。由於過著奢華的生活而成為民眾憎恨的對象，在路易十六被處刑的九個月後，她也被送上斷頭台，結束短暫的一生。據說，她曾在聽到民眾窮到連買麵包錢都沒有時，說出「沒麵包吃，那就吃蛋糕啊。」這句話。但這段傳聞其實是後來的人編造的。

親近世界史

藏在國旗裡的革命精神

據說，法國的三色旗（Tricolore）其顏色各有意義，藍色＝自由、白色＝平等、紅色＝博愛，代表的是法國革命精神的基本人權；不過，其實這只是通俗的說法。追究起來，真正的原因是：擬定《人權宣言》的拉法耶特侯爵（Lafayette）為了修復國王與巴黎市民的關係，在代表巴黎市軍隊的紅色與藍色之間，加入了代表波旁王朝的白色，才製作出如今國旗的樣式。

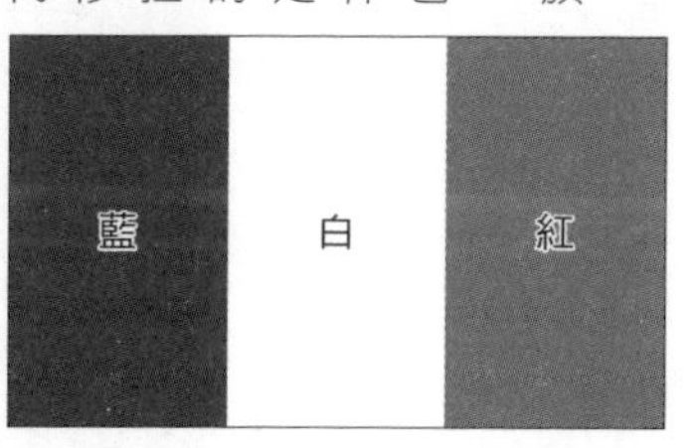

藍
白
紅

當時的日本 **天明的大飢荒／1782～1788年** 因1783年的淺間山火山爆發造成大飢荒的發生，田沼意次也不得不下台。當時的火山爆發也影響到歐洲，法國發生嚴重的農作物歉收，也有一說是這是造成法國大革命的遠因。

當時的台灣 **渡台禁令／清領時期** 清朝對於人民渡台一事採取嚴格的限制政策，1684年頒布「渡台禁令」三條：一、成年人必須經過申請核准才能前來台灣謀生。二、禁止婦女和兒童來台。因此來台謀生者無法攜眷。三、粵地人民禁止申請來台。從1730年到1788年，渡台禁令的實行與廢止幾經反覆，直到1875年清朝才完全取消限制政策。

HISTORIC EVENT

52 拿破崙的時代

一七九五年，出現了一位年僅二十六歲的年輕軍人，他成功鎮壓住以王朝復辟為名的政變。
哈！
叛亂的民眾們應該怎麼樣也沒料到，
我竟然會下令用大炮轟炸街道吧。
他就是拿破崙・波拿巴。
因此獲得極大支持的拿破崙，經由國民投票，登基為法國史上第一位皇帝，建立法國第一帝政。
一八〇四年十二月
我的字典裡
沒有「不可能」這三個字！
わ喔哦あ哦あ哦あ哦！あ
一八〇五年奧斯特里茨戰役
之後，拿破崙為了建立歐洲帝國，陸續與各國開戰。
逐一擊敗奧地利、俄羅斯、普魯士，稱霸整個大陸。

PLACE
法國

AGE
1795年

KEY WORD
皇帝
帝政

BC 100 200 300 400 500 600 700 800 900 1000 1100 1200 1300 1400 1500 1600 1700 1800 1900 2000

繼承革命的拿破崙

由於擔憂受到法國大革命影響的波及，英國與奧地利等其他鄰近國家於是締結聯盟，聯手展開對法國的抵抗，史稱「第一次反法聯盟」（The First Coalition）。孤立無援的法國，當時由雅各賓黨（Jacobin）的羅伯斯比（Maximilien Robespierre）掌握政權，雖嘗試打破這一僵局，卻因所實施獨裁與恐怖政治而被推翻。之後法國成立了改由五位總督組成的「督政府」（Directory）。

就在這樣變動的時局中，拿破崙不僅平定了保皇派的叛亂，又在義大利遠征中擊敗奧地利軍隊，因此贏得國民的支持而嶄露頭角。他趁著第二次反法聯盟組成時推翻了督政府，成立由三位領袖組成的「執政府」（Consulat）、且自己擔任第一執政（First Consul），接著更藉由國（公）民投票晉升為終身執政，成為實質的獨裁者。拿破崙除了促使原本處於敵對狀態的羅馬天主教廷與英國雙方達成和解之外，還設立法國銀行、公布具體實現《人權宣言》（參考P193）精神的《法國民法典》（又稱《拿破崙法典》，Code civil des Français），對近代資本主義及市民社會的確立做出了極大的貢獻。

偉人特寫

羅伯斯比（一七五八～一七九四）

雅各賓黨的中心人物。在第一次反法聯盟成立時提議組織義勇軍，對保衛巴黎有所貢獻。不過，他一掌握政權後便施行恐怖政治，最後因政變被逮捕並處死。

拿破崙・波拿巴（一七六九～一八二一）

義大利科西嘉島（Corse）出身的軍人。在國民熱烈的支持之下，於一八〇四年登基為皇帝。他一度幾乎權掌整個歐洲，卻因遠征俄羅斯失敗而失勢下台，並被流放至厄爾巴島。他脫逃出來後雖然重回皇帝的寶座，卻又在滑鐵盧戰役（Battle of Waterloo）中慘敗。最後被流放至聖赫勒拿島（Saint Helena）並死於當地。

親近世界史

革命所產生的「國民主義」（Nationalism）

法國大革命與拿破崙時代中，擁有同樣適用於現代社會的重要意義，那就是產生出「國民」這個概念。平民們透過革命，從自中世紀延續下來的身分制度與特權階級的掌控中獲得解放；再加上成立的議會，正是做為由「擁有主權的個人」所聚集的團體，因此平民之間也意識到「國民」這個概念。此外，革命之後由雅各賓黨所組成的義勇軍，也更讓人民自覺到：其實每個人都是守護國家的「國民」。當時在馬賽組成、並進軍巴黎的義勇軍所合唱的革命歌曲《馬賽曲》（LaMarseillaise），則成了今日法國的國歌。

當時的日本

寬政改革／1787～1793年 取代田沼意次成為幕府最高負責人的松平定信否定田沼時代的重商主義，企圖用緊縮財政與取締風紀（譯註：取締私娼和藝妓，禁止色情文學和男女混浴等）來安定政治。然而政策太過教條而招來反彈，改革六年便受挫而停頓。

當時的台灣

林爽文事件／1786～1788年 由於天地會領袖林爽文的叔伯被政府逮捕，林爽文於是率軍劫獄反抗，並逐步攻下各區，期間還涉及泉漳械鬥，使情況更為混亂，至1788年方才平定。事後為乾隆皇帝為嘉獎諸羅縣民協助平亂之義行，而改縣名為嘉義。與1721年朱一貴事件，1862年戴潮春事件並稱為清治時期的三大民變。

HISTORIC EVENT

53 工業革命

PLACE
英國

AGE
18世紀

KEY WORD
毛織物
棉製品
大量生產

十七世紀前半葉，英國勢力進入印度，並取得棉製品。
這種輕薄的織品最適合製成夏服了！
而且即使水洗也不易縮水呢！
當時在英國做為主流的毛織物由於容易縮水，所以一般不太清洗，也成為黑死病等傳染病蔓延的原因。
哇！
解決這問題的，正是棉製品。

到了十七世紀後半葉，質感良好的印度棉製品風靡了整個歐洲。

如果沒有棉胚布，會很困擾啊！

嗯，最棒的是它不會硬梆梆的！

為因應需求，建立大量生產棉線與棉布的體制成了各國的當務之急。

在一七七九年，克普敦發明出能夠生產出良好質感棉料的「騾機」。

此後，從十八世紀到十九世紀又相繼出現各種改革，社會急速邁向現代化。

始於棉製品的工業革命

工業革命始於英國，而且是從棉紡織工業的領域開始。從印度進口的棉製品不僅適合英國的風土氣候與生活環境，價格也很便宜，因此蔚為風潮。進入十八世紀後，歐洲各國都擴大了對棉製品的需求，英國國內也開始生產棉製品。為了能夠大量生產棉線及棉布，出現各種劃時代的發明，像是飛梭、珍妮紡紗機、水力紡紗機、騾機、動力紡紗機等；再加上受到政府實施重商主義（參考P190）的影響，英國終於成為凌駕印度之上的棉製品生產地。

一七六九年，瓦特（James Watt）改良蒸氣機做為新的動力，更提昇了生產效率。到了十九世紀時，史蒂文生（George Stevenson）則是成功發明了蒸氣火車。在英國初試啼聲的工業革命，其影響範圍不只限於歐洲，更擴及到海外。英國被稱為「世界的工場」，善盡著引領自由貿易主義形成的任務。

偉人特寫

凱伊（John Kay）（一七〇四～一七八〇）

發明了飛梭而使棉布的生產量倍增，成為工業革命的契機。但他卻未得到相應的經濟收益，懷才不遇地度過一生。

哈格里夫斯（James Hargreaves）（一七二〇～一七七八）

發明了可進行多軸紡紗的「珍妮紡紗機」。據說機器名稱的「珍妮」二字，是冠上了他妻子（也有一說是女兒）的名字。

阿克萊特（Richard Arkwright）（一七三二～一七九二）

發明了以水車來推動的水力紡紗機。因此使綿線的生產量產生飛躍性的成長，對工業革命有很大的貢獻。

世界史祕辛

瓦特並不是發明蒸氣機的人？

電力單位也以其名字命名的瓦特，被認為是蒸氣機的發明者；但其實發明蒸氣機的並不是他喔。古羅馬時代的數學家希羅（Heron of Alexandria）所構想的東西才是人類史上第一個蒸氣機，一七一二年湯瑪斯・紐科門（Thomas Newcomen）則成功地將蒸氣機實際運用在炭坑的排水用途上。如今一般人之所以容易誤認瓦特是蒸氣機的發明者，其實是因為他成功地將原本用蒸氣來推動的活塞式改良成回轉式的運作系統。正因為他的這個貢獻，蒸氣機才得以從鄉下的炭坑轉移到近代城市的市中心，並運用在工場的機器及蒸氣火車上，成為近代國家的動力。

當時的日本

《解體新書》／1774年 參觀罪犯的大體解剖過程而寫下的荷蘭文醫學書《解體新書》（Anatomische Tabellen），其內容的正確性令杉田玄白、前野良澤等人大感訝異，進而著手翻譯此書。在沒有字典的當時，翻譯工作的進行極為困難，經過三年的歲月，才終於譯完《解體新書》。

當時的
台灣

水圳工程／18世紀 台灣的灌溉水圳或埤塘大多是由墾戶自行投資開發及經營，如施世榜在彰化平原修築的「八堡圳」（建於1709年，1719年完工）便是最有名的例子。此外，台中的「貓霧捒圳」（1733年原住民以「割地換水」方式與漢人合築）、台北的「瑠公圳」（1740年動工，1760年完成）也都是憑著民間力量修築完成的水圳工程。

HISTORIC EVENT

54 維也納體制

拿破崙帝國崩解後的歐洲，以奧地利、英國、俄羅斯、普魯士及法國為中心，成立了「維也納體制」，一個個鏟除反對勢力。
•企圖維持大國間的勢力平衡。
•恢復法國大革命前，君王為該領土的正統主權保有者。
瑞典
丹麥
英國
普魯士
瑞士
奧地利
法國
薩丁尼亞
鄂圖曼帝國
羅馬
葡萄牙
西班牙
由於拿破崙下台，法國由波旁家族的路易十八世即位，再度重回王權制度。
貴族果然還是要備受禮遇啊！
但巴黎的民眾不同意這件事。
他們在一八三〇年七月二十七日設起路障，占據皇宮與政府機關三天，這正是日後所稱的「七月革命」。
おおお
おお
哦哦哦哦哦！
今天起，這個國家就是我們的了！
法國因而確立了君主立憲制※，終結了波旁王朝，並成立「七月王朝」。

※由君王來制定憲法，並在憲法之下舉行君主政治制度。

PLACE
歐洲全體
AGE
1830年以後
KEY WORD
7月革命
君主立憲制
自由主義

但是，在王權復辟時代中定下的選舉限制——只給予富人選舉權——依舊沒有改變。
想得到選舉權的話，先變成有錢人再說吧！
基佐首相
開什麼玩笑！
ムッカァァ

首相的這番發言導致民眾勃然大怒，在一八四八年群起暴動，掀起二月革命。

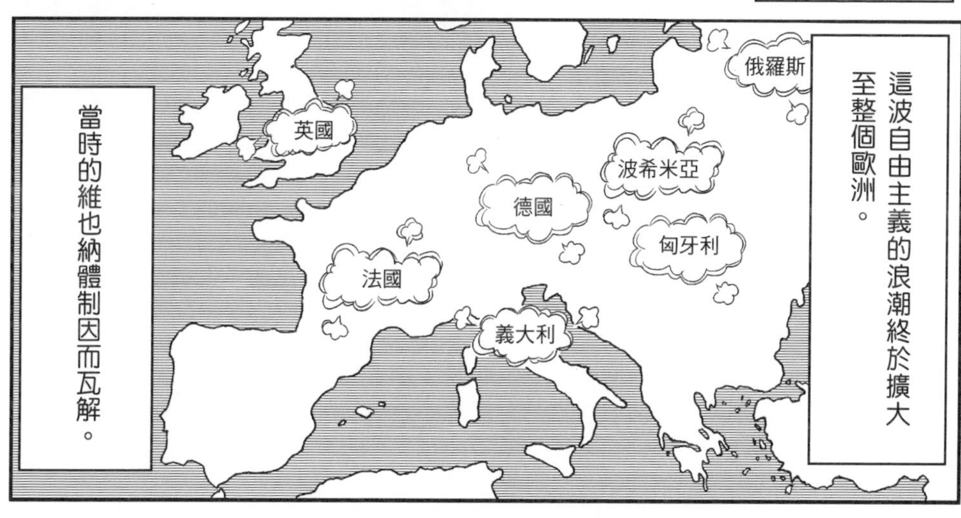
這波自由主義的浪潮終於擴大至整個歐洲。
俄羅斯
英國
波希米亞
德國
匈牙利
法國
義大利
當時的維也納體制因而瓦解。

「大會不行動，大會在跳舞」

即位為法國皇帝、權傾一時的拿破崙終究也大勢盡去。為了商議拿破崙帝國崩解後的戰後處理，歐洲各國代表群聚於奧地利的維也納，召開從一八一四年到隔年的會議，史稱「維也納會議」。然而，參加國之間的利益關係卻始終難以達成共識，再加上與會人士把會議擱在一邊，終日舉行著奢華的舞會，這次會議因此被揶揄為「大會不行動，大會在跳舞」（le Congrès ne marche pas ; il danse）。直到法國的代表塔列朗（Talleyrand）做出了「正統主義」（其理念是恢復法國革命與拿破崙戰爭以前的王位，以重建歐洲秩序為目標）的提案，會議的方向才總算穩定下來。

法國依據正統主義而實施了王朝復辟，西班牙也復興了波旁王朝。雖然說主要目的是要平衡大國間的利益關係，但從會議結果看來，如俄羅斯皇帝兼任波蘭王，普魯士獲得東、西部的領土，英國取得舊荷蘭領土等，實質上卻都是以大國的利益為優先。總而言之，列強仍達成協議共識，並簽署了《維也納協定》，解決了領土與殖民地所有權的問題，被稱為「維也納體制」（Vienna system）的國際秩序也就此形成。

偉人特寫

塔列朗（一七五四～一八三八）
法國的政治家。他率先向國民議會提議建立世界通行的統一單位制度，對日後「米制公約」（譯註：一八七五年為了統一全球度量衡單位而於巴黎簽署的公約）的制定有所貢獻。

基佐（一七八七～一八七四）
站在自由主義的立場主張君王立憲制，與國王查理十世對立。在七月革命打倒了波旁王朝之後，主導「七月王朝」的成立。

路易・菲利普一世（一七七三～一八五〇）
受基佐擁立而成為法國國王，但二月革命興起後，不僅身為首相的基佐被迫下台，路易本人也逃亡到英國。

世界史祕辛

從維也納體制中誕生的浪漫主義

十九世紀歐洲各地勃然爆發各種革命、起義與獨立運動，這局勢也孕育出許多藝術作品，形成了名為「浪漫主義」（Romanticism）的藝術思潮。一八三〇年，在波蘭發生要求獨立的暴動。為了學習音樂而前往巴黎的蕭邦，在途中聽到這消息後感慨自己無法參加起義，而為被鎮壓的義軍做了《練習曲第十二號》。這首曲子又以《革命練習曲》一名而為人熟知。另外，法國畫家歐仁・德拉克羅瓦（Eugène Delacroix）也留下了反映當時背景的傑作，像是描繪希臘獨立戰爭的《希阿島的屠殺》，以及以七月革命為主題的《領導民眾的自由女神》等。

當時的
日本

伊能忠敬的日本地圖／1821年 下總國（現在的千葉縣）出身的地理學家伊能忠敬奉幕府之命，進行全國國土的測量。直到忠敬死後《大日本沿海輿地全圖》才終於完成，此幅地圖的準確度也獲得海外各國的高度評價。

動搖維也納體制的一連串革命

此後，法國實施了王朝復辟，而波旁王朝的查理十世（Charles X）更策畫復興專制王權，進行反動的威權政治。對專制政權感到不滿的國民終於爆發怒氣，於一八三〇年七月發動革命。查理十世被流放至外國，自由主義者的路易・菲利普一世（Louis Philippe I）被擁戴為王，史稱「七月革命」。革命的餘波也蔓延至波蘭、德國與義大利；叛亂雖終被平定，西歐各國卻逐漸遠避維也納體制，維也納體制的中心也因此從西歐移至中歐。

七月革命之後，法國的工業革命正式展開；但是，由於占大多數的中小資本家及勞動者仍舊沒能擁有部分富裕階層專享的選舉權，使其怒氣持續累積。一八四八年二月，法國人民在要求修正選舉法遭到否決之後，又再度發動革命，史稱「二月革命」。這一年，革命的烈火延燒至歐洲各地，導致維也納體制面臨解體。

看地圖了解世界史

維也納體制下的歐洲革命（十九世紀）

進入十九世紀後，歐洲各地相繼發生革命、起義及獨立運動；而以法國所發生的二月革命為起點，於一八四八年革命運動更是席捲整個歐洲。

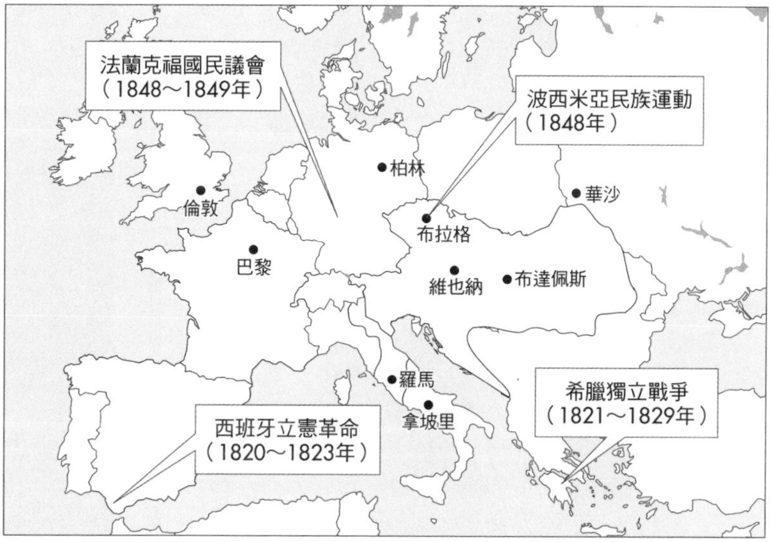

法蘭克福國民議會（1848～1849年）
波西米亞民族運動（1848年）
柏林
華沙
倫敦
布拉格
巴黎
維也納
布達佩斯
羅馬
拿坡里
希臘獨立戰爭（1821～1829年）
西班牙立憲革命（1820～1823年）

當時的台灣

鴉片戰爭與英國侵台／1841、1842年 根據記載，早於1827年英國商人便已將鴉片銷售到台灣，以交換台灣人私造的樟腦。1841年的鴉片戰爭中，英國艦隊也數度出現台灣外海，1841、1842年先後試圖占領北部雞籠港與西海岸中部大安港，但都以失敗作結。

HISTORIC EVENT

55 維多利亞時代

一八三七年維多利亞女王登基後，英國在政治、經濟及社會層面都有很大的發展。
象徵其昌盛國力的是史上第一屆萬國博覽會。
不管看幾遍都好美呢～
真的！簡直像顆大水晶呢。
這次萬博的參觀人次多達六〇〇萬人。

造成萬人空巷盛況的最大功臣正是鐵路。
FLYING SCOTSMAN
英國在十九世紀前半葉鐵路開始發達，到萬博時更完成了連結各地的鐵路網絡。

此時的英國在所有領域上壓倒其他國家，傲然站上世界的巔峰。
INDIA

PLACE
英國
AGE
1837年以後
KEY WORD
萬國博覽會
鐵路

BC 100 200 300 400 500 600 700 800 900 1000 1100 1200 1300 1400 1500 1600 1700 1800 1900 2000

⚜推動帝國主義化，成為「大英帝國」

成為世界經濟中心的英國，在十九世紀半葉的維多利亞女王（Queen Victoria）統治下迎來了鼎盛時期。在倫敦所舉辦的世界第一次萬國博覽會，大大炫耀著英國自身引以為傲的近代工業能力。此外，選舉法的修正使產業資本家能夠進入政界，衍生出地主所支持的保守黨與資本家所支持的自由黨，議會政治也由於這兩個政黨輪流擔綱政權所形成的兩大政黨制而固定下來，使英國在政治上也迎接前所未有的安定期。這段期間，馬克思（Karl Marx）與恩格斯（Friedrich Von Engels）的《共產黨宣言》在倫敦出版，因而也催生出新的思想。

十九世紀後半葉，從保守黨中崛起、日後就任為首相的迪斯雷利（Benjamin Disraeli），在身為財政大臣時就致力於修正第二次的選舉法；結果，使城市勞動者獲得了選舉權。因此廣受勞動者支持的迪斯雷利之後又收購了蘇伊士運河的股票（譯註：參考P222），搶先一步成為埃及的保護國，更加快了英國的帝國主義化與繁榮的腳步。

偉人特寫

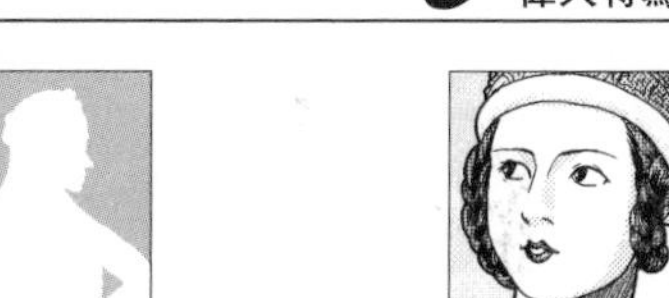

維多利亞女王（一八一九～一九〇一）

英國漢諾威王朝的國王。象徵著「大英帝國」（英國本國及其殖民地、海外領土的總稱）榮光的女王，權掌天下。在位期間長達六十三年又七個月，是歷代英國國王在位期最長的一位（截至二〇一三年為止）。

馬克思（一八一八～一八八三）

逃亡於英國的德國思想家。與友人恩格斯合作，在一八四八年發表《共產黨宣言》。認為資本主義體制的沒落是歷史的必然性，並發展出自成一家的經濟學說，提倡勞動者階級需獲得政權，對日後的社會主義運動帶來極大影響。

世界史祕辛

迪斯雷利精采而成功的轉業

日本有許多從受歡迎的作家轉業成政治家的人物，像是曾歷任眾議院議員、東京都知事（譯註：東京行政首長）的石原慎太郎就是代表之一。推動英國帝國主義化的首相迪斯雷利，在進入政治界前其實也擁有暢銷作家的經歷。描寫了貴族千金與要求普通選擇的勞動階級運動家之間曲折的愛情故事的小說《西比爾：或兩個國度》（Sybil: Or the Two Nations）就是他的代表作之一。一位是生活在華麗社交界的貴族及富裕的資本家，另一位則是全身佈滿工場排放的黑煙與污水的貧困勞動者。迪斯雷利正是以「兩個國度」一詞，來形容兩位主角被籠罩著英國的貧富差距所分隔開來的狀態。

當時的日本

西博爾德事件／1828年　以荷蘭商館附屬醫師的身分來到日本的西博爾德（Siebold），開設鳴滝塾並教授西洋醫學及自然科學，為日本的醫學發展帶來影響。但他在歸國時卻帶了嚴禁攜帶出境的日本地圖，因而被驅逐出日本。

當時的台灣

曹公圳建造／1837年　鳳山知縣曹瑾為改善人民生活，遊說地方仕紳捐地出錢，掘地建埤，引水開渠，是清代由官方主導的最大規模水利工程，成為高雄平原地區最重要的水圳，其灌溉範圍涵蓋大高雄所有農業精華區。為感念其德政而命名為「曹公圳」。

HISTORIC EVENT 56

拿破崙三世的獨裁

一八五二年法國由拿破崙三世即位。
我會盡力培育產業，實施年金制度。也會保護天主教，守護大家的信仰！！
他在國民的強烈支持下，
哇啊啊啊！
建立了「全體同意」的獨裁政治（法國第二帝政）。
接著，為了顯示帝國的權威，參與各場戰爭，並獲得勝利。
然而，拿破崙在普法戰爭中慘敗，遭到普魯士軍逮捕。
完了……
於是拿破崙三世的獨裁體制就此落幕。

PLACE
法國

AGE
1852年以後

KEY WORD
第二帝政
普法戰爭

獲得國民期待與支持的獨裁者

法國在二月革命（參考P201）之後建立了共和制的臨時政府，史稱「第二共和政」時期，並舉行國民選舉，由拿破崙的侄兒拿破崙三世（Napoleon III）當選為總統。以獲得國民的支持與期待為背景，他成了資本家、勞動者與農民彼此間利害關係的調停者，依全體國民的意見建立起獨裁體制。一八五一年透過發動政變以掌握權力後，便於隔年登基為皇帝，號稱「拿破崙三世」，史稱「第二帝政」。為了回應國民的支持，他執行了產業培育及年金制度等政策，但在另一方面，他也為了提高自己身為獨裁者的權威，而參與克里米亞戰爭（Crimean War）與義大利獨立戰爭等數場戰爭。

法國在普法戰爭中戰敗並向普魯士投降，但社會主義者及巴黎市民並不認同議和條件，因而建立史上第一個由勞動者組成的革命性自治政府，名為「巴黎公社」（la Commune de Paris），然而不久後便被鎮壓。法國再度成為共和制的國家，史稱「第三共和政」時期，與英國一樣推動殖民地政策，往帝國主義之路邁進。

偉人特寫

拿破崙三世（一八〇八～一八七三）

拿破崙・波拿巴（拿破崙一世）的弟弟路易・拿破崙的兒子。他也跟拿破崙一世一樣，受到國民的愛戴而建立起專制政權，並以他的名字命名為「波拿巴主義」（Bonapartism）。

阿道夫・梯也爾（Louis Adolphe Thiers）（一七九七～一八七七）

在巴黎公社成立時曾一度將政府移至凡爾賽，與巴黎公社對抗。就任為第三共和政時期的第一任總統，著手振興因戰爭而荒廢的法國，但由於政府內保王黨與激進的共和派誓不兩立，而無法如其所願執行政策，僅僅在位兩年便辭任總統一職。

親近世界史

日本第一次參加巴黎萬博

拿破崙三世也跟維多利亞時代的英國一樣，為了向世界展示法國的繁榮，而進行了做為法國最大城市修建工程而廣為人知的「巴黎大改造」，並舉辦巴黎萬國博覽會。尤其，在一八五五年所舉辦的巴黎萬博企圖向世界展現法國的威信，而打造出足與第一次倫敦萬博的水晶宮（參考P202）相抗衡的巨大工業宮，陳列出比首次倫敦萬博還要多的展示品。此外，日本的江戶幕府與薩摩藩（譯註：日本江戶時代的雄藩，位於今日九州西南部鹿兒島縣一帶）也參加了一八六七年的巴黎萬博。當時，列強的注意力轉向東方，而做為極東之國的日本第一次參加博覽會的這件事，更使萬博成為名副其實的「萬國」博覽會。

當時的日本

大鹽平八郎之亂／1837年 身為陽明學者（譯註：研究中國明代思想家王陽明學說的學者），同時也是大阪奉行所（譯註：奉行所是掌理政務的常設職位「奉行」的辦公處所，相當於古代中國的衙門）前公家機關人員的大鹽平八郎，因不忍見到民不聊生的狀況而舉兵起義。雖然短短一天就被平定，但由於這是島原之亂以來睽違二百年、而且是由前公務人員發動的起義，因而動搖了幕府的統治體制。

當時的台灣

戴潮春事件／1862～1865年 戴潮春為彰化地主，成立八卦會並成為天地會分會，且勢力擴張極大，官府因決定鎮壓其勢力，而引發反抗。其影響範圍遍布整個台灣中部，北至大甲，南至嘉義，也是台灣清治時期三大民變中歷時最久的一場，自1862年事發，直到1865年才平定。

HISTORIC EVENT

57 義大利・德國的統一

教皇國
南西西里王國
薩丁尼亞
南西西里

義大利由於自中世紀後小國林立，於十九世紀時大幅展開統一運動。

擔任統一運動核心的是薩丁尼亞王國。

薩丁尼亞島王國接受法國的援助，排除以奧地利為首的各個外國勢力。

進攻！為了統一義大利！

遭法國背叛後也進軍法國，於一八六一年建立義大利王國，統一義大利。

另一方面，在德意志地區，普魯士王國威廉一世任命俾斯麥就任為首相。

俾斯麥憑著武力以統一德意志為目標，推動「鐵血政策」。

NOT演講與多數決。
鐵與血才最有力！

接著在一八七一年的普法戰爭擊敗了拿破崙三世。

砰！

普魯士王國統一德意志，並向歐洲各國宣告德意志帝國的成立。

PLACE
義大利・德國

AGE
19世紀

KEY WORD
統一運動
鐵血政策

實現國家統一宿願的男人們

十九世紀的義大利分別由奧地利、波旁王朝等國及其他國家所瓜分占據。以二月革命為契機而建國的羅馬共和國雖然在幾個月後就被消滅，但薩丁尼亞王國卻戰勝了奧地利，獲得了北部的領土。接著又與法國交換領土，從而合併了中部的義大利。由西西里王國和拿坡里王國所合併的兩西西里王國也被編進其領土，於一八六一年成立義大利王國。最後，奧屬威尼斯和羅馬教皇國也被合併進來，義大利半島終於完成了統一。

另一方面，在德國以普魯士為中心、以統一德國為目標的小德意志主義（德文：Kleindeutsche Lösung），與一併將奧地利統一進來的大德意志主義（德文：Großdeutschland）之間，產生了對立的狀態。在這局面中出任普魯士首相的俾斯麥（Bismarck），在打贏了與奧地利的戰爭後，便解散以奧地利為盟主的德意志聯邦，另行成立了以普魯士為盟主的北德意志聯邦。接著，他又打贏與法國的戰爭，合併南德意志各國，自此成立了做為統一國家的「德意志帝國」。

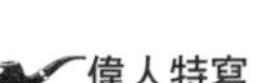

偉人特寫

馬志尼（Giuseppe Mazzini）（一八〇五～一八七二）

組成名為「青年義大利黨」的政治團體，以推動統一運動。雖然時間很短，卻成立了羅馬共和國，占得義大利統一的先機。

加富爾（Camillo Benso Conte di Cavour）（一八一〇～一八六一）

薩丁尼亞王國的首相。與由拿破崙三世領導的法國結盟，贏得了對奧地利的戰爭。是「義大利建國三傑」（譯註：即馬志尼、加富爾與加里波第）之一。

加里波第（Giuseppe Garibaldi）（一八〇七～一八八二）

組成稱為「千人隊」的義勇軍，占領兩西西里王國。之後將王國讓渡給薩丁尼亞國王，對義大利的統一有所貢獻。

親近世界史

名符其實的「鐵血宰相」俾斯麥

一八七一年建立德意志帝國、統一德國有功的，是地主貴族（Junker）出身的俾斯麥。他奉國王威廉一世之命擔任首相兼外相後，不顧議會反對，著手擴張軍備。當時，俾斯麥發表演說，指出：「目前的問題不能靠演講或多數決，只有靠『鐵』與『血』才能解決。」「鐵」指的是武器，「血」指的是士兵，透過這樣的字眼，他將所謂「唯有增強軍事能力才能達成德國統一」的堅決態度傳達給議會與國民。也因此，俾斯麥被稱為「鐵血宰相」，他的德國統一政策則被稱為「鐵血政策」。

當時的日本

天保改革／1841～1843年 面對社會極度的混亂狀態，水野忠邦（譯註：德川幕府第十二代將軍德川家慶的重要家臣，「天保」是德川家慶的年號）採取了節約及取締風俗的政策以進行幕府政治及經濟的改革。然而，因為頒布上知令（譯註：江戶時代後期及明治初期由施政者發出的土地沒收政令），將江戶與大阪的知行地（譯註：分封給家臣的領地）做為幕府的直轄地，而受到大名的強烈反彈，改革僅進行了二年便失敗下台。

當時的台灣

牡丹社事件／1871、1874年 1871年日本藩屬國琉球王國的漁民因船難漂流至屏東恆春半島的八瑤灣，他們誤闖排灣族領地，而遭原住民出於自衛殺害。日本以此為由，1874年出兵攻打台灣南部，是日本自從明治維新以來首次向對外用兵。清朝也自此開始加強台灣軍防，派遣沈葆楨等人來台，對台灣的治理態度轉為積極。

HISTORIC EVENT

58 俄羅斯進攻東方

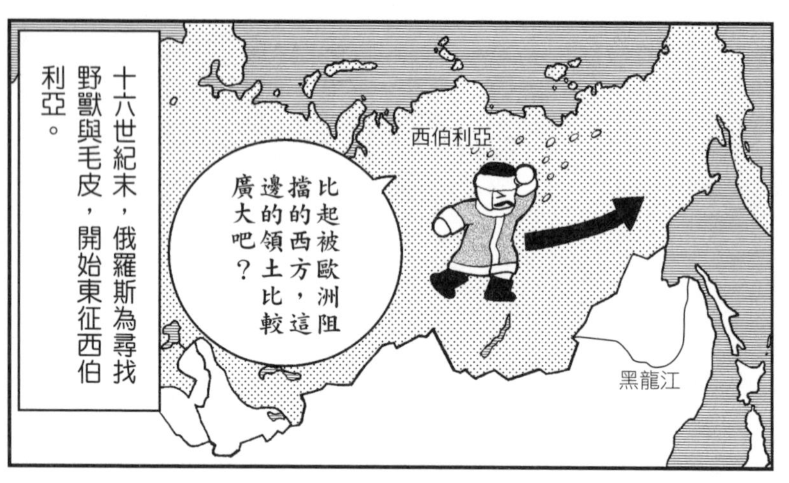
十六世紀末，俄羅斯為尋找野獸與毛皮，開始東征西伯利亞。
比起被歐洲阻擋的西方，這邊的領土比較廣大吧？
西伯利亞
黑龍江

十七世紀前半葉便迅速到達太平洋。

到海邊了，

但好冷哦。

向南走是不是比較好？

啊，就這麼辦！

——便往南前進

哇！沒辦法過去！

黑龍江

不准過來！

但由於遭到清軍的激烈抵抗，俄羅斯軍隊只好暫時先撤退。

到了十九世紀半葉，再度進攻黑龍江。
一八六〇年依照北京條約，終於一償宿願獲得沿海領土，在做為不凍港的海參崴開港，取得了日後進攻太平洋的基礎。

PLACE
俄羅斯
AGE
17～19世紀
KEY WORD
太平洋
海參崴

因克里米亞戰爭而挫敗的南進政策

掌控波羅的海、擠進列強行列的俄羅斯，與中國清朝簽訂尼布楚條約、制定了兩國間的國境後，便開始進攻東方。十七世紀時，俄羅斯占領了荷蘭曾宣布領有的千島群島，其勢力擴張至極東的鄂霍次克海。俄羅斯甚至搶先在由美國將領培里（Matthew C. Perry）所率領的艦隊之前，早於一七九二年便已派遣使者到日本去。

另一方面，過去曾為大國的鄂圖曼帝國則逐漸衰退，到了十九世紀前半葉，如希臘等受其統治的國家及民族也展開獨立運動。俄羅斯也趁著鄂圖曼帝國的衰退而施加壓力，以克里米亞半島（Crimean）為據點策畫南下。俄羅斯表面上說是要保護鄂圖曼帝國內的基督教徒，由俄羅斯來管理聖地耶路撒冷；但俄羅斯的真正目的其實是要擴張自己從黑海到地中海的勢力。歐洲列強察覺到其陰謀，因而對鄂圖曼帝國伸出援手，以阻擋俄羅斯南下。經過了在克里米亞半島的激烈戰爭（克里米亞戰爭，一五八三～一五八六年），俄羅斯最終落敗，其南進政策也面臨挫敗。

偉人特寫

凱薩琳二世（Catherine the Great）（一七二九～一七九六）
俄羅斯專制君主中的代表人物之一。沙皇彼得三世從神聖羅馬帝國迎娶她為王妃，但她卻發動政變除掉丈夫，成為女皇。

拉克斯曼（Adam Laxman）（一七六六～一七九六以後）
在黑船（譯註：指由美國將領培里率領的艦隊）來到日本之前，因要求開港通商而前來日本的俄羅斯使者。他也因盡力保護漂流到俄羅斯的大黑屋光太夫（譯註：一七八二年於海上遇難的伊勢船長）並協助其返回日本而為人所知。

托爾斯泰（一八二八～一九一〇）
因寫下小說《戰爭與和平》而聞名全球的俄羅斯文豪。另外，他也曾以克里米亞戰爭中體驗到的從軍生活為題材，寫下《塞瓦斯托堡故事》。

世界史祕辛

「克里米亞的天使」其實只從軍一次

只要說到克里米亞戰爭，大概就忘不了被稱為「克里米亞的天使」、擔任英軍隨軍護士的南丁格爾吧。她將護士的形象從以往被視為如同傭人般的卑微職業，提昇成擁有專業知識的專業工作。雖然她擔任隨軍護士而大放異彩的時間，其實只有在克里米亞戰爭的短短兩年，但她的精神卻至今仍長存在陳述護士心聲的「南丁格爾誓詞」中。話說回來，南丁格爾不分敵我、一視同仁地照顧傷兵的佳話雖然非常出名，但那似乎是融合了紅十字會的創立者亨利・杜南（Jean Henri Dunant）的理念所杜撰出來的。

當時的日本

化政文化／江戶時代後期 浮世繪的葛飾北齋及歌川廣重，俳句的與謝蕪村及小林一茶，《東海道中膝栗毛》的十返舍一九等，以江戶為中心的町人文化十分盛行。由於在文化、文政年間（1804～1830年）來到最巔峰，因而也被稱為「化政文化」。

當時的台灣

原住民政策／清領時期 清朝將原住民區分為居於山地的「生番」（即「高山族」），以及居於平地、漢化程度較高的「熟番」（即「平埔族」）。對於「生番」主要採隔離措施，自雍正七年（1729年）以來多次畫定「番界」，設石碑於界線，禁止漢人與高山原住民接觸。直到1875年沈葆楨奏請廢除渡台、入山禁令，1886年首任巡撫劉銘傳設立「撫墾局」後，才大力進行開山撫番政策。

HISTORIC EVENT

59

美國領土的擴張

十九世紀初由國民共同建立的美利堅合眾國
徹底驅逐印地安人，並同時往西海岸擴張領土。
呀！
聽好！
是！
殺光所有女人及小孩！
救命啊！
助けて～～っ
要徹底地根絕印地安人！
安德魯・傑克遜
曾任大佐
後為第七任總統
接著在十九世紀半葉，美國向南部的墨西哥宣布開戰。
衝啊！
ズドーン
咚咚
ドドーン
砰砰
以太平洋為目標！
たったったったっ
噠噠噠
贏得這場戰爭的美國，成功獲得了現今的加州，
掌握了遠達西海岸的領土。

PLACE
美國

AGE
19世紀初

KEY WORD
印地安人
墨西哥

一路向西，接著是南北分裂的危機

美國從英國獨立之後，儘管曾暫時採取中立立場，但因為在英美戰爭中獲得勝利，在經濟上也自英國完全獨立，從而更提高了成為獨立國家的意識。加上自法國革命誕生出的國民主義（參考P195）也傳至美國，他們終於透過國家領土與工業社會的確立而打造起國民國家。他們向法國收購了路易斯安那州，驅逐身為原住民的印地安人（Native American）並一路向西挺進；接著又打贏了與墨西哥的戰爭而取得加州，領土因此擴及西海岸。除此之外，也派遣艦隊到日本要求通商。

最後，美國國內針對黑人奴隸的問題，出現了輿論分裂為兩派的現象：資本主義發達的北部批判奴隸制度，但相對地，南部卻需要黑人奴隸做為栽培棉花的勞動力。一八六一年，南部的十一州宣告以里奇蒙（Richmond）為首都，建立美利堅聯盟國（the Confederate States of America），終於爆發了南北戰爭（American Civil War）。四年後，這場戰爭以北部戰勝而告終，免除了美國分裂的命運。

偉人特寫

門羅（一七五八～一八三一）
對收購路易斯安那州的談判交易有所貢獻。就任為第五任總統後，宣布美洲大陸與歐洲各國互不干涉的「門羅宣言」（Monroe Doctrine）。

安德魯・傑克遜（Andrew Jackson）（一七六七～一八四五）
憑著虐殺印地安人的從軍經歷成為第七任總統，在任時以南部為基盤，組織目前兩大政黨之一的民主共和黨。

斯托夫人（一八一一～一八九六）
原名比徹・斯托的美國女性作家，提倡廢止奴隸制度。她以黑奴為主題的作品《湯姆叔叔的小屋》受到極大的回響。

世界史祕辛

林肯其實並不想解放奴隸？

美國第十六任總統林肯在南北戰爭中發表了《解放奴隸宣言》，因解放黑奴的事蹟使當今美國國民仍然對他懷抱敬意。然而，他在給廢止奴隸制度論者的信上寫道：「我的最高目標是拯救聯邦，既不是保存奴隸制度，亦非摧毀奴隸制度。如果不解放一個奴隸就能保存聯邦，我就一個不放。」（譯註：緊接其後的句子是：「如果解放全部奴隸就能保存聯邦，我就全部解放；如果解放一部分奴隸、不解放其他奴隸就能保存聯邦，我也照辦。」）他明白表示戰爭的目的並不是為了奴隸，而是為了避免美國的分裂。由於南北戰爭的目的沒有充分被大眾理解，因此林肯對內或對外皆宣稱，南北戰爭是場為了解放奴隸而進行的戰爭，並藉此進行對戰爭有利的事。

當時的日本

黑船來航／1853年 美國東印度艦隊司令官培里（Matthew C. Perry）所率領的艦隊來到浦賀，敲醒了日本的太平美夢。一年後，幕府與再度來日本的培里簽下《日美和親條約》，同意下田和箱館港口的開港。長達二百年的鎖國政策至此終於解除。

當時的台灣

美國來台探勘礦產／1854年 自1847年英國海軍戈登（Lieut R. N. Gordon）將探查基隆煤礦的評估發表於英國皇家地理學會後，各國紛紛覬覦基隆煤礦。不僅美國商人Gideon Nye建議美國政府應占領台灣，1854年美國東印度艦隊司令培里也派遣軍艦到台灣調查雞籠煤礦埋藏量。但由於美國當時為國內南北戰爭而焦頭爛額，無暇擴張領土而作罷。

HISTORIC EVENT 60

拉丁美洲各國的歷史

PLACE
美洲大陸
AGE
15世紀末期以後
KEY WORD
原住民
殖民地

拉丁美洲的歷史主要可分成三個時期。
在一四九二年哥倫布到達以前，
拉丁美洲上住著日後被稱為「印地安人」的原住民。
前哥倫布時期

殖民地時期
哇啊！
別打
然而在十六世紀以後，成為西班牙與葡萄牙等歐洲各國的殖民地。
拉丁美洲各國直到進入十九世紀後才取得獨立。
獨立國家的時期

獨立後，追隨美國的中南美洲

成為西班牙殖民地的拉丁美洲，身為殖民者而前來這片土地的白人，與原住民印地安人及黑人奴隸進行了混血，從而形成多元人種的社會。到了十九世紀，正當西班牙掀起立憲革命之際，在中南美洲的獨立運動也開始進行，並且由身為大型農園的大地主等統治階層、土生土長於殖民地的白人後裔「克里奧略」（Criollo）來主導。美國的第五任總統門羅之所以做出了新舊兩大陸互不干涉的「門羅宣言」（Monroe Doctrine），不僅是為了支援拉丁美洲各國的獨立，排除歐洲的干預，同時其目標也在於推動美國的發展。

一八〇四年從法屬海地開始，委內瑞拉、阿根廷、大哥倫比亞、秘魯、墨西哥等國相繼獨立，葡屬巴西也成為君主立憲的國家。一八八九年，更以美洲大陸各國的通力合作為目標，召開了由美國主辦的「泛美會議」（又稱美洲國家會議，Pan-American Conference），從此，美國便逼退了西班牙及英國等歐洲國家的影響，在拉丁美洲行使其強大的領導力。

偉人特寫

西蒙・玻利瓦（Simón Bolívar）（一七八三～一八三〇）
身為移民於委內瑞拉的克里奧略人。建立了由當今哥倫比亞、委內瑞拉、厄瓜多所構成的大哥倫比亞共和國。

何塞・德・聖馬丁（José de San Martín）（一七七八～一八五〇）
西班牙軍人的兒子，在拉丁美洲南部展開獨立運動，並擊敗西班牙大軍。對阿根廷、智利、秘魯的獨立有所貢獻。

伊達爾戈（Miguel Hidalgoy Costilla）（一七五三～一八一一）
身為墨西哥的克里奧略人，是墨西哥獨立運動初期的領導者。壯志未酬而被處以死刑的他，被譽為「墨西哥獨立之父」。

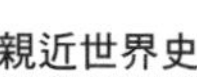

親近世界史

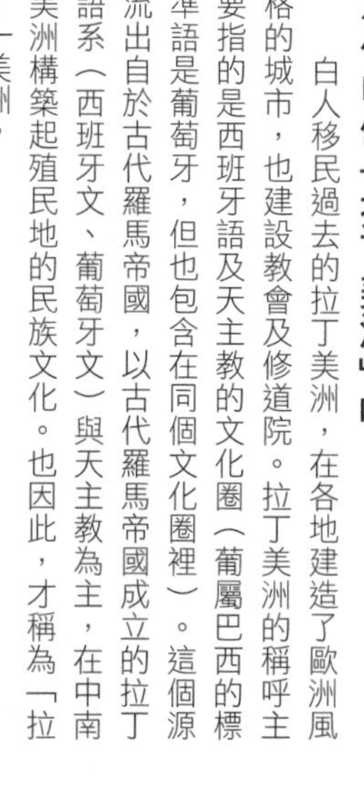

為何叫做「拉丁美洲」呢？

白人移民過去的拉丁美洲，在各地建造了歐洲風格的城市，也建設教會及修道院。拉丁美洲的稱呼主要指的是西班牙語及天主教的文化圈（葡屬巴西的標準語是葡萄牙，但也包含在同個文化圈裡）。這個源流出自於古代羅馬帝國，以古代羅馬帝國成立的拉丁語系（西班牙文、葡萄牙文）與天主教為主，在中南美洲構築起殖民地的民族文化。也因此，才稱為「拉丁」美洲。

當時的日本　**日美友好通商條約／1858年**　身為江戶幕府大老的井伊直弼發動強權，未得到朝廷的許可便與美國簽訂通商條約。由於他處死了反對這件事的水戶藩以及吉田松陰等多位思想家，兩年後於江戶城櫻田門外被暗殺。

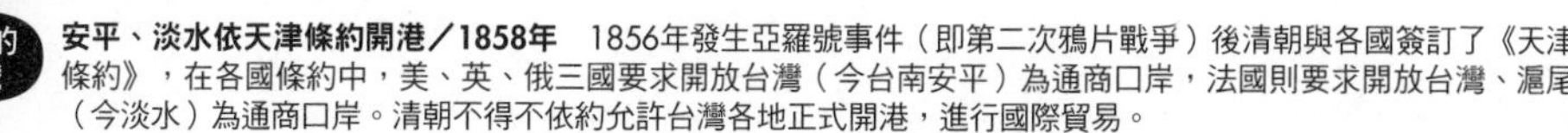

當時的台灣　**安平、淡水依天津條約開港／1858年**　1856年發生亞羅號事件（即第二次鴉片戰爭）後清朝與各國簽訂了《天津條約》，在各國條約中，美、英、俄三國要求開放台灣（今台南安平）為通商口岸，法國則要求開放台灣、滬尾（今淡水）為通商口岸。清朝不得不依約允許台灣各地正式開港，進行國際貿易。

HISTORIC EVENT

61 加拿大・大洋洲・北歐的歷史

PLACE
加拿大・大洋洲・北歐

AGE
史前時代以前

KEY WORD
白令海峽
殖民地
定居

加拿大的原住民是在數萬年前的冰河期，陸續渡過白令海峽來到美洲大陸。
十七世紀以後被法國及英國所統治，直到一九三一年才獲得獨立地位。
加拿大的歷史

同樣在數萬年前便移居至大洋洲的原住民，過著以狩獵及採集維生的生活。
之後經過歐美的殖民時期，才相繼誕生出今日的各種的國家，
但目前仍有尚未獨立的地區。
嘰！
BOOOM
砰！
大洋洲的歷史

北歐的歷史
喔 喔 喔 喔！！
西元前一萬年左右，因為追捕馴鹿而從南方移居過來的北歐人們，
最後習得了農耕的知識並定居下來。
此後北歐各地成立的原始國家，與西歐同樣掀起激烈的霸權爭奪並逐步發展，
之後才出現了成為維京人的族群。

執行不同統治方式的英國

於十九世紀擴張殖民地領土的英國，對拉丁美洲等非白人裔的殖民地執行著直接統治；但相對地，對於從法國手中奪來的加拿大等白人移民者眾多的殖民地，則以自治區的方式進行間接統治。加拿大的英國自治區經過第一次世界大戰，於一九三一年成為獨立國家。此外，於十八世紀後半葉成為英屬大洋洲的澳大利亞，起初曾是流放罪犯的地方，但發現金礦後，移民者隨之增加而急速發展起來。英國不僅在澳大利亞驅逐了原住民的土著（Aborigine），也在紐西蘭以武力討伐毛利人（Maori）。接著，又進一步擁有了北婆羅州及紐幾內亞的一部分。

至於北歐，在經歷了維京人時代（參考P88）後，瑞典與丹麥成為兩大強國，於殖民地時代中在海外獲得許多的殖民地，並爭奪霸權。然而，曾經與瑞典建立起共主邦聯（由同一位君王統治的體制）的挪威卻於一九〇五年時獨立建國；之後，冰島也於一九一八年自丹麥獨立。

偉人特寫

土著

澳大利亞的原住民，因為以回力鏢進行狩獵而為人所知。因英國殖民者的虐待，人口減少九成以上。至今在澳洲對於土著的種族歧視仍是社會問題。

毛利人

紐西蘭的原住民。雖與英國簽訂條約而讓渡主權，但由於對條約的解釋有別卻又引發戰爭。做為紐西蘭橄欖球代表隊（All Blacks）的賽前隊呼而為人所知的「HAKA」，其實是毛利人出征前所跳的傳統舞蹈。

世界史祕辛

為何日本沒有被殖民？

在列強向海外擴張殖民地的時代中，為何日本得以倖免被殖民呢？日本解除鎖國政策、憑著中央集權體制而成功脫胎換骨成為近代國家，造成這一變化的原因雖然有很多，但一八五〇年至六〇年代列強施予日本的壓力較小，這件事的確也不能忽視。美國雖然要求日本開國，卻因南北戰爭而無暇顧及這端的發展；而俄羅斯從中國清朝獲得沿海的州分，於極東處的南下政策剛好暫告一段落。更進一步來說，當時列強將重點放在做為工業資源供給地的東南亞、非洲，以及中國市場的開放，對日本來說也算是逃過一劫。

當時的日本

生麥事件／1862年 在橫濱的生麥村，發生了英國人衝入薩摩藩的島津久光（譯註：當時薩摩藩實質的最高權力者）的儀仗隊中，而遭到藩士（譯註：類似護衛職位）殺傷的事件。隔年英國為報復日本而與薩摩開戰。也因此導致薩摩很早便受到海外列強的洗禮。

當時的台灣

茶業發展與外銷／1866年 英商約翰・陶德（John Doddy）與擔任其買辦的李春生對台灣茶業早期發展功不可沒。1866年陶德引進茶苗，在北台灣試種茶樹，改良茶葉品種。隔年在艋舺（今萬華）投資茶館，加工製造烏龍茶。1869年，更將台灣茶葉透過蘇伊士運河直運至美國，獲得極大迴響，帶動北部茶業興盛。大稻埕也因此於1870年成立茶葉再製廠。

HISTORIC EVENT 62

帝國主義的成立

十九世紀中葉起，歐洲人為了採購棉花等原物料，
也為了擴大市場，而挺進亞洲。

哦！

這是很棒的棉花呢！
然而維也納證券交易所股市崩盤，使整個歐洲陷入大蕭條的困境。
泠泠清清
從今以後該怎麼辦才好呢？
唉，我們或許沒多久就會餓死路邊吧。
轉眼間，商品乏人問津，大批的失業者流落街頭。

為了改善這狀況，
歐洲各國擬定了新政策。
就透過投資亞洲或非洲來賺取利益吧！
哦！這點子真不錯！
好！
於是各國開始進攻整個世界，朝帝國主義邁進。

PLACE
歐洲各國

AGE
19世紀中期

KEY WORD
擴大市場
棉花
大蕭條

工業革命的第二次衝擊

眼見英國因工業革命而躍登為世界霸者，其他列強也開始推動工業革命。十九世紀末，在歐美展開了被稱為「第二次工業革命」的技術革新，與銀行聯手合作的大企業掌管了世界市場。殖民地無論是做為列強的資源供給地，或是做為產品的輸出地，全世界都沾染上了資本主義。此外，歐美列強以強大的生產力與軍事能力為背景，在亞洲、非洲及太平洋地區逐一擴張其殖民地與勢力範圍。這樣的行動正是所謂的「帝國主義」。

一八七三年在維也納證券交易所發生了股市大崩盤，由此造成的長期經濟蕭條，卻也成了重新檢視殖民地重要性的契機，促使列強更加快腳步，致力於將尚未成為其殖民地的地區納入版圖。以帝國主義時代的工業能力與資本力的差異來說，英國、法國、德國處於優勢，至於做為多民族國家因而內部常發生民族運動的俄羅斯與奧地利，以及南北部水準差異很大的義大利等國家則處於劣勢。

偉人特寫

愛迪生（Thomas Alva Edison）
（一八四七～一九三一）
發明了電燈炮、留聲機、電影、電影攝影機、蓄電池等產物。是第二次工業革命中對技術革新有所貢獻的代表人物。

貝爾（Alexander Graham Bell）
（一八四七～一九二二）
電話的發明者。世界上第一則透過電話傳遞的訊息是他對助手所說的：「華生，過來一下！」

狄賽爾（Rudolf Diesel）
（一八五八～一九一三）
以新的動力取代蒸氣機與舊式的內燃機，發明了狄賽爾循環機（譯註：又稱為柴油發動機，特徵是利用壓縮產生高壓及高溫點燃氣化燃料，不須另外點火）。對德國工業革命具有卓越貢獻。

親近世界史

以鐵路與戰艦躍上檯面的德國

十九世紀末，德國皇帝威廉二世從鄂圖曼帝國獲得巴格達鐵路的舖設權。透過確立從德國首都柏林連結拜占庭（現今的伊斯坦堡）、到達巴格達的鐵路而得以推動帝國主義的德國，取用這三個城市的第一個字母，將此政策命名為「三B政策」，藉此與採用「三C政策」（連接開普敦、開羅、加爾各答的殖民地擴大戰略）的英國相互抗衡。不僅如此，有鑑於當時列強競相建造戰艦，德國也以此為核心更進一步地活化軍需產業。最後終於憑著鋼鐵的生產力勝過英國，獲得足以與英國匹敵的勢力。

當時的日本 **大政奉還／1867年** 江戶幕府十五代將軍德川慶喜，在京都的二條城召集各藩地的重臣，商議將政權還給天皇的「大政奉還」一事。隔日並上奏朝廷。因此，自家康以來長達約270年的德川政權終於畫下終點。

當時的
台灣

牧師來台傳教／1861、1872年 台灣開港後，西方傳教士紛紛來台傳教。如1861年英國長老教會的馬雅各牧師來台在台南、高雄一帶傳教、行醫。1872年加拿大長老教會的馬偕牧師也以北部淡水為傳教據點，設立北台灣第一間教會淡水教會，並在1880年獲得資金援助，創建台灣北部第一所西醫醫院「偕醫館」，即今日馬偕紀念醫院的前身。

HISTORIC EVENT 63

中國成為半殖民地

PLACE
中國
AGE
1894年以後
KEY WORD
甲午戰爭
沉睡的獅子

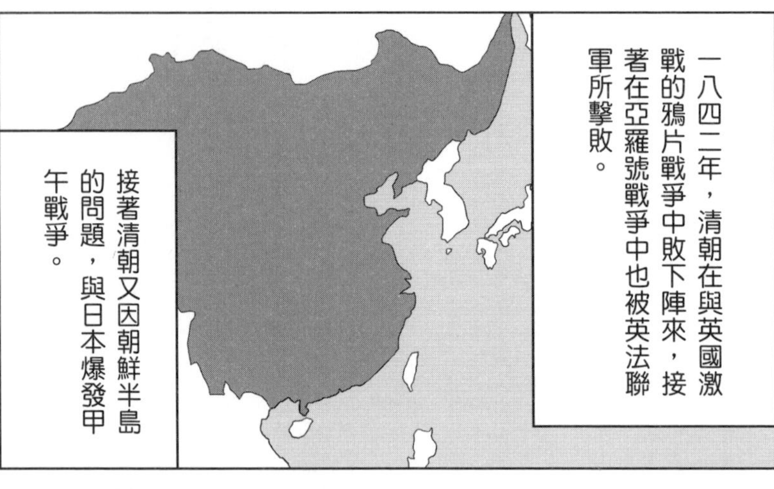

一八四二年，清朝在與英國激戰的鴉片戰爭中敗下陣來，接著在亞羅號戰爭中也被英法聯軍所擊敗。
接著清朝又因朝鮮半島的問題，與日本爆發甲午戰爭。

一八九四年──
咚!
咚
咚
ズドドオオーン
豐島海戰
巡洋艦「吉野」

在這次的戰爭中，日本節節獲勝，最後戰勝了做為大國的清朝。

另一方面，列強各國有鑑於日本這個亞洲小國竟然能大勝清朝，而開始計畫起新政策。
什麼？清朝輸了？
大英帝國
羅斯伯里伯爵
呵呵呵……
本來還畏懼清朝是「沉睡的獅子」，這樣看來，其實也沒什麼大不了嘛。
俄羅斯帝國
亞歷山大三世
德意志帝國
威廉二世
現在正是入侵清朝的大好時機啊！
一定要讓中國成為我們的囊中物！
法蘭西共和國
菲利・弗朗索瓦・福爾
於是列強各國開始瓜分中國，中國淪為半殖民地的狀態。

做為茶葉的貨款而走私鴉片！

帝國內在東亞這一帶，長年來維持著以大國清朝（參考P170）為中心的國際秩序。然而，由於減免土地稅及社會不安等背景，清朝發生史稱「白蓮教之亂」的農民起義。由於這場暴動長達九年，打擊了清朝的財政。

十八世紀中葉以來，清朝以廣東省的廣州做為唯一的貿易窗口，不允許自由貿易。另一方面，英國的茶葉消費量提高，使得做為國際貨幣的銀元流通到清朝。為了回收這些銀元，英國要求與清朝自由貿易，但在發現清朝無意交涉後，便開始將印度產的鴉片走私到廣州，展開了三角貿易。三角貿易造成的結果是，清朝因積極取締蔓延在中國的鴉片，與對此反彈的英國在一八四〇年爆發了軍事衝突，史稱鴉片戰爭。二年後，在鴉片戰爭中獲勝的英國迫使清朝同意以下條件：包含割讓香港，開放廣州、上海、寧波、福州、廈門等五個港口，支付賠償金，喪失關稅自主權以及承認領事裁判權。

戰爭結束的隔年，法國與美國也同樣與清朝簽訂了條約。

偉人特寫

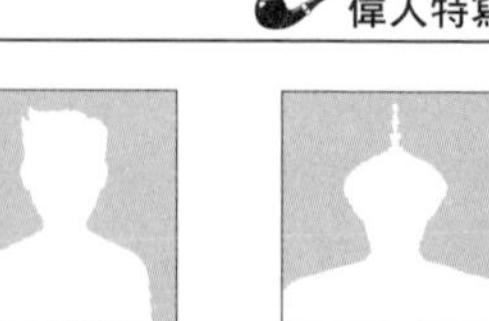

乾隆帝（一七一一～一七九九）
積極向外出征，使清朝擴增到最大版圖的第六任皇帝。一七九三年在面對英國提出自由貿易的要求時，卻予以拒絕。

林則徐（一七八五～一八五〇）
中國清朝後期政治家、思想家和詩人。主張嚴禁鴉片、抵抗西方列強的侵略，在中國被譽為「民族英雄」。

洪秀全（一八一三～一八六四）
主導太平天國之亂的宗教家。起義暴動並占領南京，宣布建立太平天國；但在他死後，太平天國也隨之滅亡。

世界史祕辛

看扁英國的清朝

清朝之所以不同意開放自由貿易，占了中國人口大多數的漢族從以前就有的「中華思想」可說是主要原因之一。這是中國自認居於世界的中心，其文化及思想都很神聖的一種自負心態。英國外交官為了向清朝提出貿易改善的交易，而想要謁見皇帝時，竟被清朝要求得行三跪九叩之禮（跪在地上叩頭三下，並重複三次的行為）。由於這是稱臣者才需要施行的禮數，所以英國斷然拒絕行禮。站在清朝的角度來看，他們所認定的貿易是「我方中國對低下的國家施予的恩惠」，所以當然會有此要求，但卻因此付出了慘痛的代價。

當時的
日本

明治維新／1868年　藉由《王政復古大號令》宣布天皇親政，並發表了做為新政府基本方針的五條誓詞。舊幕府派在戊辰戰爭慘敗，前海軍副總理榎本武揚所率領的舊幕府軍也在函館投降。新生的日本開始起步。

BC 100 200 300 400 500 600 700 800 900 1000 1100 1200 1300 1400 1500 1600 1700 1800 1900 2000

國土遭到列強蹂躪的清朝

然而，鴉片戰爭後的貿易並沒有為歐美列強帶來所期待的收益，因此，當宣稱是英國船籍的亞羅號（Arrow）被中國船員以海盜嫌疑犯之名給逮捕時，英國便以此為藉口而與法國一同出兵，在一八五六年再度掀起戰爭，英方稱為「亞羅號戰爭」（The Arrow War，譯註：中國則稱為「第二次鴉片戰爭」）。首都北京被占領的清朝，被迫答應以下條件：開放天津港等十一個港口，允許外國人自由到中國內地旅行（目的是讓列強的商人能在內陸自由經商），並同意基督教的傳教。

一八五一年，受到基督教影響所組成的宗教團體引發了太平天國之亂。海外各國藉由對清朝伸出援手，更加強化了列強的影響力，經過甲午戰爭後，更定下清朝半殖民化的命運。

看地圖了解世界史

英國的鴉片貿易

英國原本是從印度進口棉製品，但是工業革命之後生產力逆轉，轉而將棉織物出口到殖民地的印度。英國將棉織物販賣給印度後，印度再將鴉片走私到清朝，當成是支付英國的貨款。英國則從清朝進口茶葉與絲，同時拿鴉片當交換、藉此回收先前流入清朝的銀元。這正是造成鴉片戰爭的原因。

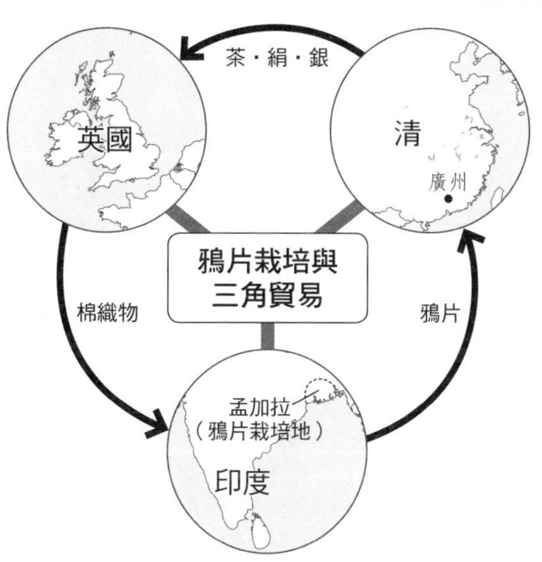
茶・絹・銀
英國
清
廣州
鴉片栽培與
三角貿易
棉織物
鴉片
孟加拉
（鴉片栽培地）
印度

當時的台灣

台灣開港／1862～1864年 依照1860年清朝和英、法簽定的《北京條約》，1862年滬尾（淡水）率先正式設海關通商，隔年雞籠開港，1864年安平與打狗也正式開港。之後各國商船紛紛前來，台灣貿易迅速擴張。當時台灣主要的出口品是砂糖、茶葉、樟腦，被稱為「台灣三寶」；鴉片則是主要的進口品。同時，也引進西方的信仰、教育、醫藥、科學等。

HISTORIC EVENT

64

列強進攻亞洲

十九世紀後半葉在進攻亞洲的行動中，英國提出了最為大膽的政策。

本傑明・迪斯雷利
唔……有沒有什麼方法能擊敗列強各國呢？
迪斯雷利所提出的帝國主義戰略，是將殖民地印度當成重要據點。

這時傳來了好消息，那就是面臨財政困境的埃及決定要賣出蘇伊士運河的股票。

英國

印度

蘇伊士運河

十九世紀後半葉在進攻亞洲的行動中，英國提出了最為大膽的政策。

可是，四〇〇萬英鎊的巨額投資要是失敗的話，我們也會深受影響啊。
我明白……

好點子！！
那麼，就用英國這國家當做擔保吧！
啪！
什麼！！
迪斯雷利透過將國家當做擔保品的這項大膽策略，終於取得從本國到印度的最短路徑，建立起帝國發展的基礎。
而同一時期，其他國家也一一進攻亞洲。

PLACE
亞洲各國

AGE
19世紀後半葉

KEY WORD
殖民地
帝國主義
蘇伊士運河股票

BC
100
200
300
400
500
600
700
800
900
1000
1100
1200
1300
1400
1500
1600
1700
1800
1900
2000

印度被納入大英帝國的版圖

英國贏得了與法國的印度殖民地爭奪戰，也平息了與印度內部藩王國（以英國的保護國身分延續下來的國家）的戰爭（譯註：參考P162），於十九世紀中葉完成整個印度的殖民化；並且，也向埃及收購蘇伊士運河的股份，掌握住從英國到印度的最短路程。英國在平定印度傭兵西帕希們發動的起義、即「印度民族起義」後，解散了東印度公司，直接出手統治印度，由維多利亞女王兼任印度女皇，成立由英國治理的印度帝國（Indian Empire）。

此時在東南亞一帶，也因列強的侵略而持續殖民化進程。英國獲得麻六甲與新加坡，鞏固了在馬來半島的掌控權。荷蘭則是拿下爪哇島、蘇門答臘、婆羅洲及摩鹿加群島，建立起荷屬東印度（Netherlands East Indies）。西班牙雖入侵菲律賓，但由於西班牙在美西戰爭（參考P227）中落敗，之後由美國獲得菲律賓的統治權。法國則是拿下越南，也合併了柬埔寨與寮國，成立法屬印度支那聯邦（Union indochinoise），鞏固了在亞洲的勢力圈。

偉人特寫

西帕希（Sipahi）

英國東印度公司的印度傭兵。英國所提供的新式槍支必須用口咬開彈藥包，但據說上頭塗了印度教徒視為神聖的牛油及伊斯蘭教徒視為污穢的豬油。因此造成西帕希群起暴動。他們擁立名存實亡的蒙兀兒帝國皇帝而發動起義，卻遭失敗，蒙兀兒帝國也隨之滅亡。

阮福映（一七六二～一八二〇）

獲得法國的支援，在越南成立「阮朝」。但是阮朝最後受到法國統治。

世界史祕辛

東南亞唯一沒有成為殖民地的國家

十九世紀末之前，因列強的進攻，東南亞幾乎全部淪為殖民地。但其中有一個國家幸運躲過了列強的侵略，那就是泰國曼谷王朝（Ratanakosin）。英國企圖進攻由法國所掌控的中南半島，而法國也同樣策畫入侵英國的領地。在這樣的狀態中，發生了法國逼迫泰國割讓其版圖中的寮國地區、且泰國向英國借賠償金未果的事件，史稱「北欖事件」（Paknam incident）。事件過後，英國與法國決定讓泰國做為兩國領土之間的緩衝地帶保留下來，也因此，泰國才能保持獨立國家的狀態。

當時的日本

西南戰爭／1877年 因主張「征韓論」失敗而下台的西鄉隆盛回到鹿兒島創立私校，培育起擔負著國家未來的後進，卻藉此形成私學校黨而與政府軍開戰。日本的最後這一場內戰，隨著西鄉的自殺而落幕。

當時的台灣

台北府設立／1875年 清朝批准福建巡撫沈葆楨奏請的「台北擬建一府三縣」奏摺，設立了「台北府」（轄宜蘭、淡水、新竹等三縣及基隆廳），並於1879年開始興工建造，到1884年台北府城正式完工，調整全台行政區域為二府八縣四廳。

HISTORIC EVENT

65 瓜分非洲

正當亞洲遭遇殖民化時，非洲也同樣受到列強的分割。
呼～似乎到啦。
一八七八年，新聞記者史丹利接受比利時國王的派遣，到非洲的剛果探險。
史丹利

這裡是銅山……！
簡直就是寶山嘛！

接到這報告的比利時國王宣布占領剛果。
如果把全地交託給我國的話，剛果就能變得更繁榮喔。
利奧波德二世（比利時王）

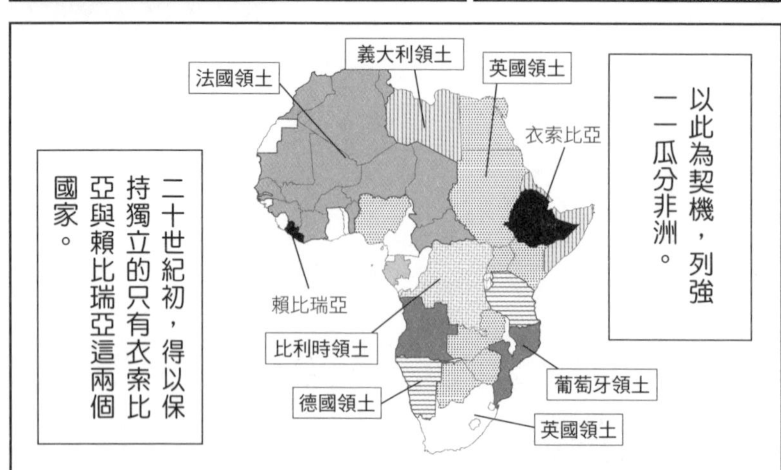
以此為契機，列強一一瓜分非洲。
二十世紀初，得以保持獨立的只有衣索比亞與賴比瑞亞這兩個國家。
義大利領土
英國領土
法國領土
衣索比亞
賴比瑞亞
比利時領土
葡萄牙領土
德國領土
英國領土

PLACE
非洲
AGE
19世紀後半葉
KEY WORD
殖民地
獨立

逕自在非洲劃分地盤的列強

大航海時代時，非洲被歐洲各國當成黑人奴隸的供給地（參考P181），進入十九世紀後，李文斯頓（David Livingstone）與史丹利（Henry Morton Stanley）到該地所展開的探險，更使列強的注意力轉移至非洲北部與印度航路的沿岸地區。

十九世紀後半葉，比利時宣告占領盛產銅礦的剛果。這問題導致列強間的衝突加深，於是在德國的俾斯麥號召下，舉行了和議瓜分非洲的會談，即「柏林會議」（Berlin Conference）；會中裁定了比利時占領剛果，以及實效支配非洲殖民地的原則等。如此一來，奴隸貿易雖基於人道觀點而於十九世紀後半葉被廢止，但當時非洲卻被企圖獲得原料、資源及商品市場的列強恣意地劃地盤，瞬間淪為殖民地。儘管反抗殖民化與專政的行動也在各地發生，但在二十世紀初，除了衣索比亞帝國與賴比瑞亞以外，整個非洲全都受到列強的統治。

偉人特寫

李文斯頓（一八一三～一八七三）

蘇格蘭的宣教士。因為自從古羅馬時代之後有關非洲的資訊便沒有新的進展，而被派到當時被稱為「黑暗大陸」的非洲大陸探險，在回到英國後將當地情況詳細地描述出來。並且，他也倡導禁止狩獵奴隸及人口販賣，對廢止奴隸貿易有所貢獻。

史丹利（一八四一～一九〇四）

出身於威爾斯的新聞記者，受比利時王的委託到剛果探險。由於探險的成果歸屬於比利時王，柏林會議上承認剛果地區屬於比利時王的私有領域，正式成為比利時的領土。

親近世界史

英國是縱斷，法國是橫斷

在瓜分非洲上交鋒的，仍舊還是國力強盛的英法兩國。英國從開普殖民地（現在的南非共和國）到埃及，實行著貫穿非洲大陸南北的「縱斷政策」；另一方面，法國則是壓制薩哈拉沙漠地區，採取將非洲東西橫切、以邁向東岸的「橫斷政策」。終究，這兩國的計畫在現今的蘇丹發生衝突，面臨一觸即發的緊張情勢，即「法紹達事件」（Fashoda Incident）；但由於法國的讓步，幸而未釀成戰爭。完成縱斷政策的英國，將開普敦與開羅連接起來，再結合印度的加爾各答展開了「3C政策」。

當時的日本　**大日本帝國憲法／1889年**　以初代內閣總理大臣伊藤博文為中心，頒布了在進行研究與擬定草案後提出的、日本最初的近代成文憲法。

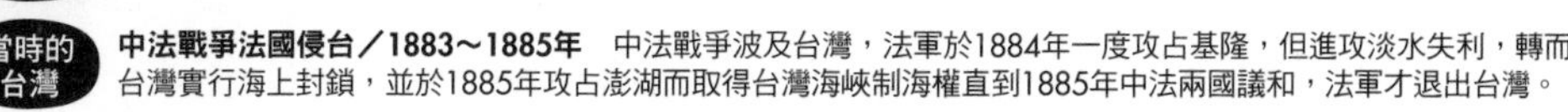

當時的台灣　**中法戰爭法國侵台／1883～1885年**　中法戰爭波及台灣，法軍於1884年一度攻占基隆，但進攻淡水失利，轉而對台灣實行海上封鎖，並於1885年攻占澎湖而取得台灣海峽制海權直到1885年中法兩國議和，法軍才退出台灣。

HISTORIC EVENT

66

瓜分太平洋地區

PLACE
太平洋各地區

AGE
19世紀後半葉

KEY WORD
殖民地
金礦

如大洋洲等在亞洲或非洲之外的太平洋各地區，

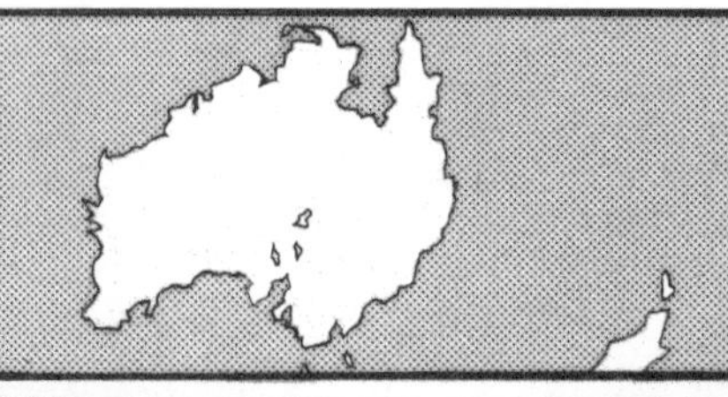

也同樣受到列強的殖民。

英國宣告占有澳大利亞及紐西蘭。

沙！
沙！
太厲害了，源源不絕呢！
閃亮！！

一八五一年發現了金礦後，許多英國人從本國移居到此處。

接著，美國也在太平洋各區的爭奪戰中，展現出勢如破竹的氣勢。

ドォォォォン!!
砰砰砰！

一八九八年，在美西戰爭中併吞夏威夷後，

砰！！

又一一拿下菲律賓、關島。

隔年再與德國瓜分薩摩亞群島，

強行掌握了在太平洋地區的霸權。

太平洋地區也展開殖民地戰爭

大航海時代裡受到西班牙、葡萄牙、荷蘭侵襲的大平洋地區，到了十八世紀英國也加入了侵略的行列。接著進入十九世紀後，法國、德國與美國也進攻此地，大平洋一帶和非洲一樣，成為列強刀光劍影、激烈交鋒的地區。英國占領了澳大利亞、紐西蘭及北婆羅州（參考P215），另一方面，德國則奪得美拉尼西亞的一部分（俾斯麥群島）及密克羅尼西亞群島（加羅林、馬里亞納、馬紹爾、帛琉各群島等）。南太平洋的美拉尼西亞及薩摩亞群島等玻里尼西亞（Polynesia）一區，直到二十世紀初期也都受到英國、法國及美國的瓜分統治。

美國在一八九八年的美西戰爭（美國對西班牙戰爭）中打敗西班牙，從西班牙手中拿下了菲律賓、關島、以及加勒比海的波多黎各；接著，更進一步合併已由美國移民者建立起傀儡政權的夏威夷，就此確立了美國帝國主義的步伐。

偉人特寫

卡拉卡瓦（David Kalakaua）（一八三六～一八九一）

從初代的卡美哈梅哈一世（卡美哈梅哈大帝，Kamehameha 一）歷數第七任的夏威夷王國的國王。為了發展夏威夷的經濟而積極接受從美國來的移民，卻因移民們而被逼失勢退位，夏威夷被迫合併於美國。

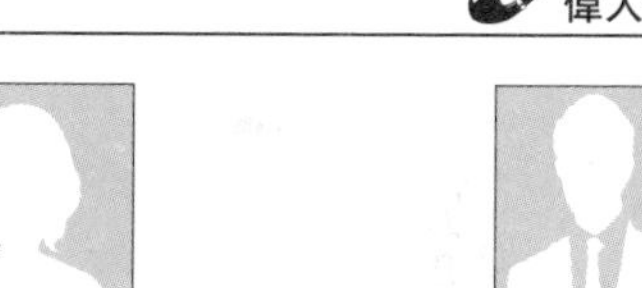

利留卡拉尼女王（Liliuokalani）（一八三八～一九一七）

卡拉卡瓦的妹妹擔任攝政一職，兄長客死於舊金山後即位為女王。受到美國的壓力而退位，於是夏威夷共和國被合併於美利堅合眾國。她也是著名的夏威夷民謠「珍重再見」（Aloha Oe）的作曲人。

親近世界史

美國的帝國主義構想是什麼？

美國戰勝美西戰爭，從西班牙手中奪下波多黎各，又把古巴當成保護國納入麾下，這些行動都有助於美國之後的對外政策。美國因為美西戰爭以及菲律賓反美鬥爭的影響，無暇介入中國利益的爭奪戰，於是宣布保護中國領土，來牽制列強瓜分中國的舉動。接著，在一九一四年開通巴拿馬運河，連接加勒比海與北太平洋後，又經由夏威夷來到關島，勢力再擴大至菲律賓，成功打造出可進出中國的北太平洋勢力圈。於是，美國的帝國主義在進入二十世紀後便一舉迎來飛躍期。

當時的日本

不平等條約的修正／19世紀後半葉～20世紀初期 修正不平等條約（譯註：德川幕府時期與列強簽訂了一連串不平等條約，如《安政條約》、《神奈川條約》等）是明治政府的宿願。1894年，陸奧宗光成功廢除了治外法權（譯註：治外法權是指某些外國人得以免除該國司法管轄，不受該國民事及刑事訴訟，其財產不受侵犯，且免徵稅款等權利）。1911年小村壽太郎替日本恢復了關稅自主權，解決明治維新以來懸而未決的事項。

當時的台灣

台灣設省／1885年 中法戰爭過後，清朝決定設立台灣省，由劉銘傳出任第一任台灣巡撫，台灣從而展開一連串近代化建設。如1889年台北府街道首度裝設路燈，1891年更鋪設全台、同時也是中國第一條官辦鐵路，路程從大稻埕到基隆。

HISTORIC EVENT 67

列強侵略中國

PLACE 中國
AGE 19世紀末
KEY WORD 遼東半島 三國干涉還遼

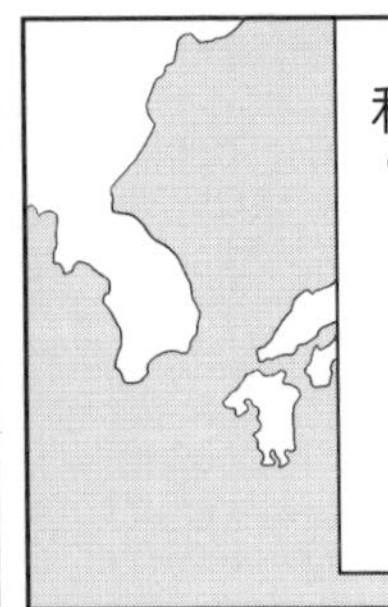
日本戰勝甲午戰爭後，列強各國開始爭奪在中國的權利。

一八九五年
馬關條約

那就把遼東半島割讓給日本吧。
日本 全權大使
伊藤博文

謹尊貴國所願……
清朝 全權大使
李鴻章
日本先因馬關條約獲得遼東半島，之後又因俄、法、德三國的干涉而將遼東半島還給中國。

之後俄羅斯獲得滿州北部的東清鐵路鋪設權。
一八九六年
《中俄密約》
「三國干涉還遼」的恩情該還囉。
俄國 外務大臣
羅拔諾夫
好、好的……

看到這狀況，列強各國紛紛趁機侵略中國。

幾乎變成殖民地的狀態

十九世紀末，朝鮮王朝（參考P175）發生史稱「甲午農民戰爭」（又稱東學黨之亂）的叛亂。為了鎮壓叛亂而被派過去的清軍，與日軍之間爆發軍事衝突，而引發了甲午戰爭。這場戰爭由日本獲勝，不僅迫使清朝割讓遼東半島和台灣，並獲得了大筆賠償金。但是，隨後日本立刻受到俄羅斯、德國與法國的干預，被迫將遼東半島還給清朝。俄羅斯藉此獲得遼東半島上的東清鐵路舖設權。在這樣的背景下，出現了「黃禍論」，即認為黃色人種為世界帶來災難。黃禍論成為國際輿論的這件事，剛好令計畫南下的俄羅斯的稱心如意。

由於清朝在甲午戰爭中慘敗，以中國為中心的東亞國際秩序完全崩壞。清朝也受到列強的瓜分，版圖被一一編入各個勢力之下：滿州、遼東半島、內蒙古割讓給俄羅斯，山東半島割讓給德國，長江流域割讓給英國，廣東、廣西及雲南省割讓給法國，台灣、澎湖群島也割讓給日本。

偉人特寫

慈禧太后（一八三五～一九〇八）

清朝第九任皇帝咸豐皇帝的皇妃，在當時清朝中握有最大的權力。由於虐殺先帝的寵姬等事蹟，而被視為中國三大惡女之一。

李鴻章（一八二三～一九〇一）

甲午戰爭後為了進行雙方議和條約「馬關條約」的談判，以清方全權大使的身分前來日本，與日方的全權大使伊藤博文進行會談。雖然因敗戰與簽訂不平等條約而被歸究責任，一度喪失地位，但在成為慈禧太后的寵臣後又重獲權力。不過，他又因屈於俄羅斯的壓力簽定密約，將滿州（中國東北部）讓渡給俄羅斯。

親近世界史

遭列強看輕的「沉睡的獅子」

儘管經過鴉片戰爭及亞羅號戰爭（參考P218、221）而向英國投降，但清朝在那之前所抱持著的潛藏強大國力，對歐美列強來說仍具威脅，也因此，各國將清朝形容為「沉睡的獅子」而加以警戒。然而，隨著在甲午戰爭中輸給日本，清朝的強盛形象自此完全破滅。清朝受到列強勢力的控制，陷入和其他亞洲或非洲殖民地一樣的窘境。走頭無路的中國，效法日本的明治維新，發起名為「戊戌變法」的政治改革，終於，在反帝國主義運動高漲的同時，推翻清朝的行動也開始萌芽。

當時的日本

甲午、日俄戰爭／1894～1895、1904～1905年　戰勝清朝的日本，接著也贏得了與大國俄羅斯的戰爭。東鄉平八朗所率領的聯合艦隊擊敗了當時被喻為世界最強的俄羅斯波羅的海艦隊（Baltic Fleet），這件事對國際社會帶來極大的衝擊。

當時的
台灣

馬關條約／1895年　清朝因甲午戰爭的戰敗而被迫簽訂馬關條約，將台灣主權永久割讓給日本。這決定傳回台灣，引發極大反彈，主張獨立的人士隨即建立「台灣民主國」政權，但政權僅維持短暫的150天。同年台灣正式進入日本統治時期。

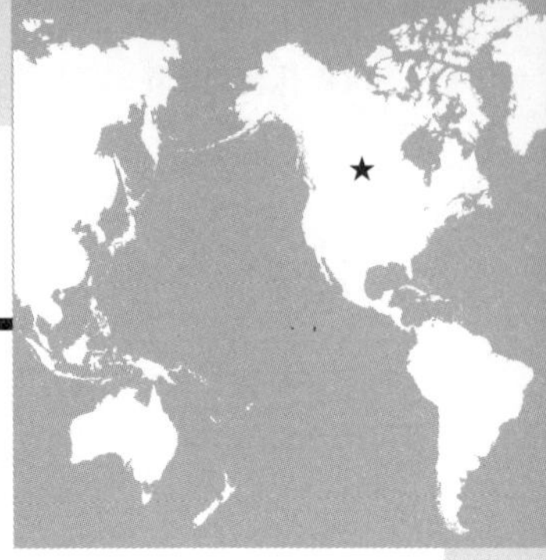

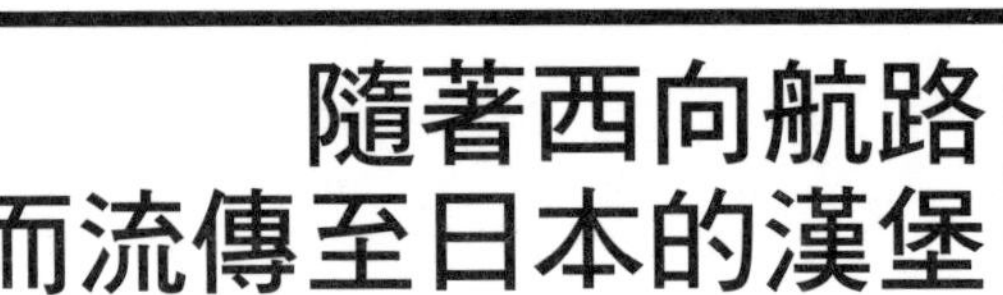

隨著西向航路而流傳至日本的漢堡

美國的淘金熱改變了飲食文化

代表美國飲食文化之一的是漢堡。這種用圓麵包夾住煎熟牛肉的食物，在日本也是很熟悉的速食料理。此外，用炭烤方式豪邁地燒烤而成的牛排，也可說是一道著名的美國料理。牛肉想必是美國料理中不可或缺的食材吧。不過，美洲大陸本來並沒有那麼多牛隻棲息。

其實，美洲原本只有野生水牛（犎牛，Bisonbison）。野生水牛的毛皮可做為禦寒用具，肉當然也能拿來食用，支持著美國原住民（Native American）食衣住等各方面的生活所需。然而這狀況到了十九世紀，卻產生巨大的變化。從歐洲移居過來的白人脱離英國、宣布獨立，建立起美利堅合眾國（參考P188），一路向西驅趕原住民，並擴大領土。

一八四八年在西海岸的加州發現了金礦，這件事也促使白人向西部挺進。加州的淘金熱讓美國的開拓者們為之瘋狂，一個接一個往西進擊。當時美國人的口號是「昭昭天命」（又稱「天命昭彰」，Manifest Destiny）。也就是說，他們認為向西部擴展領土是神的旨意。順帶一提，在當時前往加州的人中，有一位名叫李維・斯特勞斯（Levi Strauss）的裁縫師。他用篷馬車的帆布製作成衣服，並販賣給挖掘金礦的勞動者，這種衣服便成為今天牛仔褲的起源。

牛肉料理成為美國名產之前

在淘金的過程中，野生水牛因白人的濫捕導致數量減少。原住民之所以會在短時間內就被白人驅逐，也是由於以狩獵為生的部族因野生水牛的驟減食糧方面而陷

美洲篇

入困境，不得不仰賴美國政府配給的食糧過活的緣故。

由於野生水牛數量減少，來到美國西部的白人從十九世紀半葉開始從西歐進口牛隻進行畜養。一八六九年大陸橫貫鐵路開通，北美大陸的西邊與東邊連結起來後，更奠定了大規模的畜牧產業，也就是由牛仔們在西部養牛，再利用鐵路運往大消費地區的東部。接著，冰箱更進一步登場，牛肉因而可被保存，此後平民們也能享用到價格低廉的牛肉，漢堡及牛肉終於成為代表美國飲食文化的料理。

什麼？漢堡是蒙古料理？

話說回來，漢堡中間的漢堡肉本來源自於蒙古帝國（參考P108）所食用的「韃靼牛排」。「韃靼」指的是韃靼人，也就是蒙古人，這道料理隨著蒙古帝國侵略歐洲的行動流傳到當地。韃靼牛排原本是生吃的，但不習慣吃生肉的歐洲人改用鐵板來煎牛排。終於，在德國的漢堡（Hamburg），韃靼牛排這道料理在勞動者之間開始流行起來，並因移居美洲大陸的德裔移民而傳入美國；進而又成為漢堡形式的絞肉牛排，也就是漢堡肉。

源自蒙古帝國、經由歐洲來到美國的漢堡，接著又再越過海洋、往西邁進。到了現在，穿著牛仔褲的年輕人大口咬著漢堡的景象，在日本也很常見呢。

簡明圖解 世界的動向

英國的工業革命與法國革命衍生出資本主義社會，
從而大幅改寫了世界的樣貌。
歐洲列強為了尋求商品的市場與資源（原料）而爭奪亞洲及非洲殖民地，
這樣的帝國主義時代正式來臨。

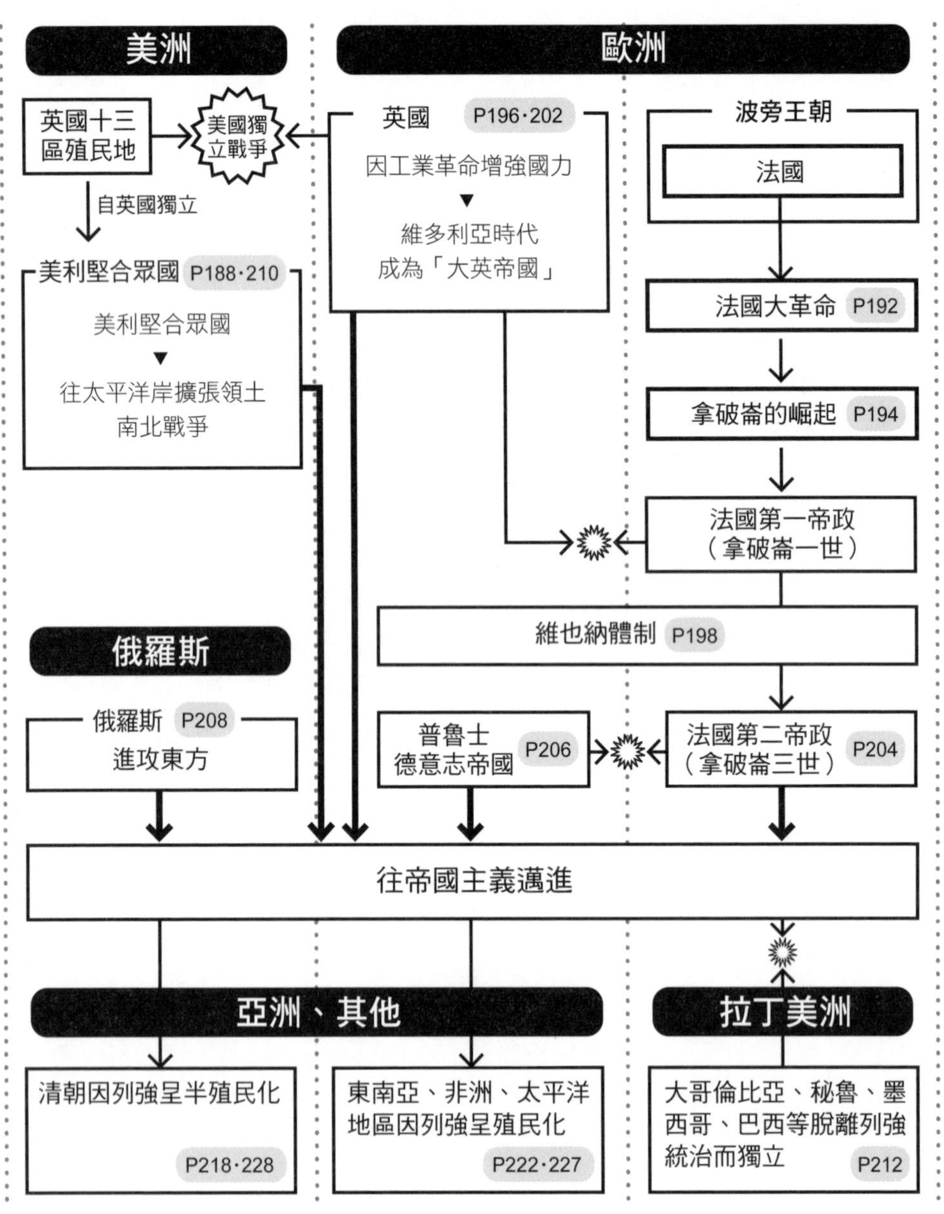
美洲
歐洲
英國十三區殖民地
美國獨立戰爭
英國 P196·202
因工業革命增強國力
▼
維多利亞時代
成為「大英帝國」
波旁王朝
法國
自英國獨立
美利堅合眾國 P188·210
美利堅合眾國
▼
往太平洋岸擴張領土
南北戰爭
法國大革命 P192
拿破崙的崛起 P194
法國第一帝政
（拿破崙一世）
維也納體制 P198
俄羅斯
俄羅斯 P208
進攻東方
普魯士
德意志帝國 P206
法國第二帝政
（拿破崙三世） P204
往帝國主義邁進
亞洲、其他
拉丁美洲
清朝因列強呈半殖民化
P218·228
東南亞、非洲、太平洋地區因列強呈殖民化
P222·227
大哥倫比亞、秘魯、墨西哥、巴西等脫離列強統治而獨立
P212

第四章

近代的世界 考察

本章所描述的，是歐洲各國為尋求殖民地而彼此張牙舞爪、相互爭戰的時代。這時期中，取代「日不落國」的西班牙、成為世界經濟霸者的，正是擊敗了西班牙無敵艦隊的英國。英國因清教徒革命、光榮革命兩次革命結束了專制王權，形成以議會為中心進行施政的市民社會。英國在維多利亞女王時代達到空前的繁榮光景，巔峰時期更獲得堪稱占全世界四分之一的海外領土，甚至被稱為「大英帝國」。

接著，在十八世紀後半葉英國展開工業革命。工業革命將之前以農業為中心的經濟轉換成以工業為中心，因而大大改變了世界。幾乎在同一時期，法國也爆發革命而推翻專制王權（法國大革命）。法國大革命使自由與民族主義的精神深植人們心中，誕生出近代國民國家，這樣的成果隨著日後的拿破崙征服戰爭而滲透至整個歐洲。另一方面，十八世紀時美國脫離英國獨立，開拓廣大的國內市場，確立了工業主導的社會體制。終於，美國凌駕母國英國之上，成為世界最大的經濟大國，如各位所知，至今仍是國際社會的領導者。

在工業革命與法國革命衍生出的資本主義社會中崛起的資本家（資產階級），不僅掌握了該國的經濟，也牽動了政治權力，列強滿懷野心、轉而望向世界各地。於是，歐洲各國在海外激烈地爭奪殖民地，亞洲、非洲及拉丁美洲的殖民地受到歐洲列強的掌控，就此進入帝國主義的時代。

第五章
戰爭與全球化的時代

從第一次世界大戰、第二次世界大戰、太平洋戰爭到冷戰，
這是個人類接連面臨大型戰爭的時代。
如今，仍有部分地區因冷戰或內戰而無法迎接和平，
但另一方面，世界也進入全球化，彼此間的距離頓時拉近。
今後人類會面臨何種局面，該如何度過困境，
或許，過去曾發生過的歷史會是有力的線索。

1989年
冷戰結束
▸P268
1930年
法西斯的崛起
▸P254

1917年
俄羅斯革命
▸P240
1939年
第二次世界大戰
▸P258

HISTORIC EVENT
68 第一次世界大戰

十九世紀，德意志帝國建造海軍艦隊增強軍事能力，

再加上以工業為後盾，計畫新方案。

此時正是德國向世界獲取殖民地的最佳時機！！

威廉二世

德國的未來就在大海上！！

ワァァァァ!!

哇啊啊！！

德國與奧地利、義大利結成三國同盟。

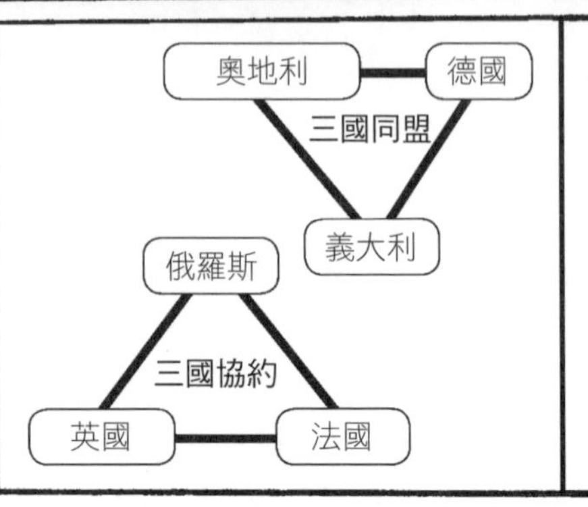
奧地利
德國
三國同盟
義大利
俄羅斯
三國協約
英國
法國

然而在一九〇七年，英國、法國及俄羅斯成立三國協約，與三國同盟對立。

PLACE
歐洲
AGE
1914年
KEY WORD
德意志帝國
三國協約

觀望鬼祟

在這其間，發生了一件事——
ザワ
ザワ…

バッ
砰！
パン
砰砰！
去死吧！！！
パン

反對波士尼亞與赫塞哥維納合併的塞爾維亞青年，槍殺了奧地利的皇太子夫婦。

憤慨的奧地利，在一九一四年七月二十八日向塞爾維亞宣戰。
パァーン
砰！
由於俄羅斯支持塞爾維亞，因而一舉發展成三國同盟與三國協約的戰爭。

巴爾幹半島烽火連天！

一九〇四年爆發的日俄戰爭不僅是日本與俄羅斯的戰爭，也由於這戰爭使推動帝國主義（參考P217）的列強各國形成各自盤算與利益的衝突，從而重新改寫了列強之間的敵對與權力關係。德國取代了俄羅斯逐漸崛起，英國、法國、俄羅斯為了對抗德國而簽訂「三國協約」，德國與奧地利、義大利則結成「三國同盟」。

雙方團體的對立焦點，是被喻為「歐洲火藥庫」的巴爾幹半島。支持泛斯拉夫主義（Pan-Slavism，即意圖連斯拉夫人都一併統一的思想）的俄羅斯與鄂圖曼帝國開戰，史稱「俄土戰爭」（Russo-Turkish Wars），結果促使羅馬尼亞、塞爾維亞及蒙特內哥羅獨立。至於保加利亞成為鄂圖曼帝國內的自治區，波士尼亞與赫塞哥維納（Bosnia and Hercegovina，簡稱波赫）則是由泛日耳曼主義（Pan-Germanism，主張擴張日耳曼民族的思想）的奧地利獲得行政權。然而，在保加利亞終於爆發革命且獨立之後，奧地利由於擔心波赫也跟著獨立，而硬是併吞該地。結果，奧地利皇太子在波赫的首都塞拉耶佛遭到暗殺，這樁「塞拉耶佛」事件正是以民族統一為目標的、信奉大塞爾維亞主義的塞爾維亞青年所為。

偉人特寫

威廉二世（Wilhelm II）（一八五九～一九四一）

德意志帝國的皇帝。與推動孤立法國政策的俾斯麥（參考P207）發生衝突，而逼迫其下台。主張泛日耳曼主義並推動了3B政策（參考P217），卻因為發生德國革命而被迫讓出皇帝之位，逃亡至荷蘭。也是倡導「黃禍論」（參考P229），對俄羅斯的南下政策有所影響的人物。

艾伯特（Friedrich Ebert）（一八七一～一九二五）

德國的社會主義政治家。德國革命時被指名擔任臨時宰相，混亂中就任為德意志共和國的第一任總統。

世界史祕辛

巴爾幹半島是「歐洲的火藥庫」

歐洲東南部的巴爾幹半島自古以來就是斯拉夫人（參考P101）的文化圈，但由於長期以來受到東羅馬帝國、鄂圖曼帝國與奧地利等多民族國家所統治，因此當地混雜了許多民族。然而，進入十九世紀後，以法國革命為開端的國民主義思想，也逐漸滲透到巴爾幹半島，引發了以建立斯拉夫人國家為目標的民族運動。當時，因民族之間的問題而顯得戰火一觸即發的巴爾幹半島，被形容是「歐洲的火藥庫」；且這座火藥庫因塞拉耶佛事件而正式點燃戰火，爆發第一次世界大戰。如今，民族紛爭依舊持續，火藥庫仍瀰漫著煙硝味。

當時的
日本

大戰景氣／大正時代（1912～1926年） 第一次世界大戰開始之後，由於協約國下了大量的軍用品訂單，使日本發展出前所未有的泡沫經濟。因大戰的好景氣而大賺一筆的人則被稱為「成金」（譯註：意同中文的「暴發戶」），這一詞是從將棋遊戲而來，因為將棋一旦進入對方陣地便會升級，所以被稱為「成金」。

BC 100 200 300 400 500 600 700 800 900 1000 1100 1200 1300 1400 1500 1600 1700 1800 1900 2000

因列強紛紛捲入而發展成大戰爭

奧地利將此次事件視為是鎮壓斯拉夫人民族運動的大好時機，在獲得德國的援助後，便向塞爾維亞宣戰。另一方面，俄羅斯表明對塞爾維亞的支援，其他列強也分別以所締結的同盟、協約關係為由，而相繼參戰。於是，列強各國就此分成德國、奧地利等同盟國陣營，以及法國、俄羅斯、英國與日本等協約國陣營（第二次世界大戰的同盟國），發展成波及全世界的大規模戰爭。

一九一八年，德國的基爾港發生海軍暴動，並由此引發德國革命。暴動擴及首都柏林，最後迫使德意志帝國解體，宣告成立共和制。德意志共和國在巴黎郊外的貢比涅（Compiègne）森林裡與協約國陣營簽訂休戰協定，長達四年三個月的大戰終於平息下來。

用圖解了解世界史

第一次世界大戰開戰時的對立結構

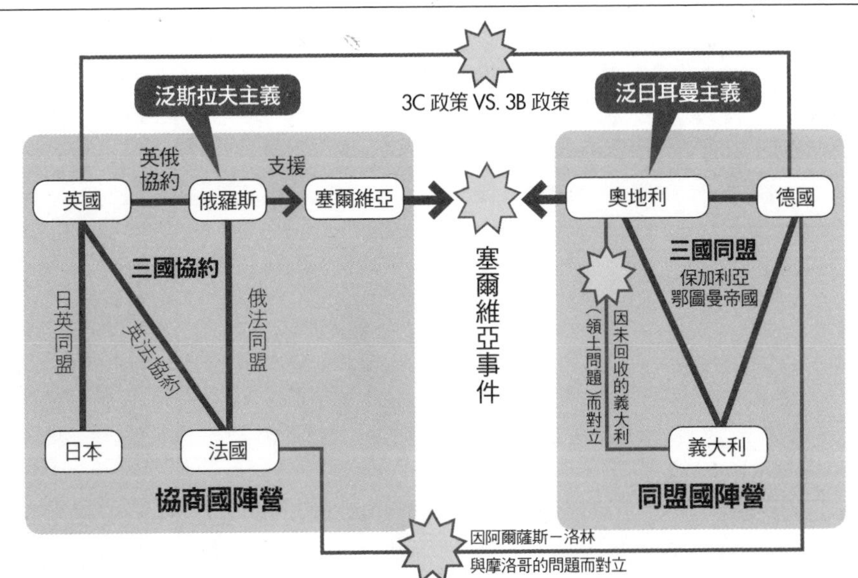
3C 政策 VS. 3B 政策
泛斯拉夫主義
泛日耳曼主義
英俄協約
支援
英國
俄羅斯
塞爾維亞
奧地利
德國
三國協約
日英同盟
英法協約
俄法同盟
日本
法國
協商國陣營
塞爾維亞事件
三國同盟
保加利亞
鄂圖曼帝國
因未回收的義大利（領土問題）而對立
義大利
同盟國陣營
因阿爾薩斯－洛林與摩洛哥的問題而對立

當時的台灣

西來庵事件／1915～1916年 日本治台20年後，由余清芳等領導者在名為「西來庵」（位於今台南市內）的王爺廟密謀抗日，並在噍吧哖一地（今台南玉井）正式與日軍交戰，因此又稱「余清芳事件」或「噍吧哖事件」。這是日治時期規模最大的一次漢人武力抗爭事件，死亡人數高達數千人。且這次活動帶有宗教色彩，也使政府於事後開始整飭台灣民間信仰。

HISTORIC EVENT 69

俄羅斯革命

第一次世界大戰結束之際，在俄羅斯發生了大事。
立刻停止戰爭！
在長期的戰爭狀態中，苦於食糧短缺的民眾們怒火爆發。

眼見這狀況、挺身而出的，
是剛結束逃亡，從瑞士回國的列寧。
弗拉基米爾・列寧

四月提綱
所有的權力不是皇帝的，
而是在勞動者與士兵協議會的手上！
沒錯！
わあああああ

哇啊啊啊！

PLACE
俄羅斯

AGE
1917年

KEY WORD
4月提綱
勞動者

接著在十一月七日，列寧所帶領的布爾什維克派武裝起義，一一壓制住銀行及發電場。

上啊！

只剩下內閣了！

一口氣占領吧！

接著占領了僅存少數臨時政府閣員的冬宮※，而革命成功！

國家的權力轉移到我們的手上了！

哦哦哦！

おおお

五年後成立蘇維埃社會主義聯邦共和國（簡稱「蘇聯」）。

※譯註：是俄羅斯聖彼得堡的標誌性建築，也是當時俄國首都彼得格勒的臨時政府所在地。

動搖俄羅斯的兩次革命

第一次世界大戰結束前，協約國陣營中的俄羅斯發生了一件嚴重的大事。大戰中，俄羅斯提供給城市的食糧與燃料分量減少，由於皇帝及政府沒有擬定良好的對策，反對延長戰爭的民眾於是在一九一七年發生暴動。在首都聖彼得堡，要求麵包與和平的民眾發起大規模的遊行與罷工，且情勢日益擴大；勞動者組成名為「蘇維埃」（意為「評鑑會」）的自治組織，接著軍隊也參與進來，於是暴動終於發展成革命。掌控俄羅斯約三百年的羅曼諾夫王朝（Romanov）因此滅亡，長久以來由沙皇統治俄羅斯的情況終於畫下句點。此次的革命稱為「二（三）月革命」。

接著，率領社會民主勞動黨「布爾什維克派」（Bolshevik，意謂「多數派」）的革命家列寧（Vladimir Lenin）自瑞士返國，透過「所有權力都要交給『蘇維埃』」的訴求，即「四月提綱」而擴大勢力。之後，又打倒「二（三）月革命」後所樹立的臨立政府，掌握政權。此次的革命稱為「十（十一）月革命」。

透過布爾什維克派鞏固了一黨專政體制的列寧，以馬克思（參考P203）所提倡的社會主義做為施政理念，提出「馬克思列寧主義」，將布爾什維克派改組成「俄

偉人特寫

尼古拉二世（Nicholas II of Russia）（一八六八～一九一八）

羅曼諾夫王朝的末代沙皇。過著多災多難的人生，如身為皇太子時曾於造訪日本之際被滋賀縣警備巡查刺傷，稱為「大津事件」；即位後其一舉一動也都得聽命於僧人拉斯普丁的政治意圖。在俄羅斯革命中被逼迫退位，之後被處死。

列寧（一八七〇～一九二四）

列寧獲得敵國德國的支援，可望從逃亡避身地瑞士回到俄羅斯時，據說，德國為了擴大俄羅斯的混亂，設立了密封列車（免剪票及入境審查）使他能夠回國。

親近世界史

革命究竟發生在幾月？

儘管這兩次革命被統稱為「俄羅斯革命」，但近年來卻將二月革命改稱為三月革命，將十月革命改稱為十一月革命。事實上，革命真正的時間是發生在三月與十一月，兩者在名稱上都各差了一個月，相信有人會覺得很奇怪吧。其實，俄羅斯發生革命時，其國內使用的曆法並不是其他歐洲各國所採用的新式公曆（Gregorian calendar，譯註：即現行西曆，又譯為格里哥利曆，是由羅馬教宗格里哥利十三世於一五八二年所創立），而是在當時慢了十三天的舊式俄曆（Julian calendar，譯註：即儒略曆，由凱撒大帝於西元前四六年所制定）。聖彼得堡發生革命時俄羅斯是在二月，而列寧掌握政權一事是在十月，所以才被稱為「二月革命」與「十月革命」。

當時的
日本

大正民主／1910～1920年代 經歷過第一次世界大戰、奠定了凡爾賽體制（參考P244）後，要求政黨內閣或實施普通選舉的民主主義、自由主義的思想及運動，在日本興盛起來。

羅斯共產黨」。史上第一個社會主義國家於焉誕生。

世界第一個社會主義國家與聯邦

正當列寧呼籲應即刻結束第一次世界大戰，並與同盟國陣營議和的時候，擔心引爆一連串革命的協約國陣營則以各種方式對俄國施加壓力，如支援俄羅斯內的反革命政權，並派軍隊至西伯利亞進行「對蘇干涉戰爭」等。列寧為了度過這次危機，一方面，透過俄羅斯共產黨取締反革命運動；同時，也為了解決食糧不足的問題，另一方面又向農民強制徵收穀物，再配給城市的居民或士兵，斷然執行戰時共產主義。順利度過了農工業生產力降低等重重困難，平定國內反革命政權的俄羅斯政府，又以軍事武力鎮壓已從帝政體制下獨立出去的烏克蘭、白俄羅斯、外高加索地區（喬治亞），強制執行專政體制。接著，在一九二二年與這些國家聯合成立起「蘇維埃社會主義共和國聯邦」（簡稱「蘇聯」）。

用圖解了解世界史

俄羅斯共產黨獨裁的經濟政策

列寧當初所推動的戰時共產主義，造成生產力下滑，引發了出現大量餓死者之類的嚴重狀況。因此，他暫緩共產主義，改而實施新經濟政策（Nep）以促進生產活動，成功使生產力恢復到大戰前的水準。

戰時共產主義（1918～1921年）

是對抗反革命運動造成的內戰以及對蘇干涉戰爭的手段。
雖然打贏了內戰，卻因勞動意願減退，導致生產力下降。

〈主要政策〉
- 企業國有化
- 禁止個人交易
- 強制徵收農作物
- 強制勞動制
- 食糧配給制

↓

新經濟政策（Nep）（1921～1928年）

使戰時共產主義下降的生產力提昇至大戰前的水準。

〈主要政策〉
- 允許自由販賣剩餘的農產物
- 禁止強制徵收農作物
- 引入外國資本
- 允許私人經營中小企業

當時的台灣 **六三法、三一法／1896～1906、1906～1921年** 1896年6月3日，日本議會立法授權台灣總督擁有在台灣制定特別法的權力。到1906年以「三一法」取而代之，內容雖與前者差異不大，但開始縮限總督立法權，明定此後總督新頒布的律令不可牴觸日本本國的法律。

巴黎　法國外務省
第一次世界大戰後，戰勝國的二十七個國家聚集在巴黎，召開巴黎和會。

我們應該要反省大戰的事！
所以我要提議和平基本原則。
美利堅合眾國威爾遜總統
──於是提出「十四點和平原則」。

真是太棒了！
尤其是每個民族都靠自己決定事情的這條「民族自決」非常好！
法蘭斯共和國克列孟梭首相
──然而，因為各國的利害關係，這些項目幾乎沒有實現。

HISTORIC EVENT
70
凡爾賽體制
PLACE
法國
AGE
1919年
KEY WORD
戰勝國
賠償金
縮減軍備

不過德國應對戰爭負起最大的責任……果然還是該由它來支付龐大的賠償金啊。
是啊，
不僅能防止德國再度壯大，也能讓世界和平……
於是便要求德國支付相當於GNP二十年分、高達一三二〇億馬克的巨額賠償金，並簽訂削減領地、縮減軍備的條約案。

德國當然很反彈，但最後仍不得不簽字。
簽在這裡。
於是凡爾賽體制成立，歐洲終於迎接永久的和平。
看似如此。

不過，
這些傢伙給我記住……
稱得上是報復德國的這個條約，卻導致日後納粹德國的崛起。
德國外務大臣
赫爾曼・穆勒

提倡和平，結果卻是進行報復

一九一九年，第一次世界大戰後的和會在法國巴黎舉行。獲准參加和會的是二十七個戰勝國（同盟國），德國與奧地利等戰敗國、以及取代俄羅斯的新聯邦蘇維埃則不被允許出席。會議的指標是美國總統威爾遜（Thomas Woodrow Wilson）於前年所提倡的「十四點和平原則」（The Fourteen Points of Peace），其中包含了民族自決權（各民族在政治上獨立，創立各自政府的權利）、國際和平主義以及公平解決殖民地問題等項目。

然而，法國與英國反對捨棄殖民地等本國既得利益，並且，又對戰敗國採取嚴厲的態度，所以這些原則僅有一部分被採用。尤其是民族自決權僅適用於舊俄羅斯及奧地利、鄂圖曼帝國所統治的各民族，這件事令亞洲及非洲人民感到很失望。結果，經會議協商，在巴黎郊外凡爾賽宮中所締結的《凡爾賽條約》，形同對德國進行強烈的報復，列出了支付巨額賠償金、放棄所有海外領土、本國領土削減百分之十三等條件。另一方面，根據這條約，也決定成立由威爾遜所提議的「國際聯盟」（簡稱「國聯」）。國聯本部設立在瑞士的日內瓦，並於一九二〇年舉行第一次總會。

偉人特寫

威爾遜（一八五六～一九二四）

美國第二十八任總統。第一次世界大戰末期時發表了「十四點和平原則」，之後主導凡爾賽體制。在這過程中又提倡設立國際和平機構，對國際聯盟的成立有所貢獻。

克列孟梭（Georges Clemenceau）（一八四一～一九二九）

參加巴黎和會的法國首相，與英國首相勞萊・喬治（Lloyd George）一同倡導應對德國採取強硬態度。他曾說過：「決定哪位是最可惡的政治家是非常困難的。因為一旦覺得『這人真是壞透了！』，就一定會出現更加卑鄙的傢伙。」可以說，這句話也相當適用於現代的政治家。

世界史祕辛

提出建議、卻沒加入國際聯盟的美國

《凡爾賽條約》接受了美國總統威爾遜所提議的「十四點和平原則」，也決定設立維護世界永久和平的國際機構，成立由英國、法國、日本與義大利為常任理事國的「國際聯盟」。然而，理應為聯盟中心的美國卻竟然沒有加入聯盟。這是因為，由於當時美國的參議院由共和黨占大多數，因而否決了隸屬於民主黨的威爾遜總統所推動的凡爾賽外交。雖然主導《凡爾賽條約》，卻遲遲未同意簽署、也表明了不參與國聯，這時期的美國外交，表現出的態度就像是回到門羅總統（參考P211）時代的「孤立主義」（Isolationism）。

當時的
日本

第一個政黨內閣／1918～1921年　原敬首相以自身所屬的政黨「立憲政友會」為中心，組織內閣。被譽為平民宰相的他受到國民高度的期待，但他卻延續舊有的政策，如反對普選、壓制社會主義等，因而在東京車站遭到暗殺。

BC 100 200 300 400 500 600 700 800 900 1000 1100 1200 1300 1400 1500 1600 1700 1800 1900 2000

維也納體制之後的國際秩序

奧地利被允許以小共和國的體制繼續留存下來，並且更進一步地認同從舊奧地利和舊俄羅斯帝國領土中獨立出來的東歐八個國家，包括：匈牙利、捷克斯洛伐克、南斯拉夫、芬蘭、波蘭、愛沙尼亞、拉脫維亞及立陶宛等。這些國家的獨立不僅削弱了德國與奧地利的國力，也形成一道防波堤，擔負著阻擋新興於俄羅斯的共產主義持續掀起革命的任務。於是，名為「凡爾賽體制」的國際新秩序便獲得建立。雖然這個體制實際上帶有協約國列強報復德國、及對抗蘇維埃的強烈意味，但是在調停國境紛爭與文化交流等層面上，仍然達到一定的成效。

看地圖了解世界史

第一次世界大戰後獨立的東歐

大戰後，匈牙利、捷克斯洛伐克、南斯拉夫、芬蘭、波蘭、愛沙尼亞、拉脫維亞、立陶宛等東歐八個國家的獨立，正像是一道防護，使西歐不受蘇維埃共產主義引發的革命所影響。並且，同盟國陣營的鄂圖曼帝國也喪失了許多領土，如位於阿拉伯半島的沙烏地阿拉伯獨立，敘利亞委任給法國，伊拉克及現在的約旦、巴勒斯坦則委任給英國統治。

芬蘭
愛沙尼亞
拉脫維亞
立陶宛
德國
蘇維埃聯邦
波蘭
捷克斯洛伐克
匈牙利
奧地利
南斯拉夫
德國
已獨立的東歐國家

當時的
台灣

同化政策與「法三號」／1920～1921年 第一次世界大戰後，全球盛行民主自決思想，日本為了安撫台灣居民，轉而實行「同化政策」，強調台灣是日本的一部分。並且隨著日本改以「同化」為統治原則，1921年又公布「法三號」，開始以天皇「敕令」的方式將日本法律施行於台灣。

HISTORIC EVENT

71 大戰後的瓜分亞洲

巴黎和會中，日本也以戰勝國的身分出席。
舊德屬山東半島的權益，
就由日本來繼承吧！
該會議中，大戰時日本對中國要求的《二十一條》權益也受到世界的認同。

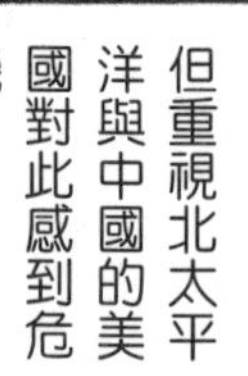
但重視北太平洋與中國的美國對此感到危機。
華盛頓會議

日本應將山東半島的權益還給中國！
而且也該限制其主力戰艦的數量！
美國
哈定總統
於是日本不得不放棄大戰中所獲得的領土，並裁減軍備。

這卻讓美國與日本產生嫌隙，
成為日美關係惡化的遠因。
咔嗒
咔嗒

PLACE
中國

AGE
1919年

KEY WORD
《二十一條》

列強牽制日本擴大勢力

正當歐洲瀰漫著第一次世界大戰的戰火硝煙時，亞洲的情勢也有劇烈變化。歐洲列強的資本主義勢力因大戰而衰退，結果反為東亞帶來前所未有的好景氣。中國與日本的城市勞動者增加，並從他們之中興起社會運動及民族運動。

第一次世界大戰前，中國的清朝因辛亥革命而滅亡，孫文成為領導者並建立起中國民國。由於在巴黎和會中，德國認同了日本向中國要求的《二十一條》，像是繼承德國原本擁有的山東省等，中國民眾為了抗議此事，在各地舉行遊行或罷工，形成「五四運動」，反日情緒高漲。

此外，日本又取得赤道以南、德屬南洋諸島的委任統治權，但美國以及其他列強也因此對勢力擴大的日本開始戒備。在以調整戰勝國利益為目的而召開的華盛頓會議中，由於列強主張應該要尊重中國的主權以及保全中國領土，日本才不得不將山東省的權利交還給中國。

偉人特寫

孫文（一八六六～一九二五）
倡導「民族、民權、民生」的三民主義，於一九一一年主導辛亥革命並打倒清朝。隔年建立中華民國，就任臨時總統。

魯迅（一八八一～一九三六）
中國文學家，以五四運動為契機，對於被稱為「文學革命」的啟蒙運動有所貢獻。代表作有《狂人日記》、《阿Q正傳》等。

哈定（Warren G. Harding）（一八六五～一九二三）
美國第二十九代總統。主辦華盛頓會議，以縮減軍備為藉口，限制日本的戰力，並破壞日英聯盟，阻止日本崛起。

親近世界史

僅由十三人所成立的中國共產黨

受到俄羅斯革命的影響，以北京大學學生為中心、在天安門前舉行的示威遊行，隨後發展成擴大至整個中國的五四運動之後，共產主義思想在中國也逐漸擴大。感受到中國國民能量的孫文，認為必須從以前由菁英主導的非政式政治（譯註：「非正式政治」是相對於「正式政治」（formal politics）而言，透過個人和團體等關係網絡所發展出來的政治行為），脫胎換骨、轉型成近代的革命政黨，於是在一九一九年組成中國國民黨。兩年後，在上海也有十三名（公開記錄是十二名）中國青年聚集一塊，由陳獨秀擔任總書記，組成了中國共產黨。雖然創立時的黨員只有五十七人，卻是憑著一黨專政體制治理著當今中國（中華人民共和國）的中國共產黨的源頭。

當時的日本 **關東大震災／1923年** 9月1日，關東地區發生芮氏規模7.9的大地震，死亡及失蹤人數多達10萬5千人，造成前所未有的災害。在這混亂之中，也發生對韓國人及社會主義者的虐殺事件。

當時的台灣 **台灣社會運動興盛／1920年代** 日本大正民主期間允許較寬鬆的言論自由，各種思想相繼傳入日本，台灣的留日學生也深受影響，開始推動政治改革。如1920年林獻堂在東京號召留日台生組成「新民會」，要求廢除「六三法」，推行「台灣議會設置請願運動」；1921年蔣渭水也在台灣組成「台灣文化協會」，帶動了20、30年代台灣政黨運動及社會運動的發展蓬勃。

HISTORIC EVENT

72 中國革命的進展

PLACE 中國

AGE 1916年

KEY WORD 北伐

一九一六年左右，在推翻清朝、建立中華民國的中國，由北京的北洋政府掌握中國的實權。

對抗北洋政府的是「中華民國之父」——孫文。

我們必須奪回做為國民國家的中國！

孫文

孫文在中國國民黨第一次全國大會中如此呼籲，並建立中國國民黨與中國共產黨間的合作關係。

採取「國共合作」，目標是進行北伐，打倒北京的北洋政府。

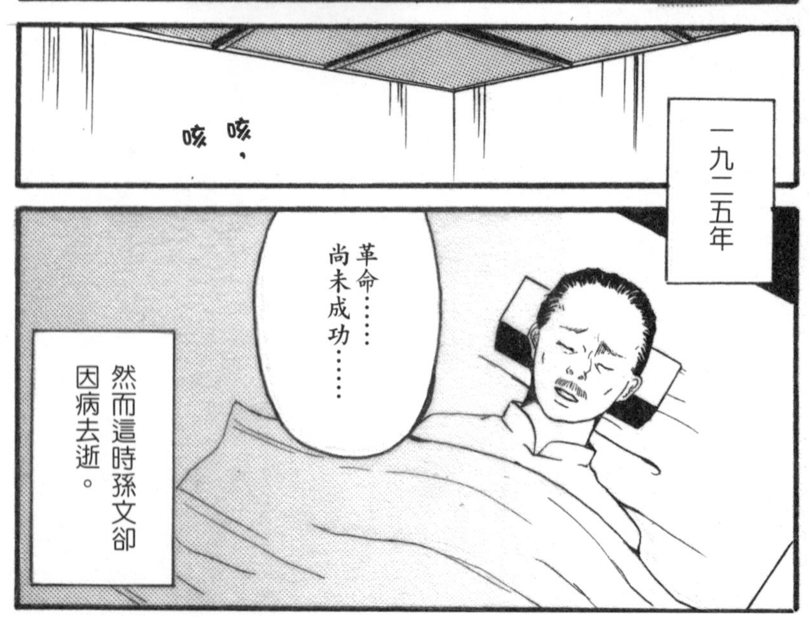
一九二五年
咳咳，
革命尚未成功……
然而這時孫文卻因病去逝。

之後，掌握中國國民黨內領導權的是蔣介石。
我們必須繼承孫大元帥的遺志，
一定要統一中國！
接著，在一九二八年
砰砰！
咚！
砰砰！
蔣介石率軍北伐，成功占領北京，打倒了北洋政府。

同舟共濟的國民黨與共產黨

正當華盛頓會議（參考P249）締結起抑止日本擴張勢力的國際外交關係，但同一時間，在中國即使已建立中華民國，卻仍然存在軍閥割據各地、爭奪國家領導權的情形。最後，打倒北京軍閥、試圖恢復統一中國的北伐動作益發積極。重視與蘇維埃聯邦合作的中國國民黨孫文，接受了從蘇聯傳來的、可與中國共產黨聯手的示意，因此在一九二四年以聯俄（與蘇聯合作）、容共（接納共產主義）、扶助農工（援助勞動者與農民）為原則，展開以打倒軍閥與帝國主義為號召的「第一次國共合作」（即國民黨、共產黨聯盟）。

繼承孫文遺志的蔣介石，在廣州建立國民政府並開始北伐，占領了南京及上海。但是國民黨開始對以擴大大眾運動為目標的共產黨感到警戒，而形成兩黨對立的局面。蔣介石在上海發動政變，以對付共產黨的壓制，國共合作終於破局。蔣介石於南京成立新的國民政府、且擔任主席，一九二八年再度進行北伐，並占領了北京。力求阻礙國民政府而接受日本支援的軍閥張作霖，則是在從北京逃亡的途中被殺害。於是，中華民國再度成功奪回了全國完整的領土，統一中國。

偉人特寫

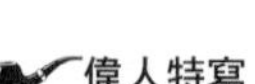

蔣介石（一八八七～一九七五）
以孫文後繼者之姿推動北伐，成功統一中華民國，並就任為國內最高領導者，即國民政府主席。

張作霖（一八七五～一九二八）
權掌北京的奉系軍閥的總帥。一開始雖然獲得日本的支援，卻被日本算計，在逃亡途中所乘坐的火車被炸毀，最後負傷身亡。

溥儀（一九〇六～一九六七）
身為電影《末代皇帝》的主角人物，是家喻戶曉的清朝最後一位皇帝。滿州國成立時被推派為初代皇帝。

親近世界史

孫文的「革命尚未成功」

被譽為「中國革命之父」的孫文，是將一生奉獻給革命的男人。他在夏威夷以華僑為中心、組成了做為中國國民黨前身的政治結社「興中會」；並且為了推翻清朝，集結起以革命為目標的各團體，於日本組織中國同盟會。接著，終於發起了辛亥革命。孫文與清軍領袖袁世凱攜手合作，逼迫宣統帝溥儀退位、推翻清朝，建立起中華民國，但袁世凱卻自立為皇帝、實行獨裁政治，使政局未能就此安定。之後孫文雖起義北伐，卻遭到病魔侵襲，壯志未酬的他在臨死前留下了「革命尚未成功，同志仍需努力」的遺言。

當時的日本

日中戰爭開戰／1937年　在北京郊外的盧溝橋附近，日軍在演習中受到槍擊，因而攻擊中國軍；這件事成為日中戰爭的引爆點。國民政府再度與中國共產黨進行第二次國共合作，即使首都南京被占領仍持續抗戰到底。

企圖侵略中國大陸的日本

這段期間，以第一次世界大戰為背景發展出的泡沫經濟破滅，在接下來的經濟大恐慌（參考P256）中嘗到苦果的日本，企圖透過擴張在中國大陸的掌控權來度過經濟危機。一九三一年，日本關東軍轟炸了滿州（中國東北地方）的鐵路，日本以此為藉口（譯註：日方宣稱轟炸鐵路的是中國軍閥），發動軍事行動占領滿州，史稱「九一八滿州事變」，並在該地建立滿州國。

國際社會指責日本的行動是種侵略，於是國際聯盟（簡稱「國聯」）派遣李頓調查團（Lytton Commission）來華調查。日本雖強調自己是行使自衛權，但根據調查結果國聯否決了其主張，於是日本便退出國聯。日軍之後持續侵略中國大陸，一九三七年更以盧溝橋事件（又稱「七七事變」）為開端而擴張軍事行動。最後，終於演變成與中國全面性的戰爭，即「日中戰爭」。

看地圖了解世界史

中華民國的「北伐」如何進展？

孫文在廣州和中國共產黨聯手進行第一次國共合作，並從廣州開始北伐。聯軍向北前進，並在武漢建立國共合作政府；但蔣介石在上海發動政變、壓制共產黨，導致國共合作破局。國民黨政府軍接著再一路向北，終於占領北京。張作霖企圖從北京搭乘火車逃亡，卻在半途中被炸死。

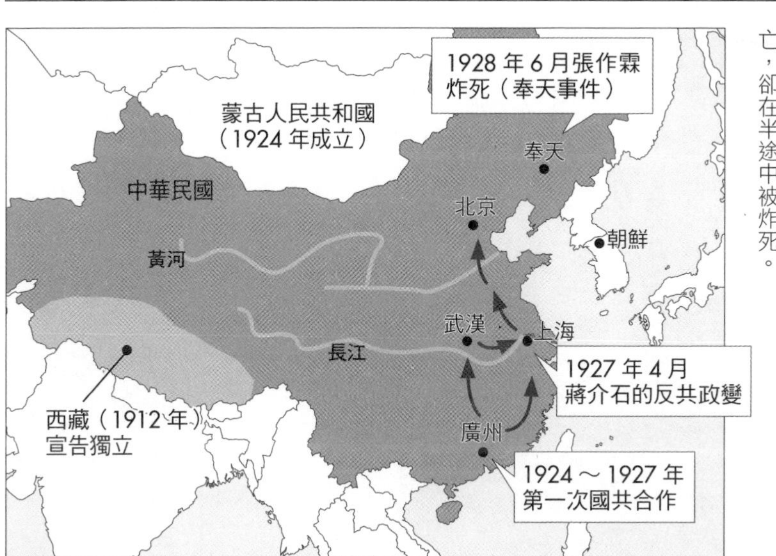

1928 年 6 月張作霖炸死（奉天事件）
蒙古人民共和國（1924 年成立）
奉天
中華民國
北京
朝鮮
黃河
武漢
上海
長江
1927 年 4 月蔣介石的反共政變
西藏（1912 年）宣告獨立
廣州
1924 ～ 1927 年第一次國共合作

當時的台灣

同化政策／1915～1937年 因日本經過大正民主的洗禮，加上日本在台統治已漸穩固，日本改以「內地延長主義」為治台核心精神，也就是將台灣視為日本內地的延長，並自1919年起改派任文官總督。此後，落實「同化政策」，欲透過教化善導，培養台灣民眾對國家的義務觀念，即從內心認同自己為日本臣民，進而效忠日本朝廷。

HISTORIC EVENT

73 經濟大恐慌與法西斯主義

一九二九年十月二十四日，美國股市發生了大崩盤。
喧嘩
喧嘩
喧嘩
喧嘩
吵鬧騷動
喂、看哪……
下跌已經超過十二%了啊……
唉……這下可糟了……！
這正是「經濟大恐慌」的開始。
各國為了度過前所未有的經濟大恐慌，
開始推行新政策。
我打算，
以公共事業來拯救這次的經濟危機！
美國祭出了「羅斯福新政」。
羅斯福總統

PLACE
歐美各國

AGE
1929年～

KEY WORD
黑色星期二
集團經濟

英國和法國則是採用了「集團經濟」，

英
美
日、德、義
法
蘇維埃

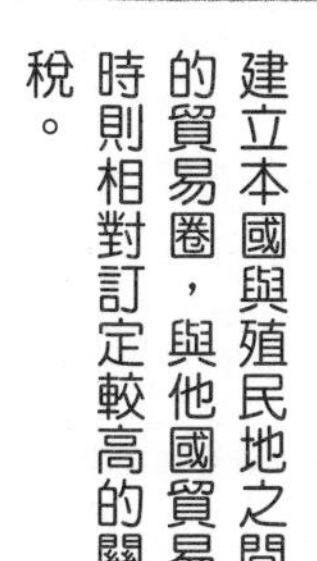
建立本國與殖民地之間的貿易圈，與他國貿易時則相對訂定較高的關稅。

但是，德國及法國卻陷入了經濟危機，

就在此時「法西斯主義」趁勢崛起。

我們，
既沒有殖民地！也沒有資源！
義大利
墨索里尼首相

除了靠我們的軍事能力來獲得殖民地之外，
沒有其他生存之道！！
德國
希特勒首相

於是，世界又再度掀起了戰爭。

世界級規模的經濟黑暗時期到來！

一九二九年，以紐約股票市場華爾街的股市大崩盤為引爆點，美國遭遇了空前的經濟蕭條。原本擔任世界經濟、金融中心的美國，其經濟蕭條景況波及了全世界，史稱「經濟大恐慌」（Great Depression），世界級規模的不景氣時代因而來臨。貿易萎靡不振的列強，在本國與殖民地間形成自給自足的貿易圈，利用排除他國商品的集團經濟（Bloc economy，譯註：本國與友好國之間形成「集團」，設置特惠關稅締結成關稅同盟；卻對第三國制定高額關稅或貿易協定，形成關稅壁壘。）來因應不景氣的狀況，跨國經濟的範圍因而逐漸縮小。

就在這樣的景況中，羅斯福（Franklin Delano Roosevelt）就任美國總統，在美國祭出了「羅斯福新政」（The New Deal）這張改善景氣的王牌。他施行全國產業復興法等政策，強化政府與企業間的合作關係，促進企業間的公平競爭。再加上透過公共事業推動地區開發以減少失業人口，成功克服了不景氣的狀況。

偉人特寫

羅斯福（一八八二～一九四五）
實施名為「羅斯福新政」的一連串政策。運用政府強大的權限來主導經濟發展。

希特勒（一八八九～一九四五）
倡導排斥猶太人的種族歧視，以及建立民族共同體來穩定國民的生活，而獲得人民的支持，藉由納粹黨實現一黨專政體制。

墨索里尼（一八八三～一九四五）
組織法西斯黨。認為共產黨等左翼勢力的擴大及議會制民主主義，是造成國家危機的原因，對左翼人士進行暴力攻擊。

世界史祕辛

經濟大恐慌為何是從美國擴散出去？

一九二〇年代的美國發展出空前的榮景，經濟快速起飛。但為什麼隨後又會發生股市大崩盤呢？其實，那是因為當時美國經濟處於生產過剩的狀態。而且相對地，周邊的加拿大及中南美洲也進展工業化，歐洲經濟也自大戰的損害中復甦，逐漸復興起來。因此，美國的出口趨緩，供過於求的狀況引發股市下跌，才導致經濟大恐慌。之後，美國不僅收回海外投資，受到美國援助的德國與奧地利在經濟上也大受打擊。正因如此，美國的經濟蕭條才使全世界受到波及。

當時的日本　**五一五事件與二二六事件／1932、1936年**　1932年5月15日，海軍激進派的少壯軍人暗殺了犬養毅首相。4年後的2月26日，陸軍的少壯軍人又發動政變，殺害內閣總理大臣高橋是清以及其他的政府重要人士。自此開啟了戰爭之路（譯註：這些事件被視為是日本法西斯主義運動的成熟，此後軍方的影響力大增）。

大恐慌招致法西斯主義的興起

另一方面，經濟蕭條也開啟了戰爭的道路。由於擴張軍備可做為因應失業的對策，從一九三〇年代起，列強也強化了再度編制軍隊的動作。德國在一九三三年成立了以納粹黨（Nazi）為第一大黨的希特勒（Adolf Hitler）政權。希特勒藉著擴張軍需產業、建設高速公路等大規模的公共建設來解決失業問題。獲得國民支持的希特勒逼退了做為對抗勢力的共產黨，制定《授權法》而成為獨裁者。

受到希特勒納粹黨的影響，義大利的墨索里尼（Benito Mussolini）則組織了法西斯黨。第一次世界大戰後的義大利經濟混亂，民眾的不滿導致社會黨與共產黨等政黨勢力擴大。在這情勢中，墨索里尼利用法西斯黨進行武裝示威，採取「進軍羅馬」（La Marcia su Roma）的行動對政府施加壓力，逼迫國王任命自己為首相從而奪取政權。他的政治主張是，由強權的領導者來治理國家、掌控國民的生活，並且不允許對這樣的作法有所批判。這樣的政治體制及思想被稱為「法西斯主義」（又稱「極權主義」）。法西斯主義被害怕共產主義的大大小小的資本家、地主與宗教人士們所接納。

用圖解了解世界史

經濟大恐慌以後的列強對立構圖

第二次世界大戰前的列強，可以分成「資源擁有國」與「資源缺乏國」兩派。擁有豐富的殖民地或資源的國家，靠著集團經濟來因應經濟大恐慌；但沒有殖民地和資源的國家，則是靠著擴張軍備、對其他國家進行軍事侵略來取得殖民地。然而，由於軍備擴張也可說是有效減少失業人口的對策，所以「資源擁有國」也進行軍需產業的擴增。

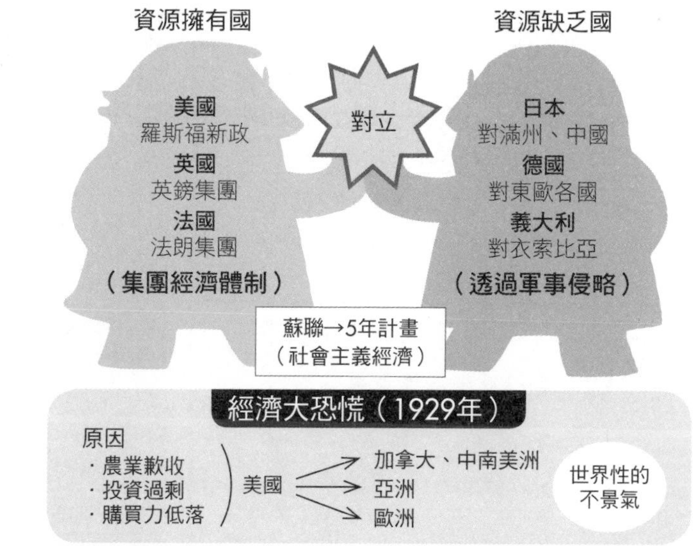

資源擁有國
美國
羅斯福新政
英國
英鎊集團
法國
法朗集團
（集團經濟體制）

對立

資源缺乏國
日本
對滿州、中國
德國
對東歐各國
義大利
對衣索比亞
（透過軍事侵略）

蘇聯→5年計畫
（社會主義經濟）

經濟大恐慌（1929年）
原因
・農業歉收
・投資過剩
・購買力低落
美國 → 加拿大、中南美洲 / 亞洲 / 歐洲
世界性的不景氣

當時的台灣

皇民化運動／1937～1945年 日治晚期由台灣總督府主導「皇民化運動」，極力促成台灣人民成為效忠日本天皇的「皇民」。1940年之前，主要政策內容包括宗教風俗改革、推行日語、改姓名、文藝活動日本化等；1941年後轉入第二階段的「皇民奉公運動」，以徵召志願兵等政策將更多的台灣人力、物力納入日本軍事體制，直到1945年結束。

HISTORIC EVENT

74 第二次世界大戰

一九三九年八月二十三日納粹德國與蘇聯簽訂了《蘇德互不侵犯條約》。
同時兩國也簽訂了瓜分波蘭的密約。

以獨裁者之姿統治德國的希特勒，

基於密約決定攻擊波蘭。

我們將眼見德國領土的擴張！

整個德國都要跟隨我們！

希特勒萬歲！

希特勒萬歲！

わあああ!!

歡聲雷動！

九月一日

嗡

嗡

嗡

據說，德國動用了高達三〇〇萬以上的兵力侵略波蘭。

PLACE
世界各國

AGE
1937年

KEY WORD
東進
太平洋戰爭

之後，德國在各地屢戰屢勝。
直到隔年五月，一一占領了丹麥、挪威、荷蘭及比利時，六月時更成功攻入法國巴黎。

至於在亞洲這端，日本則與美國展開太平洋戰爭。
咻砰！
咚咚咚！

戰火蔓延到整個世界。

德國的東進成為大戰的引爆點

一九三六年，德國進駐萊茵河沿岸地區，並以此為起點開始東進。兩年後併吞了奧地利，並向捷克斯洛伐克要求割讓部分領土。由於英、法兩國同意這次割讓，使得凡爾賽體制（參考P247）就此形同瓦解。德國接著再度迫使捷克斯洛伐克解體，並將捷克併入本國版圖，又將斯洛伐克納做保護國，還向波蘭伸出爪牙。受到德國軍事行動刺激的義大利，也併吞了阿爾巴尼亞。對此深懷危機感的英國與法國，向蘇維埃聯邦（蘇聯）尋求同組軍事聯盟的意願，但由於英、法兩國對德國的態度搖擺不定，令蘇聯難以信任因而轉身靠向德國，雙方簽定了《蘇德互不侵犯條約》（Molotov–Ribbentrop Pact）。被視為是反法西斯領頭羊的蘇聯，竟決定與納粹德國合作，這件事大大震驚了國際社會。

法西斯與反法西斯的戰爭

在德國與蘇聯締結同盟、侵略波蘭後，英、法兩國便向德國宣戰；於是，自此爆發第二次世界大戰。德國的勢力凌駕於英、法兩國，於一九四〇年占領丹麥、瑞典、荷蘭、比利時；接著更壓制法國，攻進巴黎城內。

偉人特寫

戴高樂（Charles de Gaulle）（一八九〇～一九七〇）

巴黎被納粹德國占領時，他逃亡至倫敦，組織臨時政府呼籲抗戰到底。成為日後的法國總統。

邱吉爾（Winston Churchill）（一八七四～一九六五）

英國的海軍大臣，之後成為首相並打贏第二次世界大戰。他也是有名的作家，在一九五三年獲得諾貝爾文學獎。

史達林（Joseph Stalin）（一八七九～一九五三）

身為列寧（參考P242）的接班人，繼任為蘇聯的領導者。與羅斯福、邱吉爾進行會談後，決定參與對日戰爭。

世界史祕辛

為何希特勒要迫害猶太人呢？

納粹德國的領導者希特勒始終以「獲得東方生存圈」為一貫的論點。這論點顧名思義，就是「德國東方有值得獲取的生存圈，為了獲取生存圈而必須東進」。這樣的思想是從希特勒的種族觀而來的。希特勒是亞利安人（Aryan），他倡導亞利安人中尤以德國人種最為優秀的說法，將許多住在東歐波蘭等地的猶太人視為是破壞文化的劣等民族；並認為排除猶太人、守護德國人的血統，是他身為德國領導者最大的使命。如此看來，希特勒迫害猶太人與獲得東方生存圈的這兩項行動，有著密不可分的關係。

當時的日本

原子彈爆炸／1945年　美國在8月6日於廣島、9日於長崎投下原子彈。儘管美國的公開說法是為了早點結束戰事，但原爆過後5年間廣島死亡人數超過20萬人，長崎超過14萬人，且目前仍有人深受後遺症之苦。

BC 100 200 300 400 500 600 700 800 900 1000 1100 1200 1300 1400 1500 1600 1700 1800 1900 2000

但是，法國拒絕投降、持續抵抗，史稱「法國抵抗運動」；英國雖也受到激烈的空襲，仍竭力阻擋了德軍登陸。隔年，德國又無視於互不侵犯條約，不僅義大利等地，就連蘇聯也一併入侵，而爆發了德蘇戰爭。這段期間美國雖然原本並未參戰，但之後卻以日本攻擊夏威夷珍珠港為由而加入戰爭。第二次世界大戰便由組成「日德義三國聯盟」、以德國、義大利、日本為首的軸心國（法西斯陣營），以及支援蘇聯的英國、法國與美國等其他同盟國（反法西斯陣營）雙方陣營參與戰局。

一九四二年後半年起，戰局出現逆轉，由同盟國陣營取得優勢。軸心國陣營中，義大利在一九四三年、德國在兩年後的五月相繼無條件投降。之後日本也受到蘇聯的攻擊（譯註：蘇聯結束和德國的戰場後，八月九日轉而對日宣戰，目的是奪取日本在中國東北區的勢力範圍。但最主要的投降原因應是美國前幾天在日本境內投下兩顆原子彈），同意《波茨坦宣言》（Potsdam Declaration）而在同年八月無條件投降。戰火延燒長達六年的第二次世界大戰終於畫下休止符。

看地圖了解世界史

軸心國與同盟國進攻的地區

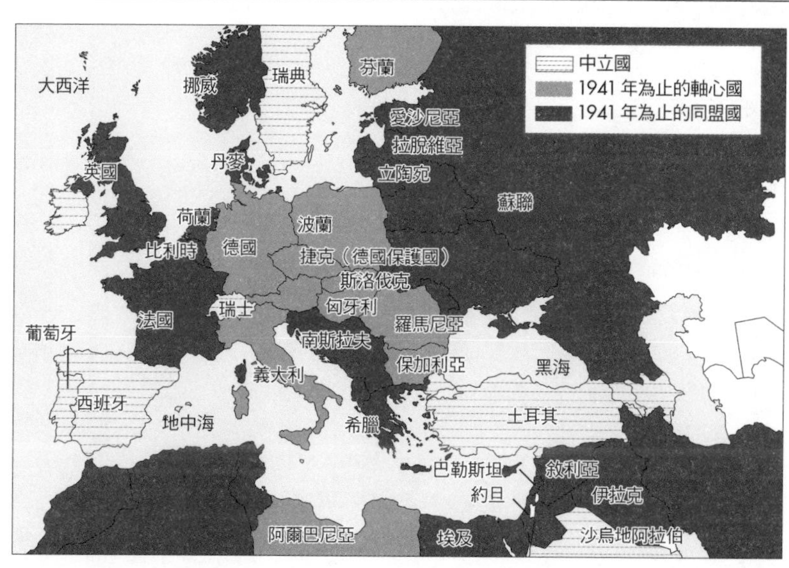
中立國
1941 年為止的軸心國
1941 年為止的同盟國
大西洋
挪威
瑞典
芬蘭
愛沙尼亞
拉脫維亞
立陶宛
丹麥
英國
蘇聯
荷蘭
波蘭
比利時
德國
捷克（德國保護國）
斯洛伐克
瑞士
匈牙利
法國
羅馬尼亞
葡萄牙
南斯拉夫
保加利亞
黑海
義大利
西班牙
地中海
希臘
土耳其
巴勒斯坦
敘利亞
約旦
伊拉克
阿爾巴尼亞
埃及
沙烏地阿拉伯

當時的台灣

二二八事件／1947年 1945年第二次世界大戰結束後，國民政府派遣陳儀擔任接收台灣的行政長官。但由於來台的行政官僚行政態度與效率皆難以與日治時期的日本官員相比。期待破滅的台灣民眾難掩失望與怨怒，終於引爆了二二八事件，從單一事件衝突演變成全台抗爭，直到國民軍隊來台鎮壓才落幕，但也成為台灣史上族群融合的傷痕記憶。

HISTORIC EVENT

75 聯合國的成立

一九三九年，因德國、蘇聯聯盟侵略波蘭，爆發第二次世界大戰。
一九四一年八月英、美兩國首領共同發表了《大西洋憲章》。
紐芬蘭島海面
英國戰艦
威爾士親王號戰艦
理應做為國際和平機構的國際聯盟，竟然也無法維持和平。
國際協調與民族自決……是好辦法吧？
邱吉爾
重新努力建造和平的世界吧。
羅斯福
之後蘇聯與中國也相繼參與，共同擬定聯合國憲章草案。
一九四五年六月，五十個國家的代表聚集在舊金山，一致通過修正後的聯合國憲章。
於是在十月正式成立聯合國。
必須將下個世代從戰爭的殘害中解救出來。
之後日本與德國等戰敗國也加入，如今會員國共有一九三個國家。

PLACE
美國

AGE
1941年

KEY WORD
國際和平機構
聯合國憲章

聯合國＝第二次大戰的同盟國

關於第二次世界大戰後的構想藍圖，如在一九四一年舉行的美英會談中發表的《大西洋憲章》，是在大戰時便協議好的。由於其中談論到取代之前的國際聯盟、創立新的國際機關，於是在一九四四年由美國、英國、蘇聯與中國的代表齊聚華盛頓，擬定聯合國憲章草案，並在隔年的舊金山會議上正式通過此案。終戰後同年十月成立聯合國。所謂的聯合國（United Nations），是以第二次大戰中的同盟國為基本成員、在戰後持續擴增成員的反法西斯聯合體制。

本部設立於紐約的聯合國，主要任務是維持國際和平，剔除國際紛爭起因，擁護基本人權，此外也是在世界經濟、文化與教育等領域上，支援各國發展與交流的國際機關。美、英、法、蘇、中等五大國擁有拒否權，以常任理事國的身分設置安全保障理事會，並且為了解決國際紛爭而在經濟上與軍事上擁有制裁的權限。

偉人特寫

賴伊（Trygve Halvdan Lie）（一八九六～一九六三）

曾歷任挪威的國務大臣，與利益關係不同的大國間進行協調的結果，使他被選為聯合國的第一任秘書長。

哈馬舍爾德（Dag Hammarskjöld）（一九〇五～一九六一）

被選為第二任聯合國秘書長的瑞典外交官。竭力改善以色列與阿拉伯各國間的關係，卻因飛機失事而意外身亡。

麥克阿瑟（Douglas MacArthur）（一八八〇～一九六四）

身為同盟國軍的最高司令官，負責日本的戰後處理。卸任時發表了一句名言：「老兵不死，只會慢慢凋零。」（"Old soldiers never die, they just fade away."）

世界史秘辛

看穿大國意圖而創立的聯合國

聯合國創立的開端是在擬定《大西洋憲章》之際，美國的羅斯福與英國的邱吉爾進行會談時，邱吉爾主張：「憲章的適用範圍只限於納粹統治下的歐洲，亞洲與非洲應摒除在外。」這意見曾被編入憲章中有關民族自決（參考P246）的條目裡。第一次世界大戰的合約《凡爾賽條約》中也有類似的條例，這是由於英國做為領地遍布海外的大英帝國，在亞洲與非洲擁有眾多殖民地、不願放棄既得利益的緣故。不過，由於美國在很早以前就企圖要瓦解大英帝國，所以羅斯福最後拒絕加入這一條主張。

當時的日本

加入聯合國／1956年 戰後受到同盟國掌控的日本，在1951年的舊金山和會上簽訂和平條約，恢復獨立。5年後加入聯合國，在睽違20多年後，以第80個加盟國之姿重回國際社會。

當時的台灣

戒嚴時期／1949年 中華民國政府撤退來台後，於1949年起在台灣透過戒嚴令和《動員戡亂時期臨時條款》等法令，加上一手掌握了黨、政 府、軍隊、特務等行政組織、軍務機構的緊密結合，鞏固一黨專政的體制，持續政治與社會的高壓統治，直到1987年才解除戒嚴。

HISTORIC EVENT

76

冷戰下的戰爭

PLACE
世界各國

AGE
1947年以後

KEY WORD
西方、東方
美蘇對立

第二次世界大戰後，世界分裂成主張資本主義、以美國為首的「西方陣營」，
以及奉行共產主義、以蘇聯為首的「東方陣營」。
一九四七年三月，美國總統杜魯門宣布了反共產主義的政策，稱為《杜魯門宣言》。
一定要推倒在歐洲串聯一氣的共產主義！
杜魯門
相對地，蘇聯則在深受其影響的捷克，由共產黨策畫政變。
要求警方等治安機關中，排除所有的非共產黨員！
若他們反抗，就算直接用武力解決也無所謂！！
於是，東、西方陣營的衝突更加深化。
史達林

西柏林
接著，在一九四八年，這樣的緊張氣氛來到了最高點。
由於占領德國的政策，形成美蘇對立，蘇聯封鎖了往西柏林的所有鐵路與道路。
之後，德國分裂成東西兩部分，美蘇的衝突也更加激烈。
ガヤ ガヤ ガヤ ガヤ ガヤ ガヤ
鏗啷鏗啷！
美國成立了軍事聯盟「北大西洋公約組織」。
轟隆轟隆！
敵對的蘇聯也成立了「華沙公約組織」。
如此嚴重的對立，在此後維持了很長一段時間。

分裂歐洲的「鐵幕」

因為聯合國的創立，眾人期待著能建立新的國際和平秩序；但是，之後卻產生了以美國與蘇聯兩國為首、分裂成東西兩陣營的政治狀況。第二次世界大戰後，歐洲分成西方陣營的資本主義、自由主義國家，以及東方陣營的共產黨獨裁主義國家，英國的邱吉爾以拉下「鐵幕」（Iron Curtain）一詞來形容這樣的狀況。而這兩大陣營的對立則被稱為「冷戰」（Cold War），也就是指兩者間雖沒有直接發動戰爭，卻處於戰爭隨時一觸即發的緊張狀態。

組織成團體的東西兩陣營

冷戰結構的形成，是由於美國總統杜魯門（Harry S.Truman）宣告了「不容許共產主義的政治影響在世界上繼續擴大」，公然仇視蘇聯，以此為開端而發展出的結果。美國對受蘇聯勢力威脅的希臘及土耳其實行反共產主義的援助；接著，又發表將對整個歐洲實施經濟復興援助的「馬歇爾計畫」（The Marshall Plan）。若這政策得以實現，包含東歐在內的全歐洲都將納入美國的影響範圍之中。因此，對抗美國的蘇聯向東歐各國呼籲不

偉人特寫

杜魯門（一八八四～一九七二）
因羅斯福猝死而繼任為美國第三十三任總統。執行了防止蘇聯勢力擴大的封鎖政策，即《杜魯門宣言》。

馬歇爾（George C. Marshall Jr.）（一八八〇～一九五九）
當時的美國國務卿。認為歐洲各國經濟困頓是因為共產黨擴大的關係，而發表「馬歇爾計畫」。

史達林（一八七九～一九五三）
列寧死後蘇聯的最高領導者。於戰後實施了組成「共產黨和工人黨情報局」、封鎖柏林等政策，形塑出東西冷戰對立的基本局面。

世界史祕辛

世界飽受核戰的威脅！

冷戰下的一九六〇年代，蘇聯的最高領導者尼基塔・謝爾蓋耶維奇・赫魯曉夫實施與美國共存的外交政策，美國總統甘迺迪（John F. Kennedy）也予以善意回應，因此，取自兩人名稱第一個字母、被稱為「KK時代」的和平共存時代持續了好一陣子。然而，由於以卡斯楚（Fidel Castro）為指導者、成立革命政府之後的古巴也與蘇聯結盟，最後在古巴建設蘇聯的飛彈基地，對此甘迺迪向蘇聯表達強烈抗議。美蘇兩國以裝載核子彈頭的飛彈互相攻擊，由於事態嚴重到極可能發展成世界規模的全面性戰爭，東西雙方陣營的緊張情勢達到巔峰。這正是歷史上的「古巴飛彈危機」（Cuban Missile Crisis）。

當時的日本 **高度經濟成長／1960年代** 修定《日美安全保障條約》、加入西方陣營的日本，歷經了高度的經濟成長，躋身為先進工業國家。1964年舉辦東京奧林匹克運動會，1968年GNP（國民生產毛額）為世界第二。

要接受「馬歇爾計畫」，並成立做為各國共產黨間交換資訊的機關「共產黨和工人黨情報局」（Communist Information Bureau），以掌控東歐；甚至，更進一步在一九四九年創立了與東歐六國之間的經濟互助委員會（Comecon），企圖團結起社會主義國家。

隔年，捷克斯洛伐克發生政變，成立共產黨政權。接著，又因占領德國的政策上形成美蘇兩國對立（譯注：第一次世界大戰後德國分別被美、英、法、蘇等四國占領，但美國為對抗蘇聯，有意分裂德國東西方，蘇聯對此強力反對），**蘇聯便封鎖了通往共同管理的西柏林的水、陸連絡道路，史稱「柏林封鎖」（Berlin Blockade）**。對此備感威脅的美國於是與西歐五國簽訂西歐聯盟條約，一九四九年改組後，由西方陣營十二國發展成名為「北大西洋公約組織」（NATO）的軍事聯盟。一九五五年，東方陣營也組成對抗NATO的「華沙公約組織」。於是冷戰導致全世界有長達約四十年的時間處在緊張狀態下。

看地圖了解世界史

東西對立的分布

西方陣營：北大西洋公約組織（NATO）1949 年

英國、比利時、荷蘭、盧森堡、美國、加拿大、挪威、丹麥、冰島、葡萄牙、義大利、法國（1966年從組織退出，2009年回歸）、希臘、土耳其、西德、西班牙（2013年加盟共28個國家，譯註：至2015年1月成員數量不變）

東方陣營：華沙公約組織 1955 年（1991 年解散）

蘇聯、保加利亞、匈牙利、東德、波蘭、羅馬尼亞、捷克斯洛伐克、阿爾巴尼亞（1968年退出）。

當時的台灣

《自由中國》／1960年 《自由中國》雜誌的發行人雷震以「涉嫌叛亂」為由遭到逮捕，並被判入獄服刑，此即轟動一時的「雷震案」。《自由中國》是1949年由雷震、胡適等人創辦，並獲得蔣介石贊助，於11月在台北創刊。其宗旨是主張民主自由，以對抗共產專政極權。但後來眼見國民黨政府的高壓統治，雷震等人透過刊物重申五四運動的自由主義精神，勇於展現批判精神，卻終究遭到打壓，被迫停刊。

HISTORIC EVENT
77
戰後的世界
PLACE
世界各國
AGE
1989年
KEY WORD
東西冷戰
南斯拉夫內戰

一九八九年東西冷戰結束。

今後一起邁向和平吧！
蘇聯戈巴契夫書記長
嗯，我們都是共同體啊。
美國布希總統
然而之後的世界仍然紛亂不休。

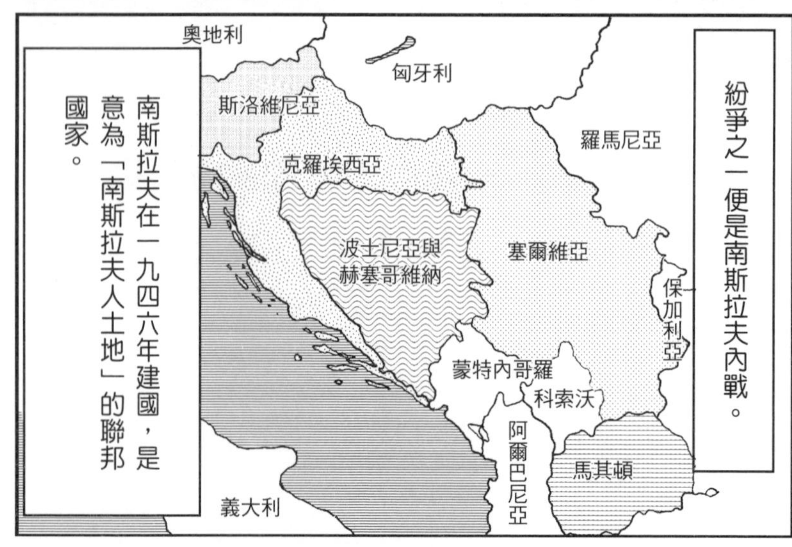
紛爭之一便是南斯拉夫內戰。
南斯拉夫在一九四六年建國，是意為「南斯拉夫人土地」的聯邦國家。
奧地利
匈牙利
斯洛維尼亞
羅馬尼亞
克羅埃西亞
波士尼亞與赫塞哥維納
塞爾維亞
保加利亞
蒙特內哥羅
科索沃
阿爾巴尼亞
馬其頓
義大利

但是在一九九一年——
南斯拉夫全歸塞爾維亞所管！
斯洛博丹・米洛舍維奇

斯洛維尼亞、克羅埃西亞、馬其頓，以及隔年的波士尼亞與赫塞哥維納都紛紛獨立，剩下的塞爾維亞與蒙特內哥羅宣布成立新聯邦。
因此，塞爾維亞有義務統整南斯拉夫！

終於，
咚咚！
ドォーン

塞爾維亞以外的各國反對此事，並在爭取獨立的過程中，發展成戰爭。

米洛舍維奇以軍隊鎮壓獨立運動，舊南斯拉夫陷入內戰狀態。

眾多國家於巨浪波濤中誕生

第二次世界大戰後，中國也出現重大的變革。戰後，蔣介石（參考P252）的國民黨軍與毛澤東的共產黨軍再度點燃衝突，爆發內戰。戰敗的蔣介石將政府遷移至台灣，毛澤東則以共產黨的一黨專治體制建立起中華人民共和國（現在的中國）；但蔣介石則主張中華民國（現在的台灣）才是正統的中國。由於美國抱持的立場是視中華民國為中國的正式代表，所以美中長期處於對立的關係。

其他的亞洲地區也一樣，過去曾是列強殖民地的國家在一九四〇年代後半相繼獨立。終於，在熬過冷戰後，亞洲各國紛紛為了建立和平的外交關係而積極活動起來；一九五五年所舉辦的亞非會議（又稱「萬隆會議」，Asian-African Conference），其目的即在於和緩東西兩陣營的緊張氣氛。這個動向也傳播到非洲的殖民地，從一九五七年的迦納開始，光是在一九六〇年非洲便誕生了十七個獨立國家。三年後更組成「非洲統一組織」（譯註：即今日「非洲聯盟」的前身），目標是脫離殖民地主義。

偉人特寫

毛澤東（一八九三～一九七六）
建立中華人民共和國，擔任第一任國家主席。晚年造成史稱「文化大革命」的大混亂，經濟與文化活動因此停擺。

戈巴契夫（一九三一～）
即任為蘇聯共產黨書記長後，便實施了各種政治、社會體制的改革，如開放性（Glasnost）的言論自由等。

狄托（Josip Broz Tito）（一八九二～一九八〇）
脫離蘇聯而獨立後，狄托以自成一格的社會主義體制統治了南斯拉夫，冷戰結束後爆發血腥的內戰，國家因而分裂。

世界史祕辛

英國的雙面外交，其實是三面外交

第二次世界大戰後撼動世界的重大問題之一，是因以色列建國而產生的中東問題。這個問題的根源在於英國的雙面外交。也就是在第一次世界大戰前，英國向阿拉伯人保證會幫助他們脫離鄂圖曼帝國獨立；同時，也向猶太人表示會援助他們在巴勒斯坦建立猶太人的國家，以此獲得兩方的協助。並且，由於英國在背地裡也和法國約定好要瓜分中東，所以其實是三面外交。最終導致的結果是：不顧外界反對、硬是建立猶太人國家的以色列，和不認同以色列這個國家的阿拉伯各國間爆發了多達四次的中東戰爭。

當時的日本

日中外交正常化／1972年 日本政府在日中聯合聲明中，承認中華人民共和國政府取代了在台灣的中華民國。日本因此恢復了自第二次大戰以來與中國斷絕的邦交。此外，同年美國也將沖繩還給日本。

長期的冷戰終於畫下休止符

一九六〇年代末期開始，捷克斯洛伐克推行了大規模的社會經濟改革，被稱為「布拉格之春」（Prague Spring），民主化的浪潮因此一契機而蔓延到東歐各國。一九八五年，隨著提倡「重建／改革」（Perestroika）運動的戈巴契夫（Mikhail Gorbachev）即任蘇聯的最高指導者，東西陣營的緊張氣氛瞬間解除。在地中海的島國馬爾他（Malta）所舉行的會談中，戈巴契夫與美國總統布希（George H.W. Bush）共同簽訂「冷戰結束」的同意書，為長久以來的冷戰畫下休止符。蘇聯介入東歐各國的政策廢除之後，共產主義體制的政權一一解體，民主化的浪潮前仆後繼地進展著。一九八九年柏林圍牆的倒塌正是這時民主化發展的象徵，分裂成東西方的德國也於隔年再度統一。

相較之下，在因民族或宗教差異而形成衝突的背景下，南斯拉夫則持續發生內戰。探究內戰的根本原因，其實正在於塞爾維亞的獨占與統治欲望。塞爾維亞也因此遭到國際社會的強烈批判。

看地圖了解世界史

第二次世界大戰後的主要國際紛爭

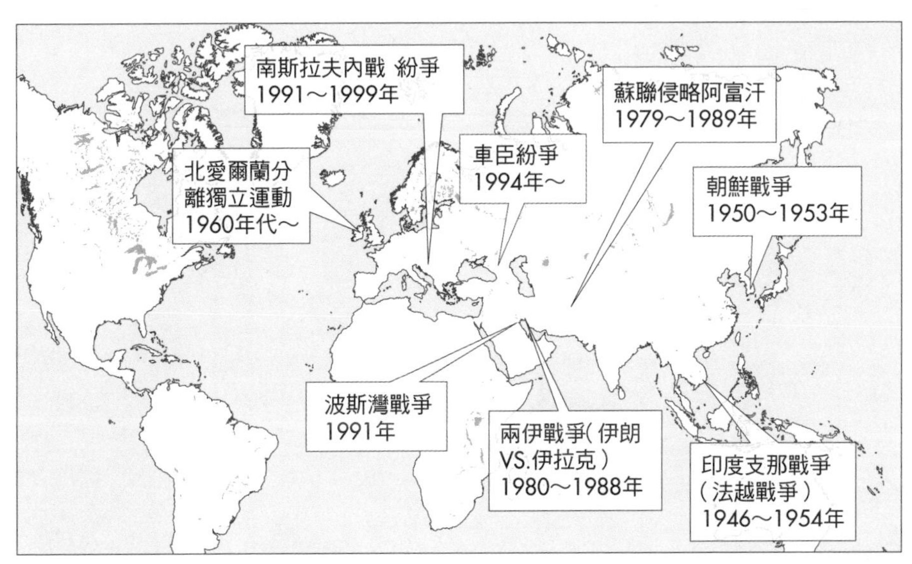
南斯拉夫內戰 紛爭
1991～1999年
蘇聯侵略阿富汗
1979～1989年
北愛爾蘭分
離獨立運動
1960年代～
車臣紛爭
1994年～
朝鮮戰爭
1950～1953年
波斯灣戰爭
1991年
兩伊戰爭(伊朗
VS.伊拉克)
1980～1988年
印度支那戰爭
(法越戰爭)
1946～1954年

當時的
台灣

美麗島事件／1979年 70年代，台灣於外面臨退出聯合國後的外交困局，於內面臨黨外運動開始萌芽。1979年10月起「美麗島雜誌社」在高雄市一再發起違反戒嚴規定的街頭示威遊行、集會，終於在12月10日的街頭運動中與警方激烈衝突並遭鎮壓逮捕、甚至軍事審判。這是對20世紀後期台灣民主化影響最深遠的一次民主抗爭事件。

回顧人類一路走來的歷史，
可清楚看見人們因民族、宗教、文化等各種差異而一再重蹈戰爭的覆轍。
即使是現在，除了戰爭以外，像是南北問題※，
以及環境、能源等問題仍然堆積如山。
然而，造就歷史的正是我們自己。
只要超越各種差異，打造新的國際協議，
就能寫下足以向後人誇耀的歷史喔。

FINALLY

現代的世界

PLACE
世界各國

AGE
2000年～

KEY WORD
南北問題
環境問題
能源問題

※譯註：全球可分為發展程度較高的北方區域（以歐美為代表）與發展程度較低的南方區域（以非洲為代表），彼此差異亟需解決。

世界至今仍動盪不安

由於以色列領土內已設立了巴勒斯坦人的自治政府，中東問題（參考P270）看來似乎是解決了，但以色列激進派對此感到不滿，並暗殺拉賓（Robin）總理；這事件仍在迎接二十一世紀之際為世界情勢留下了煙硝味。接著在二〇〇一年九月十一日，美國世貿中心遭到由伊斯蘭恐怖分子所劫持的兩架民航客機衝撞，發生史上最慘烈的恐怖攻擊事件。同時期間多起的恐怖攻擊事件，可說是充分顯現了伊斯蘭對冷戰終結之後、由美國所主導的國際社會的恨意。

二〇一〇年，在突尼西亞發生的民主化運動「茉莉花革命」（Jasmine Revolution，譯註：因其國花為茉莉花而得名）成為引爆點，阿拉伯各國相繼發生了要求民主化的大規模遊行或暴動，統稱為「阿拉伯之春」（Arab Spring）。在埃及，坐擁長達三十年威權體制的穆巴拉克（Mubarak）總統被迫下台；在利比亞，因爆發內戰，最高領導者格達費（Gaddafi）也被打倒。在共產黨一黨獨大的中國，也難以免除這波民主化浪潮的襲擊（譯註：二〇一一年二、三月間在中國幾個城市中，也發生零星幾場名為「中國茉莉花革命」的抗議活動，但規模有限）。世界的歷史如今仍持續劇烈地變動著。

偉人特寫

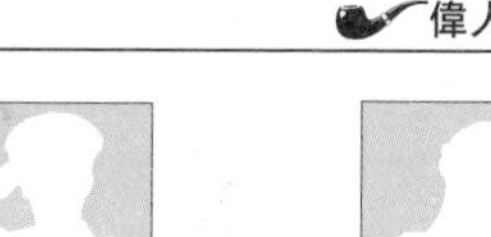

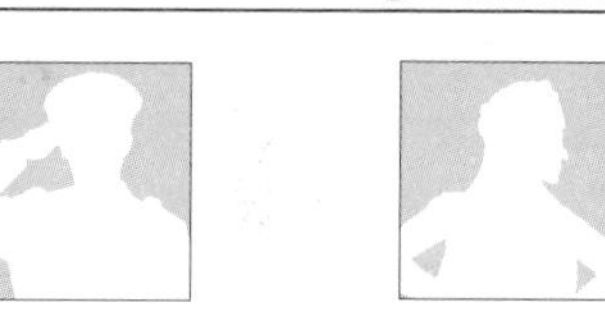

賓拉登（Osama Bin Laden）（一九五七～二〇一一）
沙烏地阿拉伯出身的伊斯蘭激進派，成立以遜尼派（譯註：參見P113）為主的「蓋達組織」（Al-Qaeda）。被視為是對美國進行一系列恐怖攻擊的主謀。

格達費（一九四二～二〇一一）
以「格達費上校」之稱而為人所知的利比亞領導者。他維持了長達四十年以上的威權體制，最終因內戰而瓦解。他自己也遭殺害。

歐巴馬（Obama II）（一九六一～）
美國第四十四任總統。由於是美國自建國以來、在歧視黑人的長久歷史中出現的第一位黑人總統，而蔚為話題。

世界史祕辛

「文明」與「野蠻」的對決

美國摧毀了藏匿賓拉登的阿富汗塔利班（Taliban）政權，又轉而將矛頭指向伊拉克與北韓。當時的美國將伊拉克及北韓的體制問題，套入「文明」對「野蠻」的公式來解釋，視這兩個國家為「邪惡軸心」（Axis of Evil）。美國以懷疑伊拉克擁有核武等大量破壞性武器及生化武器為由，在二〇〇三年對伊拉克展開軍事行動，即「伊拉克戰爭」。而北韓在二〇一一年金正日逝世，其子金正恩繼任領導者後，和美國的關係也陷入緊張狀態。今後北韓體制的改變與民主化的進展，不僅對東亞、對世界的和平也都是重要的關鍵。

當時的
日本

民主黨政權／2009～2012年 日本長期以自由民主黨為第一大黨的政權，卻因2009年的總選舉中由民主黨獲勝而成為在野黨。然而，民主黨卻因東日本大地震的處理不當而喪失掉國民的支持，於是自民黨在2012年的總選舉中重新拿回政權。

當時的
台灣

第一次政黨輪替／2000年 2000年總統選舉的結果，由民進黨的陳水扁、呂秀蓮以2.5%的勝差比例當選為中華民國第十任正、副總統，寫下中華民國首次政黨輪替的歷史紀錄。

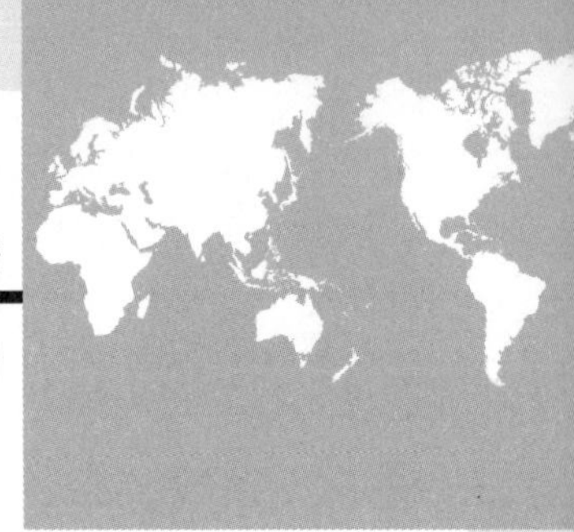

由網路所引發的「現代革命」

長達數十年的威權體制，不到一個月就崩解！

北非及中東的阿拉伯各國，在二十一世紀仍有許多以獨裁者之姿掌權的領導者。二〇一〇年十二月，北非的突尼西亞發生了一名二十六歲男性引火自焚的自殺事件。這名男性由於失業而在街頭販賣蔬果，卻因沒有營業許可而遭到警察刁難；警察表示只要他以金錢賄賂，就能視而不見、放他一馬。對此，這名男性則以自殺來表示抗議。事件發生後，相繼出現因同樣理由而企圖自殺的年輕人。由於伊斯蘭教圈禁止自殺的行為，可想而知這件事帶來多大的衝擊。

在這名引火自焚的男性葬禮上，贊同其理念的民眾紛紛前來致意，而演變成成大規模的示威遊行。遊行的隊伍高喊著抗議高失業率及打倒腐敗政權的口號，反政府的抗議遊行終於迫使賓．阿里總統下台。總統逃亡到沙烏地阿拉伯，長達二十三年的賓．阿里政權終於畫下休止符。持續了二十年以上的威權體制不到一個月就崩解，也令國際社會大感訝異。

善用網路媒體、全球化時代的革命

這次突尼西亞的「茉莉花革命」很快就延燒至阿拉伯各國，擴大成「阿拉伯之春」的一連串民主化運動。促成這股運動的原動力，並非報紙、雜誌等既有媒體，而是臉書、推特等新興的網路媒體；這點也引起人們的關注。包括突尼西亞政府及大眾媒體在內的報導雖然受到限制，但民眾極盡可能地利用可瞬間傳播資訊的網路媒體來分享情報，再透過網路發起運動，從而擴大遊行的規模。茉莉花革命與阿拉伯之春儼然是象徵全球化時代的新革命。

在突尼西亞之後，繼續燃起民主化火苗的，是由穆巴拉克總統建立、長達三十年專制體制的埃及。當局政府雖然切斷手機及網路通訊，避免茉莉花革命的相關資訊傳入國民眼中，但在二〇一一年二月，穆巴拉克終究也撐不過一個月便不得不下台。就連這個在阿拉伯圈中首屈一指的大國、在歐美也有很大影響力的埃及，也無法阻止這股民主化運動的浪潮。

見到茉莉花革命的成功，蘇丹、摩洛哥、茅利塔尼亞、阿爾及利亞、吉布地、象牙海岸等北非各國也相繼爆發反政府的遊行或內戰。由格達費上校坐擁四十年以上威權體制的利比亞，因法國、美國、英國等國的軍事介入，更使其內戰陷入泥沼狀態。格達費雖然持續抵抗，仍在同年十月被殺害，局勢看來大致底定。

嚴禁批評王室的中東各國也無例外

另一方面，中東有許多採行君王體制的國家，由於這些國家嚴禁民眾批評王室，民主化的運動及其影響看似不大；但其實，民主化的浪潮仍然很快就吞沒了中東各國。二〇一一年一月到三月間，民主化的洶湧波濤如推倒骨牌般，傳播到葉門、約旦、伊拉克、科威特、伊朗、巴林、阿曼、沙烏地阿拉伯等中東地區。在敘利亞要求推翻巴沙爾・阿薩德（Bashar al-Assd）政權的聲浪，更使民主化運動持續升溫，而發展成大規模的內戰；這場死傷人數已多達七萬人的浴血之戰，到了二〇一三年四月仍未停歇（譯註：至二〇一五年一月敘利亞內戰仍持續著）。

簡明圖解 世界的動向

在歐洲，以英法德俄為首的協約國與同盟國相對立，
彼此衝突益發激烈，進而爆發第一次世界大戰。
接著法西斯主義崛起、展開侵略戰爭，並發展成第二次世界大戰。
戰後，世界又分裂成東西兩陣營，迎接冷戰的時代。

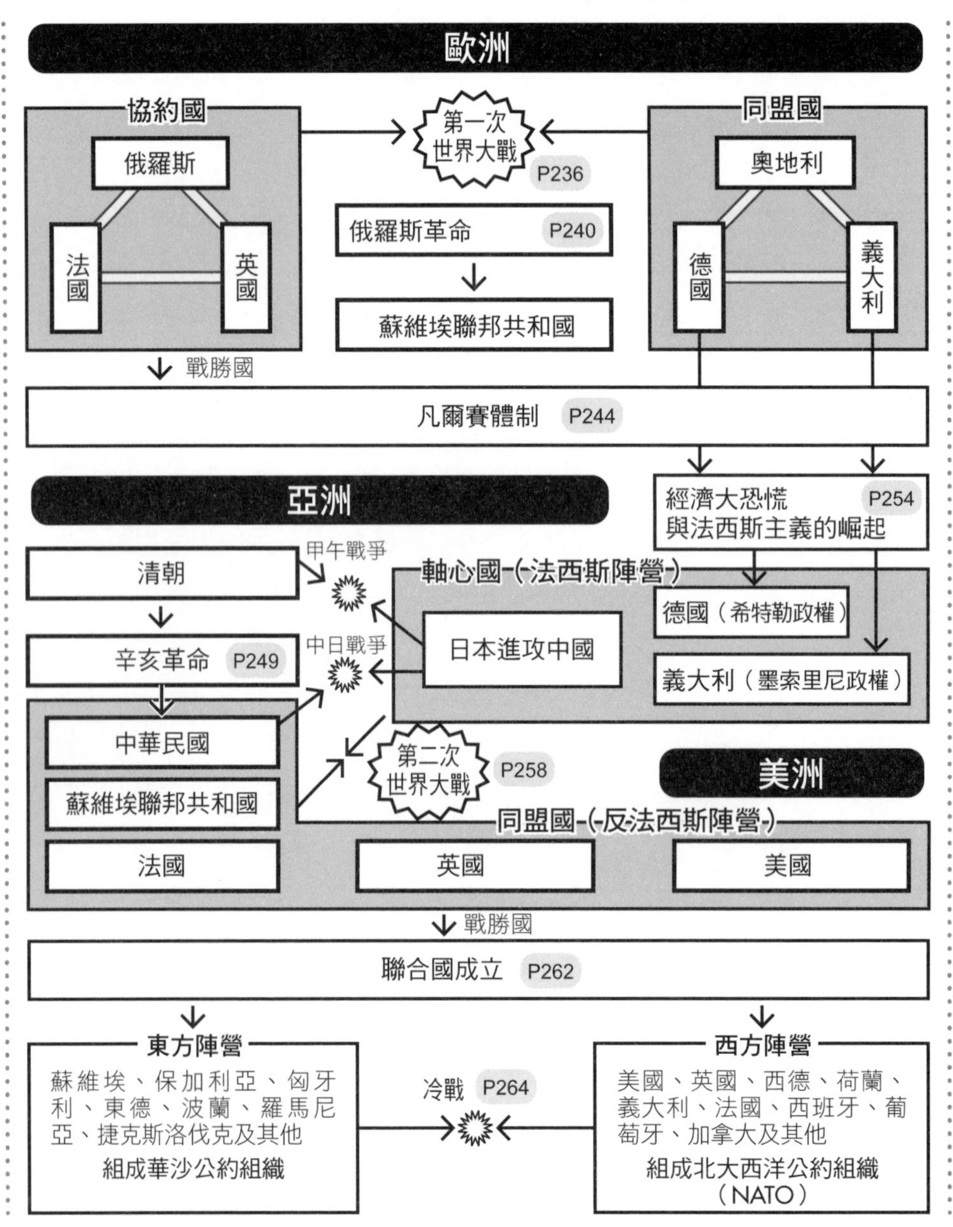
歐洲
協約國
俄羅斯
法國
英國
第一次世界大戰
P236
同盟國
奧地利
德國
義大利
俄羅斯革命 P240
蘇維埃聯邦共和國
戰勝國
凡爾賽體制 P244
亞洲
經濟大恐慌與法西斯主義的崛起 P254
清朝
甲午戰爭
軸心國（法西斯陣營）
德國（希特勒政權）
日本進攻中國
義大利（墨索里尼政權）
辛亥革命 P249
中日戰爭
中華民國
第二次世界大戰
P258
美洲
蘇維埃聯邦共和國
同盟國（反法西斯陣營）
法國
英國
美國
戰勝國
聯合國成立 P262
東方陣營
蘇維埃、保加利亞、匈牙利、東德、波蘭、羅馬尼亞、捷克斯洛伐克及其他
組成華沙公約組織
冷戰 P264
西方陣營
美國、英國、西德、荷蘭、義大利、法國、西班牙、葡萄牙、加拿大及其他
組成北大西洋公約組織（NATO）

第五章

現代的世界
考察

二十世紀是「戰爭的世紀」。在歐洲，以英法德俄為中心的協約國陣營與同盟國陣營的對立衝突益發激烈，為了爭奪被稱為「歐洲火藥庫」的巴爾幹半島，而發展成第一次世界大戰。簽訂以條件嚴苛的《凡爾賽條約》以做為向戰敗國德國的報復，終於使第一次世界大戰畫下句點。民族與宗教混雜的巴爾幹半島地區在那之後雖然統一為南斯拉夫，卻又因南斯拉夫的解體而再度恢復成充滿血腥紛爭的地區，直到現在情勢仍未改善。

第一次世界大戰後，世界被經濟蕭條的恐慌浪潮吞 ，缺乏資源與海外殖民地的國家採取法西斯主義（也就是極權主義）。侵略戰爭展開後，逐漸擴大成第二次世界大戰。牽連了整個世界的軸心國（法西斯陣營）與同盟國（反法西斯陣營）的戰爭長達六年，最後以人類對人類投下核彈這種最慘烈的結局，終於結束了這場戰爭。戰後，為了避免這樣的悲劇重演，而成立聯合國；但美國與蘇聯兩大強國卻又展開了東西方的冷戰。並且，諸如南北韓戰爭、越南戰爭、波斯灣戰爭等，亞洲與中東地區依舊因為戰爭而血流成河。最後共產黨終於失敗，東西冷戰結束。過去主導著帝國主義的歐洲，則打破了國家這個框架，進展為歐盟（EU）的形式，像是這類的變化，使得歷史在二十世紀結束前，又產生極大的變動。

於是，就這樣到了二十一世紀。一直未能平息的民族主義及宗教衝突持續引發各地的內戰或示威遊行，此外，也仍有貧困或環境問題等許多課題尚待解決；面對這一切，就看我們人類今後如何在世界史上再寫下嶄新的一頁。

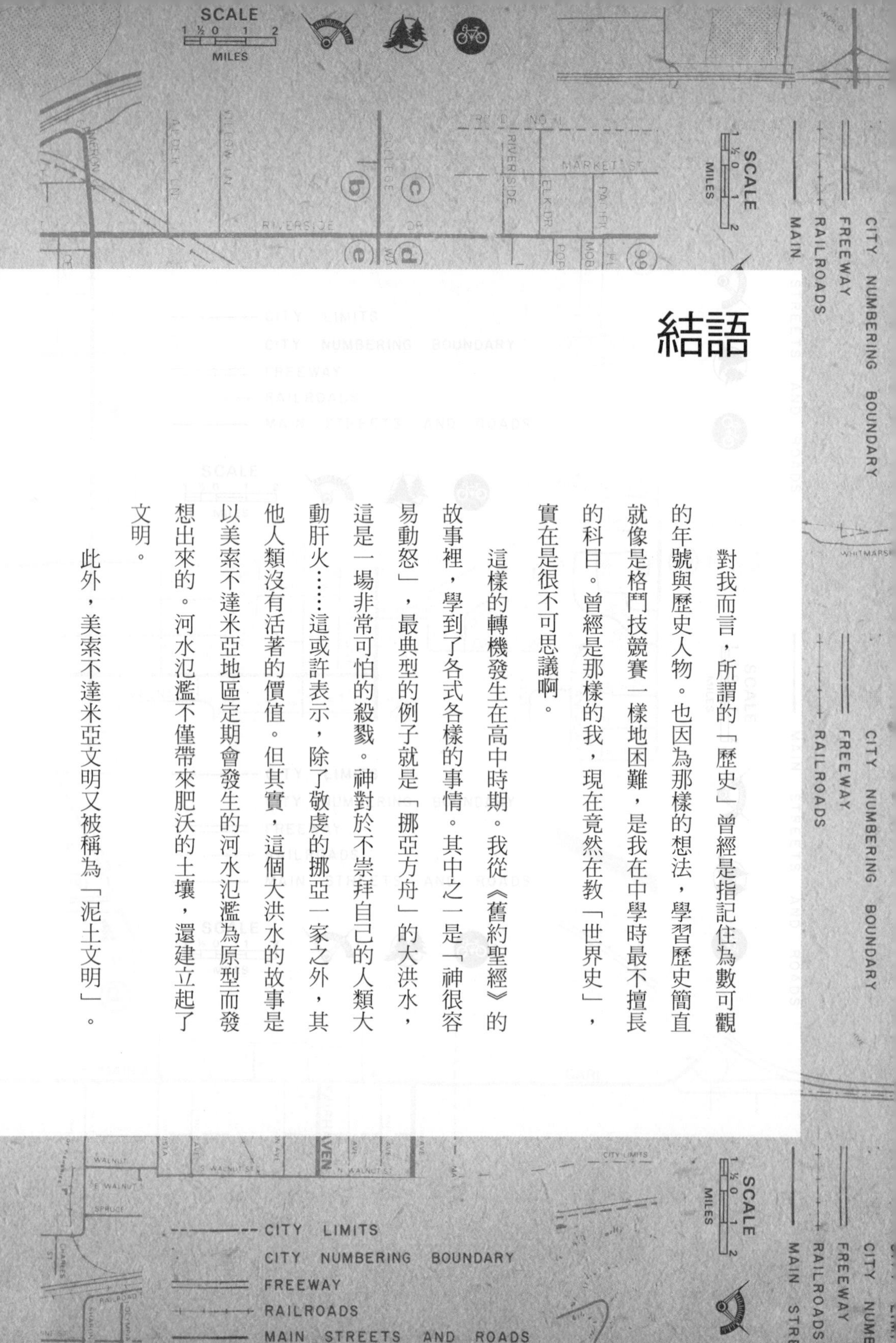
SCALE
MILES
RIVERSIDE DR
MARKET ST
CITY LIMITS
CITY NUMBERING BOUNDARY
FREEWAY
RAILROADS
MAIN STREETS AND ROADS

結語

對我而言，所謂的「歷史」曾經是指記住為數可觀的年號與歷史人物。也因為那樣的想法，學習歷史簡直就像是格鬥技競賽一樣地困難，是我在中學時最不擅長的科目。曾經是那樣的我，現在竟然在教「世界史」，實在是很不可思議啊。

這樣的轉機發生在高中時期。我從《舊約聖經》的故事裡，學到了各式各樣的事情。其中之一是「神很容易動怒」，最典型的例子就是「挪亞方舟」的大洪水，這是一場非常可怕的殺戮。神對於不崇拜自己的人類大動肝火……這或許表示，除了敬虔的挪亞一家之外，其他人類沒有活著的價值。但其實，這個大洪水的故事是以美索不達米亞地區定期會發生的河水氾濫為原型而發想出來的。河水氾濫不僅帶來肥沃的土壤，還建立起了文明。

此外，美索不達米亞文明又被稱為「泥土文明」。

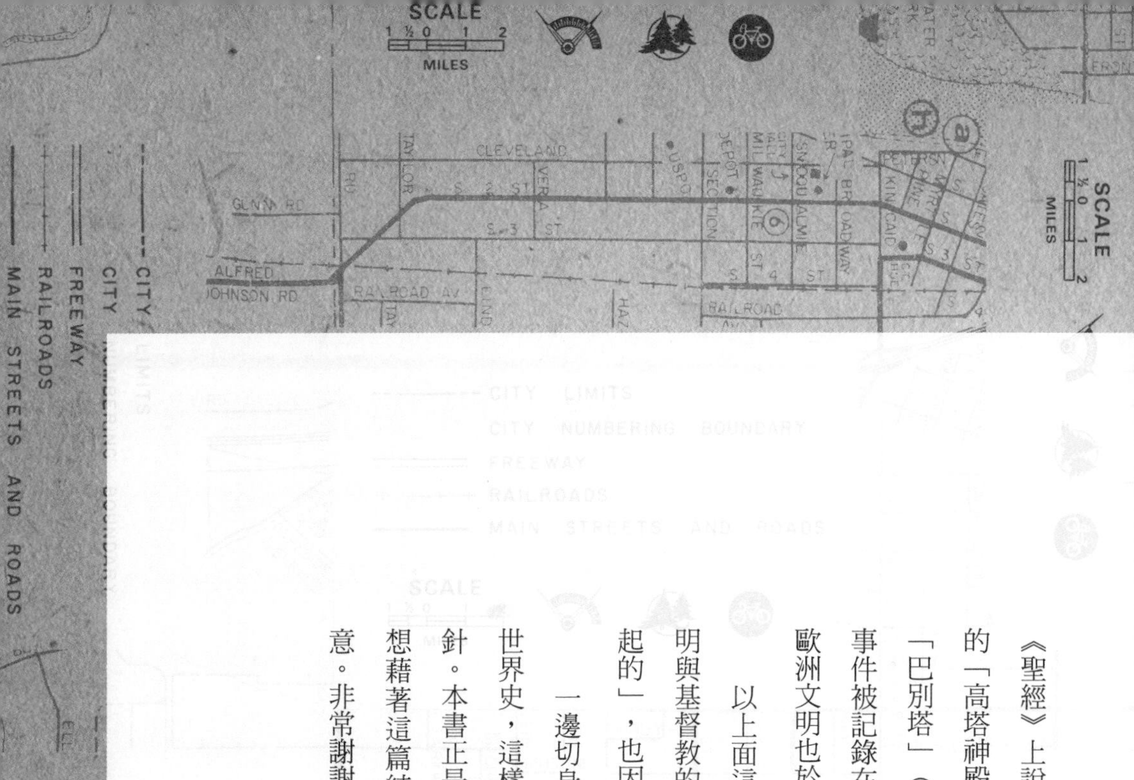
SCALE
MILES
CLEVELAND
ALFRED
JOHNSON RD
RAILROAD AV
BROADWAY
RAILROAD
CITY LIMITS
CITY NUMBERING BOUNDARY
FREEWAY
RAILROADS
MAIN STREETS AND ROADS

《聖經》上說神用泥土造人。美索不達米亞地區所建造的「高塔神殿」（Ziggurat），也正是《聖經》裡登場的「巴別塔」（Babel）的範本。像這樣，五花八門的歷史事件被記錄在《舊約聖經》裡，並導致基督教的誕生，歐洲文明也於焉成形。

以上面這兩件事為例，當我明白了美索不達米亞文明與基督教的關係之後，便感覺到「世界史是串連在一起的」，也因此，開始覺得世界史真是有趣。

一邊切身地感受到每件事情的環環相扣，一邊學習世界史，這樣的行動正可成為指引日本未來方向的指南針。本書正是為了對這個目標盡一分心力而誕生的。我想藉著這篇結語，向購買本書的各位讀者致上感謝之意。非常謝謝各位。

祝田秀全

封建制度（中國）	封建制度	feudal system	59
封建社會（西方）	封建社會	feudal society	90,92,93,125
屋大維	オクタヴィアヌス	Gaius Julius Caesar Octavianu	42
拜占庭帝國	ビザンツ帝国	Byzantine Empire	87,98,101,102,104,113, 118,128
柏林封鎖	ベルリン封鎖	Berlin Blockade	267
柏林會議	ベルリン会議	Berlin Conference	235
查理・馬特（鐵鎚查理）	カール・マルテル	Charles Martell	84,85
查理一世	チャールズ１世	Charles I	150,152,153
查理五世	チャールズ１世	Charles I	141,143,144,149
查理曼大帝	シャルルマーニュ	Charlemagne	86,87,92.93
科西莫・德・麥地奇	コシモ・デ・メディナ	Cosimo de' Medici	133
約翰・喀爾文	カルヴァン	Jean Calvin	142,143
紅巾之亂	紅巾の乱		164,166,175
美索不達米亞文明	メソポタミア文明	Mesopotamia civilization	23,24,25,27,35,78
茉莉花革命	ジャスミン革命	Jasmine Revolution	270
迦太基	カルタゴ	Carthage	42,45,46
重商主義	重商主義	Mercantilism	190,197
十畫			
俾斯麥	ビスマルク	Otto von Bismarck	206,207,225,238
哥倫布	コロンブス	Christopher Colombus	136,137,138
拿破崙	ナポレオン＝ボナパルト	Napoléon Bonaparte	194,195
拿破崙三世	ナポレオン三世	Napoléon III	204,205,206
挪亞方舟	ノアの方舟	Noah's Ark	24,278
格里哥利七世	グレゴリウス７世	Gregory VII	95,96,97
格里哥利曆	グレゴリウス暦	Gregory calendar	242
格拉古兄弟	グラックス	Gracchus	47
格拉尼庫斯戰役	グラコニコス川の戦い	Battle of the Granicus	40
烏爾班二世	ウルバヌス２世	Pope Urban II	104
烏爾班六世	ウルバヌス	Urban VI	120,121
盎格魯撒克遜	アングロ＝サンクソン	Anglo-Saxon	83
神權政治	神権政治	theocracy	57,142
神聖羅馬帝國	神聖ローマ帝国	Holy Roman Empire	97,158,159
秦始皇	始皇帝		65,127
茶稅法	茶法	Tea Act	188,190
郡縣制	郡県制		65,67
笈多王朗	グプタ朝	Gupta dynasty	54,55
閃語族	セム語族	Semitic	31,34
馬札爾人	マジャール人	Magyars	90

國家圖書館出版品預行編目資料

超世界史 / 祝田秀全監修 ; Freehand繪製 ; 李惠芬翻譯. -- 修訂2版. -- 臺北市 : 易博士文化, 城邦事業股份有限公司出版 : 英屬蓋曼群島商家庭傳媒股份有限公司城邦分公司發行, 2023.07
面； 公分
譯自 : マンガでわかる世界史
ISBN 978-986-480-308-8(平裝)
1.CST: 世界史 2.CST: 漫畫
711 112007857

DO4011

超世界史：走進歷史現場，記住每一個轉變關鍵！

原著書名／マンガでわかる世界史
原出版社／池田書店
作　　者／祝田秀全 監修、Freehand 繪製
譯　　者／李惠芬
選 書 人／蕭麗媛
編　　輯／李佩璇、林荃瑋、黃婉玉

業務經理／羅越華
總 編 輯／蕭麗媛
視　　覺／陳栩椿
總　　監／何飛鵬
發 行 人／易博士文化
出　　版／城邦文化事業股份有限公司
台北市中山區民生東路二段 141 號 8 樓
電話：(02) 2500-7008　傳真：(02) 2502-7676
E-mail：ct_easybooks@hmg.com.tw
發　　行／英屬蓋曼群島商家庭傳媒股份有限公司城邦分公司
台北市中山區民生東路二段 141 號 2 樓
書虫客服服務專線：(02) 2500-7718、2500-7719
服務時間：週一至週五上午 09:30-12:00；下午 13:30-17:00
24 小時傳真服務：(02) 2500-1990、2500-1991
讀者服務信箱：service@readingclub.com.tw
劃撥帳號：19863813
戶名：書虫股份有限公司
香港發行所／城邦（香港）出版集團有限公司
香港灣仔駱克道 193 號東超商業中心 1 樓
電話：(852)2508-6231 傳真：(852)2578-9337 E-mail：hkcite@biznetvigator.com
馬新發行所／城邦（馬新）出版集團 Cite (M) Sdn Bhd
41, Jalan Radin Anum, Bandar Baru Sri Petaling, 57000 Kuala Lumpur, Malaysia.
Tel:(603)90563833 Fax:(603)90576622 Email:services@cite.my

執筆協力　田辺准
本文デザイン　小林麻実（TYPE FACE）
マンガシナリオ　岸智志
DTP　長澤亜紀（スタジオダンク）
小堀裕美子
編集協力　上原千穂（フィグインク）

美術編輯／陳姿秀
封面構成／陳姿秀
製版印刷／卡樂彩色製版印刷有限公司

■ 2015 年 2 月 11 日 初版
■ 2020 年 7 月 16 日 修訂 1 版
■ 2023 年 7 月 15 日 修訂 2 版

ISBN 978-986-480-308-8
定價 420　HK $ 140